电子商务企业道德自律研究
——基于唯物辩证法元层次视域

周延云 著

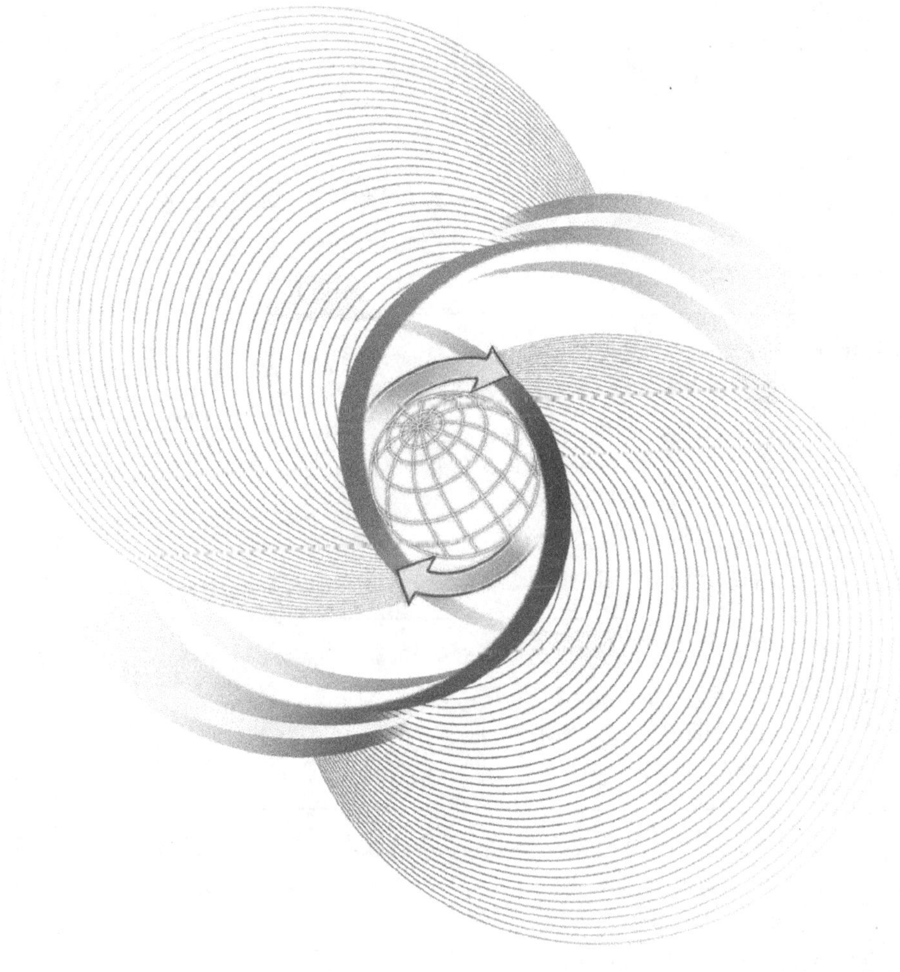

西安交通大学出版社
XI'AN JIAOTONG UNIVERSITY PRESS

图书在版编目(CIP)数据

电子商务企业道德自律研究:基于唯物辩证法元层次视域/周延云著.
—西安:西安交通大学出版社,2016.6(2017.4重印)
ISBN 978-7-5605-8420-1

Ⅰ.①电… Ⅱ.①周… Ⅲ.①电子商务-商业企业-企业伦理-研究 Ⅳ.①F713.36

中国版本图书馆CIP数据核字(2016)第066832号

书　　名　电子商务企业道德自律研究——基于唯物辩证法元层次视域
著　　者　周延云
责任编辑　柳　晨

出版发行　西安交通大学出版社
（西安市兴庆南路10号　邮政编码710049）
网　　址　http://www.xjtupress.com
电　　话　(029)82668357　82667874(发行中心)
(029)82668315(总编办)
传　　真　(029)82668280
印　　刷　虎彩印艺股份有限公司

开　　本　727 mm×960 mm　1/16　**印张** 13.5　**字数** 234千字
版次印次　2016年7月第1版　2017年4月第2次印刷
书　　号　ISBN 978-7-5605-8420-1
定　　价　98.00元

读者购书、书店添货、如发现印装质量问题,请与本社发行中心联系、调换。
订购热线:(029)82665248　(029)82665249
投稿热线:(029)82668526
读者信箱:xjtu_hotreading@sina.com

目录

第一章　导论

第二章　电子商务企业伦理建构的元层次理论:唯物辩证法

第三章　电子商务企业经营伦理:基于义利辩证统一视域

第四章　电子商务企业管理伦理:基于人的主体性理论

第五章　电子商务企业品德伦理:基于内外因视域

第六章　电子商务企业伦理规范的实施方案

第七章　电子商务企业伦理案例实证分析

第八章　结论与研究展望

第一章

导　论

第一节　背景条件

一、中国电子商务的发展及其伦理障碍

2013年是中国电子商务发展史上最具里程碑意义的一年。我国电子商务的交易额突破10万亿，国家电子商务化进程不断加快，电商化指数突破了10。而这一突破点也是我们的电子商务全面向经济社会各个领域扩散、覆盖的一个引爆点和临界点。电商化已从过去一种局部的经济现象，扩展为全局性的经济现象；从流通业扩展到制造业，并进一步扩展到服务业和金融业。同时，电子商务正在向网上网下一体化方向不断发展（例如O2O、CPIS等理念，都是这些规律的体现）。近二十年的电子商务实践，使得我们对电子商务的认识已经从狭义走向广义，乃至向泛义的电子商务进军。未来的发展，我们将全方位地向信息经济进军，而这在认识和实践上都是一个巨大的变化[1]。

随着我国电子商务的迅猛发展，一大批电子商务企业诞生于社会经济领域之中。但与此同时，电商企业的伦理问题成为阻碍其发展的不可小视的因素。2012年8月14日，京东CEO刘强东率先在微博上言道，京东大家电“三年内零毛利”销售，所有大家电价格保证比国美、苏宁便宜10%以上。京东将在全国招收5000名国美、苏宁价格情报员，每店派驻2名。随后，苏宁、国美纷纷应战，一场规模庞大的电子商务企业的价格大战正式打响。苏宁易购通过其微博表示，包括家电在内的所有产品价格一定低于京东。国美网上商城总经理韩德鹏也表示，自8月15日起，网上商城全线商品价格将比京东低5%。消费者们准时守候在电脑前等待时机准备出手抢低价货。其结果是，在6小时的乱战中，有的网友表示确实抢到了便宜的商品，但也有许多网友犀利地表示自己被坑了：“在京东商城看准的商品，等到购买时价格就涨了1000多，这场乱战中到底有没有价格标准？”“京东太不讲诚信了，上午看到的价格是3665元，一会价格就被改成了4699元了，给客服打电话时说没有3665这个价格，难道价格战就这么打的吗？”“什么降价啊，0元购活动索尼NWZ-B172F，你们卖359元。SONY在线商城299元，当当252元，淘宝才215元，太不厚道了！”[2]最终，此次价格战以发改委认定存在欺诈消费者等问题，让京东、苏宁等电商企业纷纷给消费者致歉而告一段落。而这次电商企业价格战对消费者的严重欺诈行为主要表现在如下四个方面：第一，虚构商品原价；第二，不履行“零毛利”承诺；第三，有些商品标明无货而实际有货不进行销售；第四，京东、国美和苏宁三家商品的重合率太低无法比价。三家电子商务企业在这次价格大战中虽

然赚足了眼球，但是，他们却背弃了市场经济运行的最为基本的诚信伦理规则。

再看看我国 MBA 学生的商业伦理教育状况和中国企业家伦理缺失的偏科状况。从 2008 年起，清华经管学院在顾问委员会委员、新加坡淡马锡控股有限公司前首席执行官何晶的建议下开设了商业伦理课程。作为最早在清华教授商业伦理的老师，清华经管学院教授、领导力研究中心主任杨斌说，在 MBA 中开设商业伦理课程的目的是诱发或强化这些职场中人的伦理意识。“通过鼓励和引导，让学生进行严肃的道德思考。哪怕这些思考让他们由舒服而变得痛苦。”一个清华 MBA 学生在上过课后表示，原来清楚的事情现在却觉得不那么简单，答案也不是唯一的，“以前觉得每天过得挺好，现在在职场中面对一些问题时，心里变得沉甸甸的。”是什么让学生们变得越来越沉重，越来越“糊涂”了？这些 MBA 学生大多是中国企业的中层管理人员，他们遇到的问题既有与上级理念不一致的冲突，也有行业通病下难以独善其身的痛苦。总而言之，当个人利益与企业利益不一致时、当企业利益与公众利益发生冲突时，到底该如何选择，他们的每一天都是在选择中度过的。但是，又有多少人在遇到问题时考虑到了“伦理”，这不是他们某一个人的问题。即使是今天中国最“成功”的企业家，又有多少人在企业发展的过程中，将伦理放在了与研发、生产、经营、营销一样重要的位置上？事实是几乎没有。杨斌教授用“偏科生”来形容中国的企业家——在他们的思考维度中，伦理是缺失的。在杨斌老师的商业伦理课堂上，对于同一个问题的看法常常会形成对立的两派，即外企派和国企或民企派。在外企工作的 MBA 学生会义愤填膺，而在国企或民企工作的人则习以为常。当然，有时候的情况则正好相反。究其原因，外企大多有着明确的价值观，建立了清晰的行为准则。什么是可以做的，什么是不可以做的，一目了然。而大多数中国企业却连“底线”都不存在。“标准”不同，冲突也就在所难免[3]。

当然，我们并非因上述两派对同一问题作出的相悖的伦理判断而否定外企存在有伦理问题。美国《华尔街日报》在 2010 年 12 月的文章中报道了一些智能手机应用程序会泄露用户信息的案例。《华尔街日报》选择了 101 个应用程序进行测试，发现在用户不知情的情况下，其中 56 个应用会向第三方发送手机的唯一识别码，而 47 个应用会发送位置信息。调查显示，接收这些信息的公司中赫然包括苹果和谷歌两大巨头公司。2011 年 4 月 25 日，《华尔街日报》再次揭露，在经过测试后发现，苹果 iPhone 手机即使在关闭定位功能后，仍在收集和存储用户的地理定位信息。这一测试结果也得到了第三方验证。在媒体爆出苹果公司利用 iPhone 手机收集用户数据的消息后，媒体和公众的争论就一直没有停止过。公众普遍认为，苹果公司作为一家世界级的大公司，iPhone 跟踪和储存用户位置的功能触犯了保护位置信息的法律，违背了保护用户隐私的商业伦理，以及企业与客户间的客户伦理。4月26日，两名iPhone手机用户向美国佛罗里达州坦帕市联邦法院提起诉讼，指控苹果公司侵犯个人隐私，并存有计算机欺诈行为[4]。

可见，无论在国内还是国外，电商企业伦理问题都是亟待解决的现实问题。

电商企业经济行为(企业的经营、管理行为)发生过程中存在着诸多前所未有的伦理问题，例如，网上交易中的信用问题；商业信息传输中的伦理问题；网络管理中的伦理问题等，我们称之为电子商务伦理问题。这些现实的伦理问题促使我们从伦理视域研究电子商务的监管问题。

二、电子商务本质蕴含着的伦理底蕴表明电商伦理规范研究的必要性

曾任美国IBM副总裁、备受世界推崇的电子商务领袖级人物查克·马丁认为，电子商务的发展经历了五次浪潮[5]。第一次浪潮是企业手册阶段。即把公司年度报告和宣传手册原封不动地贴到公司网站上。第二次浪潮从1995年开始，企业开始推出网络环境下的新产品、新服务。在第三次浪潮中，互联网技术渗透到整个企业界，由此产生了企业内部网。第四次浪潮中，网络技术使企业把供应商、销售商和商业伙伴联结在一起。买卖双方更加紧密地联系使企业内外运作效率更高。第五次浪潮则是真正的电子商务浪潮。在这次浪潮中，将涌现出端到端的网络化企业，这样的企业能够及时了解顾客的相关信息，并能迅速生产或修改符合顾客要求的产品。在此阶段，交互式环境开始驱动公司的核心业务。但这并不是说企业的传统业务将会消失(有些确实会消失)，但交互式环境的组成要素——网上顾客和网上机构将开始协调运作。在真正意义的电子商务阶段，人与技术的关系如查克·马丁所言的那样："最终，所有的人与物都将网络化。处处通往因特网，不论是从个人电脑，还是掌上电脑、寻呼机或者其他远程通讯设备。但是，互联网并不能一夜之间改变人们的行为，技术上和文化上的挑战会让技术驻足，等待人们逐渐改变行为方式和思维方式。"[6]也就是说，真正意义的电子商务不仅需要加强技术上的软硬件建设，同时还要调整人们的观念(特别是价值观念)，以引导和适应电子商务的发展。如查克·马丁所言，"ATM刚问世时，有人说，不会有人用的，人们宁愿跟'真正的人'打交道。现在，消费者却花钱使用这样的机器。但是，这需要时间和习惯的改变，一旦人们意识到它的好处之后，使用ATM的习惯就渐渐融入了人们的日常生活中。"[7]

从查克·马丁的上述的论述中不难看出：人们的消费习惯、行为方式、思维方式和观念对电子商务有着重大的影响。由于电子商务发展的阶段性及人们对电子

商务外在表现的过多注重，特别是对蕴涵其深处的伦理文化因素重视的不够，或视而不见[8]，于是，人们对电子商务的本质产生了误解：电子商务是“在网上进行买卖活动”、“将传统的商务活动移到网上进行”等。这种观念把电子商务与电子贸易等同起来。电子贸易所涉及的是通过网络进行的产品、信息和服务的买卖，而电子商务涉及整个价值链的“网络化”，从产品概念、产品创新到产品生产、制造、销售和最终的消费[9]，其终极是所有的人和物都将网络化。如果把电子商务等同于“在网上进行买卖活动”，就如同克隆技术对人类的复制一般，仅仅是生理上的复制，而人的社会性因素是无法克隆的。电子商务对人类传统商务活动在网络上的复制，只能是技术上的片面的电子商务，而诸多的非技术因素（商务主体在现实空间中生存的诸多社会因素，如伦理文化因素等）无法复制到网络空间中。也就是说，完整意义的电子商务是无法简单克隆的。因此，在发展电子商务时，不仅要关注技术、物流等硬件因素，社会的伦理道德文化等软件因素同样不能忽视。随着网络经济和电子商务的发展，必然导致人们观念（包括价值观念、伦理文化观念等）、思维方式的变革；同时，价值观念、思维模式和行为规范等对电子商务也有着重大的影响，两者之间有着深刻而内在的联系。完整意义的电子商务包含着厚重的伦理底蕴，因此，对电子商务从伦理视角的研究不可缺失。

另外，我们对电子商务伦理本质把握的缺失，又与“信息技术至上论”有着密不可分的关系。美国学者罗丝扎克在其名著《信息崇拜》中首次全面深入地解释了信息崇拜、技术至上以及后果。“信息被认为与传说中用来纺织皇帝轻薄飘逸的长袍的绸缎具有同样的性质：看不见、摸不着，却备受推崇”“尽管人们并不了解信息对于他们有什么意义以及为什么需要那么多信息，却已经相信我们生活在信息时代了，在这个时代中我们周围的每一台计算机都成为信仰时代的‘真十字架’：救世主的标志了”[10]。更为重要的是，“技术常常比伦理学理论发展得快，而这方面的滞后效应往往会给我们带来相当大的危害。”“社会和道德方面通常很难跟上技术革命的迅猛发展。而像中国这样的发展中国家，在抓住信息时代机遇的同时，却并不总是能意识到并密切关注各种风险，为迅猛的技术进步所付出的日渐增长的代价。这些都不能不引起我们的深思。”[11]

综上所述，我们可以说电子商务具有深刻的伦理底蕴。我们不仅要重视技术的作用，同时也应该关注伦理文化在经济实践中的作用。在伦理文化与技术存在时滞的今天，寻找二者之间的均衡点、保持它们之间必要的张力是极为重要的。

三、对电子商务与传统商务进行比较分析看前者伦理研究的必然性

与传统商务相比较，电子商务这种新型的商业模式具有诸多特征，而这些特点

使得电子商务更有必要诉诸道德手段、诉诸电子商务主体的道德自律。

电商的网络交易具有如下主要特征：

第一，交易虚拟化。电子商务是信息交换而非货物和金钱的交换。网络交易打破了一手交钱一手交货的传统交易观念；仅靠信息交换，双方合意即可完成交易。

第二，未曾谋面的当事人之间的即时互动。经由网络交易订立的电子合同，是与另外一方当事人从事的即时交易，所以与一般传统交易模式相比，网络交易的重点就在于这些交易是否具有可信赖性、可证明性及可执行性。

第三，无纸贸易的交易环境。网络是一种无纸化的交易环境，网络通信是通过数字化讯号的传递进行的，所以说网络合同是一种无纸化的交易。

可以说，上述特征使电子商务交易模式发生了革命性的变革。电子商务交换模式的一个重要特征就是由传统验货付款的"直接交换"转变为以信用工具和信用体系为核心的"间接交换"，而这种转变导致了一系列新情况的发生：①电子商务活动的周期缩短，对瞬息万变的商业信息的交流与保密提出更高的要求，进而产生了新的伦理道德诉求。②电子商务活动范围突破地域的限制，使地域性很强的传统商务伦理在现实的电子商务活动中产生伦理文化冲突，出现伦理冲撞和混乱。③传统商务伦理对电子商务主体的约束力较弱，而适应电子商务的新的伦理规范尚未完全形成，于是产生了伦理真空地带。总之，中国传统的以血缘、地缘为纽带的信用、习俗是适应商品经济初期发展阶段而形成的伦理规范，现已无法适应电子商务时代市场经济和经济全球化的客观要求，电子商务的发展急切地呼唤电子商务伦理学的诞生。因此，我们需要建立与虚拟的网络社会（虚拟的网络社会是电子商务的社会基础，传统的商业交易模式的社会基础是现实社会）相适应的道德规范，从而实现伦理道德规范对电子商务的调节作用。

四、与法律规范相比较电子商务道德规范的特性与优势

与强制性的法律相比较，道德具有独特的品质和优势。而恰是这种优势在法律较难发挥作用的虚拟世界里对人们行为发挥着有效的规范作用。对电子商务经济活动的调节具体表现如下：

首先，与法律控制相比，道德调节具有持久而稳固的特性。作为两种维系社会正常运行不可或缺的观念力量，二者作用的机制不同。法律调节是一种外在的强制性控制，其威慑力使人不敢为恶。可一旦法律懈怠，这种威慑力则会消失，无法约束恶者的恶为。而道德调节主要诉诸舆论褒贬、沟通疏导、教育感化等，一旦对

人的道德世界教化成功，人就可以不为恶。当然，这种教化需要一定的时间，但却具有持续长久的特性。特别是在当前我国电子商务法律尚未健全的情况下，人们会依据基本的善恶判断而行为。重要的是，我们应该对这种善恶观要有一个显性意识，并自觉发挥其对经济行为的调控作用。

其次，与法律相比，道德规范的调节具有层级性。法律以“必须怎样”作为调节尺度，而道德则是以“应该怎样”作为约束尺度的。换而言之，“合法”是基本要求，而“应该怎样”的道德行为准则并非是最起码的基本要求。而道德调节的多层次性特点将更符合电子商务各种不同角色参与者的道德选择，比如，技术人员应该对自己提出更高的道德要求等。

最后，与法律相比，道德调节具有自律性，而这则是道德调节的最大优势。道德规范是一种内在于主体自身并对自身行为进行自觉约束的规范；而这种自律首先表现在对“最低限度的道德”即法律的认同上。其次，这种自律性还表现在主体为自己立法的能力上。即电子商务活动的参与者不但会对法律自觉认同，同时还会为自己制定新的商务道德行为准则。这样的话，我们对电子商务环境的维护成本就会降低，电子商务就可以更为良性地运转。其三，这种自律还表现在对自身欲望的理性约束。个人欲望的无限性和社会供给的稀缺性总是相背离的，而当这种矛盾被激化则会破坏正常的社会秩序。在电子商务活动中，商人对利润的无限追求与电商运行环境的整体利益相对立，因此，只有对欲望配备道德理性的枷锁才能协调两者之间的冲突。

第二节　目的和意义

一、研究目的

诞生于 20 世纪 60 年代的企业伦理学，发展到今天已经成为一门相对成熟的学科。但是，随着信息技术在经济领域的应用，一种新型的商务运作模式——电子商务产生了。这使得企业的组织形态也发生了根本性的变革，电子商务企业作为企业形态的当代模式登上了世界经济舞台。而这一新的经济主体的诞生及经济行为(企业的经营、管理行为)引发了诸多的前所未有的伦理问题，本书以此为研究对象，把马克思主义唯物辩证法的世界观和方法论作为元层次范式对这些现实伦理问题进行思考，即采用比较分析法，对传统企业伦理与电子商务企业伦理进行对立统一的辩证分析，探寻二者之间的辩证关系，并剖析后者的道德应该和不应该、善与恶的问题，进而提出与传统商务不同而具体的电子商务企业伦理准则和规范；同时，探讨这些电商企业伦理规范的实施方案。从而为电子商务企业的伦理化经营和管理提供理论和实践的双重参考，以促进电商企业伦理化经济行为从自在向自为的观念转变，即推动电商企业经济行为伦理化的自觉自愿性成为现实。同时，对飞速发展的电子商务的伦理问题进行阐释，从而使人们对电子商务这种商务运作模式成为消费者心目中的“信心商务”“诚信商务”。

二、研究意义

（1）以马克思主义唯物辩证法的世界观和方法论为理论分析工具，其所建构的电商企业道德自律体系在一定意义上丰富和拓展了马克思主义中国化在经济领域中的内容。而电商伦理建构的目的是为了建设社会主义“和谐社会”的“和谐经济”的“和谐商务”。同时，为十八大提出的充分重视信息经济的“信息化成为经济发展新引擎”的思想做出一定程度的理论贡献[12]。

（2）本研究在一定程度上拓展了传统企业伦理学的研究领域，并对电子商务理论的完善与补充具有一定的学术意义。我们对电子商务企业伦理规范的研究必将丰富、发展和完善传统企业伦理学的研究内容，并拓宽其研究领域。同时，对于一改忽视伦理的研究惯性和习俗、更好地理解电子商务的学科交叉特性都具有重要的理论意义。

（3）通过本研究建构的电子商务道德规范体系，特别是电子商务企业伦理规范的实施方案及其评估机制，对于电商企业的伦理化经营和管理具有十分重要的指导意义和应用价值。

第三节　研究内容和方法

一、研究内容

第一章　导论。在分析电子商务企业伦理选题背景的基础上，阐述了本研究的研究对象、目的及其所具有的理论和实践意义，并简要概述了本研究的创新之处以及后续章节的内容等。

第二章　电子商务企业伦理建构的元层次理论：唯物辩证法。首先，我们对本研究选择马克思主义理论作为分析工具的原因进行了阐述。而后，运用唯物辩证法和历史唯物主义的相关理论对传统商务伦理和电商伦理之间的对立统一性、电商伦理体系的整体性和层级结构性、电商伦理的物质本原和辩证本性、电商伦理的内涵以及电商企业伦理建构的理论与方法论指导等进行了分析和研究。其次，电子商务企业伦理研究从学科归属上讲应该属于企业伦理学，因此，在本章我们对国内外企业伦理学研究现状进行了概览和梳理。

第三章　电子商务企业经营伦理：基于义利辩证统一视域。在理论上，我们超越西方伦理学史上功利论与道义论的绝对对立，基于马克思主义唯物辩证法建构义利的辩证统一关系，实现义利的辩证携手。本章首先列举了电子商务企业商务活动过程中的伦理问题，而后以义利统一观作为理论分析工具，从具体的道德劝告和指令层面上探讨电子商务企业经营伦理规范。

第四章　电子商务企业管理伦理：基于人的主体性理论。本章分析了在电商企业中人、财、物的管理遭遇了什么样的伦理问题，以马克思主义唯物史观人的主体性理论为分析工具，从具体的道德劝告和指令层面上，研究了电子商务企业组织管理过程中应遵循的伦理规范。

第五章　电子商务企业品德伦理：基于内外因视域。首先分析了电子商务企业伦理问题产生的种种原因，并以马克思主义唯物辩证法的内外因理论为分析工具，探讨社会化的（外在的）伦理规范如何转化为企业内在的优良品质——电子商务企业组织在与各利益相关者关系中应该具备的道德品质；在电商企业与其利用网络资源的关系中，电子商务企业组织应该具有维护和发展可持续的绿色网络生态资源的道德品格。

第六章　电子商务企业伦理规范的实施方案。电子商务企业组织的经营伦理、管理伦理和品德伦理组成了电子商务企业组织的伦理规范体系，在此基础上，本研究进一步提出了电子商务企业伦理规范的实施方案。具体则通过实施电子商务企业组织的伦理计划，最终使社会化的道德规范变为企业的道德品质，进入美德自律阶段，从而使企业组织的伦理规范真正被遵从。

第七章　电子商务企业伦理案例实证分析。首先通过个案分析支撑电子商务企业伦理化经营和管理的必要性，其次，通过数据采集和计量分析对电子商务企业组织的伦理决策程序及道德强度对电商企业伦理决策影响作用进行计量研究，以支撑电商企业决策过程中伦理因素考量的客观性，从实证的角度为电子商务伦理体系的构建提供客观的现实基础，从而开辟了企业伦理学研究的计量新视角。

第八章　结论与研究展望。在本章，我们对本研究进行了宏观总结，并得出了总的结论，还提出了今后进一步研究的方向。

总的结论为：以马克思主义义利统一观为理论分析工具提出了电子商务企业组织的经营伦理规范；以唯物史观主体性理论为视角探讨了电子商务企业组织的管理伦理；在内外因视域下研究了如何培养电子商务企业组织的优良品德，并提出了企业应该具有的什么样的美德伦理品质；最后，提出了电子商务企业伦理的实施方案等。

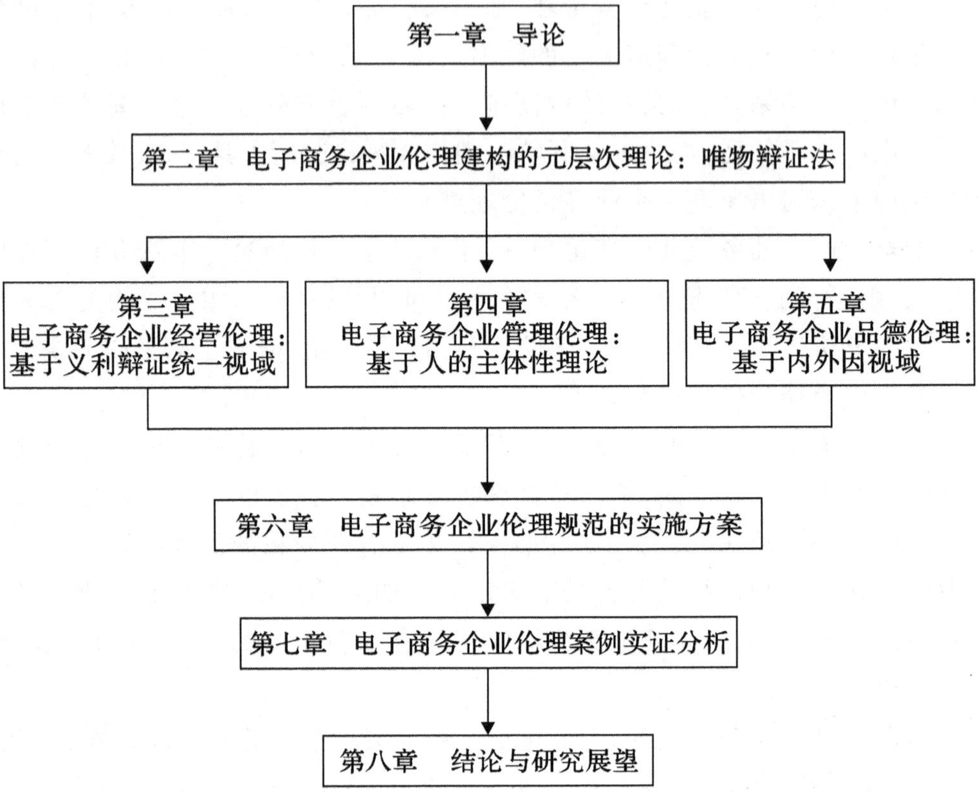

与本研究密切相关的需要进一步研究的问题如下：对电子商务企业经营和管理活动中伦理问题的研究需要进一步拓展；电子商务企业组织伦理决策的实证研究尚处于初步的探索性阶段，在理论和研究方法上有待于进一步深入的研究等。

二、研究方法

本研究采用了如下方法：

(1)描述性研究与规范性研究的统一。企业伦理学既要研究客观存在的企业道德现象，也要研究这些现象的道德属性和发生的原因。本研究以描述性的研究方法为基础，对电了商务企业中存在的道德关系、道德意识、道德活动以及道德评价等方面进行描述分析，并以多个个案为基础展开归类与同异分析性描述，寻找具有规律性的伦理问题。同时，采用规范性研究方法对电子商务企业伦理现象进行分析，论证企业经济行为的道德与不道德，应该与不应该，电子商务企业应该遵循怎样的道德规范，具备什么样的企业道德品格，从而为电子商务企业提供道德理性援助。

(2)采用了多学科的研究方法。研究不仅以唯物辩证法、马克思主义伦理学为理论分析工具，而且还运用了管理学、经济学和科技哲学的理论作为理论分析工具。特别是运用了科技哲学中方法论的比较方法(确定对象之间的相同点和差异点的逻辑方法)，比较传统商务伦理与电子商务伦理之间的差异，论述了在具体的道德劝告和指令层面电子商务企业伦理不同于传统商务伦理的地方。

(3)理论研究与实证研究的统一。电子商务企业伦理体系的建构不仅仅借助于唯物辩证方法论、伦理学、经济学等多学科的理论作为分析工具，去建构电子商务企业伦理理论体系。而且，在理论研究的基础上进行了实证性的研究，分析了电子商务企业组织决策过程中伦理因素存在的客观性及其道德强度对伦理决策过程的影响作用，以厚重的事实依据来支撑电子商务企业伦理规范体系。

技术路线是:遵循优良道德之制定方法，以义利辩证统一观和唯物史观中人的主体性原理为研究范式(道德目的)，分析存在于电子商务企业经济活动中的大量伦理现象和伦理问题(言善恶的行为事实)，进而逻辑推理出电子商务企业组织在经营和管理活动中的道德应该与不应该，构建伦理体系。当然，本文上述这种从伦理到电子商务企业组织经济活动的技术路线是以分析伦理与企业关系的双向性为逻辑前提的，并非是伦理原理在企业活动中的单向移植。

第四节 创新之处

(1)尝试性地提出了比较系统的电子商务企业伦理体系。本研究对电子商务企业组织经济行为中存在的伦理问题进行了全方位系统分析，以马克思主义义利统一观、人的主体性理论及美德论为理论分析工具，论证伦理应该与不应该，道德与不道德，善与恶等，寻求电子商务企业组织经营与管理的伦理规范，在此基础上，系统化地构建了动态的电子商务企业伦理规范体系。

(2)初次对电子商务企业经营和管理伦理从道德劝告和指令这一具体化的层面上进行了研究(例如，消费者与电子商务企业组织关系中的道德劝告和指令有:你不应该利用 Cookies 等技术搜集消费者的个人信息，并在其不知情的情况下卖给别人;你不应该大量而无节制地向用户的 E-mail 发送广告信息，特别是对用户无用的信息等)。为电商企业的经济行为提供了具体的道德应该和不应该规范，从而可以更好地指导企业的经营、管理行为的伦理化，并为评判企业行为的善恶与否提供具体的规范标准。

(3)首次把情景分析方法运用到电子商务企业伦理问题的研究上。情景分析方法是国外研究企业伦理的一种重要和常用的方法,但是,就目前所能查找到的文献资料,国外运用本方法研究伦理问题仅仅限于传统企业,对于电子商务企业经济活动中的伦理问题还没有见到对此方法的运用。本研究尝试性地把运用于传统企业的情景分析方法引入电子商务企业伦理问题的研究中去,第一次对电子商务企业的营销伦理进行了细致的计量分析,论证了电子商务企业的伦理决策程序及道德强度对决策过程的影响作用。

(4)揭示了企业经济行为与伦理的内在关系。传统企业伦理学对两者关系的研究存在着一种伦理先在性,即研究企业伦理有一个默认的前提,假设企业与伦理有着必然的联系,在这个前提下用伦理规范去评判企业的行为,进行道德评价。本研究立足于企业的需求、企业存在的目的和企业的责任,进而逻辑地推出企业和伦理的内在关系,并立足这一逻辑基础,以马克思主义伦理原理作为分析工具,对企业经济行为进行善恶评判。

(5)一反伦理规则提出终结论的研究习惯,在构建电子商务企业伦理体系的基础上,提出了可操作性的伦理体系实施方案。国内企业伦理学的研究有这样一个思维定势,认为企业伦理研究的最终目标是建立企业道德规范,并认为建立了企业伦理规范,企业的伦理问题就会得到解决。本研究认为,这里有一个外在的社会规范向个人或企业道德品质转化的问题,也就是说,社会化的道德规范内化在个人或企业中从而实现道德自律的问题。这一过程的实现必须有可操作性的伦理实施方案的建设,这就是激励、教育和监督的伦理机制,这一机制的实施必将培养出具有优良道德品格的电子商务企业。

第二章

电子商务企业伦理建构的元层次理论：唯物辩证法

1977年，达拉斯·斯迈斯出版了其专著《传播：西方马克思主义的盲点》一书。他认为，西方马克思主义对于资本主义社会中传播的复杂作用没有给予足够的重视。30多年过去了，马克思主义似乎成了社会科学的盲点[12]。但是，在2008世界金融危机之后，西方学界对马克思及其经济理论（特别是经济危机理论）表现出了极大的关注。这不仅表现在国外众多学者运用马克思的理论研究当今世界的一系列重大问题上[13]；同时，主流媒体也给予了一定地关注。美国时代周刊2009年2月2日有一个对马克思的访问，"面对全球金融危机，马克思会想什么?"。因此，无论是当今国际金融危机的经济事实把资本主义分析大师马克思的经济理论推到了前台，还是西方学者对马克思理论的兴趣复燃，如此背景下，运用马克思主义理论研究当今经济领域的焦点问题是每一个马克思主义理论研究者的责任所在。

我们以马克思主义唯物辩证法为理论基础和方法论指导，去建构电子商务企业伦理体系。本研究的"唯物辩证法"从广义的角度理解，涵盖马克思主义哲学全部内容，包括辩证唯物论和历史唯物论两大部分。

第一节　没有特殊的电子商务伦理：矛盾普遍性与特殊性辩证统一关系视域下的（传统）企业伦理与电子商务企业伦理的关系

我们以马克思唯物辩证法中矛盾的普遍性和特殊性关系原理来解读（传统）企业伦理与电子商务企业伦理的关系。在这里，普遍性是企业伦理，特殊性是电商企业伦理。辩证法认为，普遍性寓于特殊性之中，没有离开特殊的普遍；同时，特殊是普遍的特殊，没有离开普遍的特殊。监管电商伦理问题的道德规范是反映普遍的特殊，而不会否认自身与普遍的关系。换而言之，电商伦理原则与传统企业伦理原则是同一的，没有离开普遍的特殊；但具体而特殊的电商经济行为异于传统企业行为，因此，在最为具体的道德规范层面即道德劝告和指令层面二者存在着差异性——电子商务与砖块加水泥伦理的分歧在于具体的道德层面上。

当在互联网上经营、管理商务的时候，电子商务是一个真正意义的道德实践问题。信息技术和网络的诞生使人类的商务活动出现了新的情况和特征，从而也产生了传统企业伦理与电子商务企业伦理的关系问题，换而言之，有一个区别于砖块加水泥伦理的特殊的电子商务伦理吗? Beverly Kracher 和 Cynthina L. Corritor（2004）认为，尽管电子商务表明自身有许多新的方法，但电子商务伦理并非是异于传统企业伦理的特殊伦理，两者在伦理原则和规则层面上基本是相同的。如果说存在着差异，那则是在最为具体的层面上电商伦理有不同的表现形式及范围[15]。对这一观点的论证可以通过电子商务伦理两个领域的探讨来进行，即电商当前的伦理问题和伦理规则的研究。

一、电子商务伦理的主要问题及其表现特征

电子商务伦理的核心问题是：访问(access)问题；知识产权问题(intellectual property)；隐私和知情权问题(privacy and informed consent)；儿童保护问题(protection of children)；信息安全问题(security of information)以及信任问题(trust)。

上述问题不仅仅局限于电子商务领域，所有这些问题也产生在砖块加水泥商务中。我们认为，不同的不是问题的本身，而是这些问题在电子商务中的表现和范围，或者说，旧问题有了新的表现形式。下面以知识产权问题、电子商务隐私和知情权问题、儿童的保护问题和信息安全问题为例做详细论述，以支持电子商务伦理本性非特殊性的观点。

(1)知识产权问题。这是一个在电子商务和砖块加水泥商务中共同存在的伦理问题；然而，在电子商务中，这一问题有着不同的表现和范围。Naster，一个因特网的电子商务企业则论证了这种不同。传统的音乐爱好者是从零售店购买磁带或CD唱片的，尽管版权侵犯被视为非法，但许多人仍生产复制磁带或CD唱片，并把这些复制品送给朋友。但是，由于缺乏价廉和有效的销售体系，这种做法是有限的。但这种情况被Naster彻底改变了。Naster发展了一个基于因特网的音乐网站，能够使个人使用计算机来享受他们购买的音乐、歌曲等。任何一个Naster订阅者都可以搜索完整的Naster网络，以寻找订阅歌曲，然后下载到自己的电脑上，同时保存到CD上。这个网络是非常巨大而流行的，其全盛期大约有超过1.57百万个订阅者。当美国法院宣布了Naster违背了版权法时，他们的侵权范围远远超过了到目前为止砖块加水泥的侵权范围。

(2)电子商务隐私和知情权问题。如果我们在砖块加水泥商店给出我们的个人信息，我们不期望店员把我们的购买习惯跟踪彻底并监控我们在其他地方的购物。但是，这种情况在电子商务活动中是完全可能的。当我们访问一个典型的可鉴别用户信息的零售站点时，一个未经我们许可而放置在我们计算机硬盘驱动程序上的Cookie文件则可跟踪用户购买信息。例如：我们先前访问过什么站点，当我们离开这个站点的时候我们又去了什么地方，这些信息可以和其他的电子站点的Cookie文件相结合从而为市场营销者提供完整的复合站点的购物信息。同时，还可能与脱机的个人信息相联系，一个例子就是Double Click在线个人信息搜集

与 Abacus Direct 的线下信息搜集的合并。这样，在电子商务世界中，隐私和知情权有一个明显而不同的表现；同样的，在其他方面，个人信息的被搜集在电子商务世界中发生的频度远远高于砖块加水泥商务。

(3)儿童的保护问题。对此问题我们通过儿童与色情文学的关系加以阐述。在传统商务世界中，儿童通过杂志、录像店、或者电视来接触色情文学；然而，在电子商务世界中，儿童接触色情文学的范围和易入性都在发生着巨大的变化。1999年有 22 百万个色情网站，在 2001 年，上升了近 30%达到了 28 百万(Dash，2001)。所有这些网站对任何一个儿童来说都可用家中的计算机来访问的，即使在没有任何检查或者订阅的情况下也是可行的。

(4)安全问题。我们仍主张与砖块加水泥的商务相比电子商务中伦理问题有着不同的表现形式以及范围的无限拓展。为了证明这种差异，我们可以考虑一种在砖块加水泥商务中的通常行为，这种行为无须多虑但却有一个安全风险因素。例如，我们在饭店就餐时，人们通常把自己的信用卡给侍者以付账，尽管侍者可能悄悄地复制信用卡。然而，为了购买商品而提供信用卡信息给网站被认为是非常危险的事情，以至于许多人免于在线交易。问题不是担心电子商务公司是否会窃取信用卡号码，而是他们的信用卡号码必须通过线路传输而达到 EC 机，在这个传输过程中，信用卡号可能被与 EC 企业无关的人悄悄地复制。至于范围，由于因特网的广阔性，信息安全的破坏性范围可能全球化并且影响数百万人。由于安全缺陷所导致的结果及涉及的范围，因而往往使得安全问题在电子商务中处于一个极为突出的地位。

二、电子商务伦理规则

在电子商务伦理中，一个基本的问题是：在电子商务环境下是否有特殊的道德准则，或者，是否电子商务应该简单地使用砖块加水泥商务中相同的伦理准则。例如：Princeline. com's 账目程序是应该由传统的砖块加水泥的道德水准判断呢，还是由反映电子商务独特本性的特殊规则判定呢？同样的，Double Click's 在线和下线个人信息是由与砖块加水泥商务相同的隐私规则来判断呢，还是由反映电子商务特征的特殊规则来判定？Beverly Kracher 和 Cynthina L. Corritor(2004)认为，电子商务伦理规则基本上不同于砖块加水泥的商务伦理规则，但我们并不能因此认为，有完全异于砖块加水泥的特殊的电子商务伦理。对这一问题的展开讨论和阐述如下：首先探讨不同层级的伦理抽象。不同层面伦理抽象的判别是由它们各自的特殊性所决定的，具体划分为，一般的道德原则和观念；道德标准和规则；具体的道德劝告和指令。在总体或一般的层面上，有具体的道德原则，它说明了整个道德体系的思想。例如，一个道德原则是绝对命令；而另一个例子是美德论思想。基础的道德原则和观念是最基本的，它们太概括以至于看清他们如何应用于日常实践中往往是比较困难的。例如，运用绝对命令来分析出售电子商务网站中搜集的个人信息是否可以接受是很困难的。对一个管理者来说，分析提供给每个男女雇员均等的休假是否正义或不正义同样是困难的。

道德水准和规则是截然不同于道德原则和观念的，从而组成第二层级的道德层面。它们为判断一个人的行为特征提供了行为规范，并且展示了一种真正生活化的行为，这一层面是基础性的，道德原则通常是做不到的。例如，确保知情权、信任、诚实等道德规则。尽管道德准则与道德原则相比是具体性的，但是，对于一个更为具体的环境下的行为而言，则是不够的。例如，从网络复制一个图片而不是把原图片移除，"我复制它的时候偷窃它了吗?"这就需要一个更为具体的道德层面，即具体的道德劝告和指令。

关于电子商务伦理规则的一个例证。我们思考电子商务在线客户个人信息的使用问题。为了购买、获得服务和信息，(在线)顾客通常提供个人信息给商家，并且实施他们的在线行为。许多电子商务企业认为，如此个人信息是一笔企业资产，并相信他能够通过卖给其他公司而产生利益。

我们将运用电子商务中个人消费者信息问题论证不同层面的伦理抽象并对砖块加水泥伦理与电子商务伦理两者之间的关系问题作进一步的探讨，最后，任何一个企业如何使用顾客个人信息，通过基础性伦理原则和观念以及效用和美德伦理用来证明其正当性问题。这对于从事任何一种好的、正当的商业事务来说都是必需的。进一步通过中间层面的规则和水准，例如，财产权、隐私权和知情权，中间层面的规则和水准具有一种实践力量以指导任何企业，即什么时候以及如何使用顾客个人信息才是正当和道德的。伦理道德不同层级的比较结论为：电子商务与砖块加水泥伦理的分歧在于具体的道德层面上。

其次，分析存在特殊电子商务伦理观点的原因。尽管这一问题的出现可能是因为人们合并不同层面的伦理抽象而导致，Beverly Kracher 和 Cynthina L. Corritor 的观点是，电子商务中的伦理规则不是特殊的。例如，当试着决定做什么的时候，一个商人趋于关注具体层面的伦理抽象，因为它是最常见的和实用的。然而，公众的看法是，各种道德抽象层面，例如，"道德指令"、"道德准则"、"道德原则"被认为是同义的。当这些不同层面的道德抽象合并的时候，具体层面是最常见和实用的，并支配着其他两个层面。因为，具体层面是由"劝告"和"指令"组成的，对于电子商务来说是严谨的。它给了人们一个虚假的印象:与砖块加水泥的传统商务伦理相比,有一个特殊的电子商务伦理。然而,在电子商务中,有一个具体的伦理劝告和道德指令并不意味着有一个独特的叫电子商务伦理的伦理。再比如,一个账目清算伦理规则并不意味着有一个独特的叫"账目清算伦理"的伦理。电子商务没有一个独特的伦理原则、观念、标准和规则,但是,电子商务有一个在我们生活方方面面的应用中关于伦理原则、观念、标准和规则的特殊表现。

我们进一步从企业组织形态的演进以及电商企业的特征来阐明电商伦理发生的承载主体以及伦理问题存在的技术空间和商务活动空间。与传统企业相比电商企业组织的特征。进入 20 世纪 90 年代以来,一种基于互联网、以交易双方为主体、以银行电子支付为手段、以客户数据为依托的全新商务模式——电子商务诞生了。与此同时,电子商务对传统企业的再造工程也随之启动,一种新型的企业组织形态——电子商务企业组织产生了[16]。

1997 年 11 月 6 日至 7 日,在法国巴黎国际商会举行了世界电子商务会议,会议根据目前电子商务的发展现状,对电子商务的概念进行了比较权威性的界定,认为电子商务是对整个贸易活动实现电子化。从涵盖范围方面可以定义为,交易各方以电子交易方式而不是通过当面交换或直接面谈方式进行的任何形式的交易。从商务的角度来讲,电子商务是指以计算机技术、通信技术、网络技术为支撑的企业商务活动,其研究对象是企业的商务活动。如果从企业组织理论的角度讲,传统企业如果要开展真正意义的电子商务,实行基于网络的商务运作模式,那么就必然会产生一种有别于实体组织、虚拟组织的新型组织形态——电子商务企业组织。因此,从组织形态的角度来讲,电子商务企业就是指传统企业通过计算机技术、通信技术和网络技术三大技术平台来配制资源、进行生产的一种组织形式[17]。本研究着重探讨这种新型组织形态的商务性活动中的伦理问题。

传统企业一旦成功地向电子商务企业转型,其组织形态就必然产生如下特征[18]:其一,强大的技术基础。企业的电子商务平台是建立在计算机技术、通信技术和网络技术三大技术平台之上的。其二,组织创新。①组织结构的创新。随着电子商务在企业的实施,原有的那种"金字塔型"组织结构已经失去了存在的根基。企业内部由于广泛运用信息技术,组织结构不再受到管理幅度的限制,企业可以尽量地减少管理层次,扩大管理幅度,改变信息传递机制,节约管理费用;传统的"金字塔"官僚管理结构也不能再适应当代电子商务企业敏捷灵活、高效快速的经营方式。②组织边界的扩张。20 世纪 30 年代,科斯提出企业的根源在于企业可以节约市场交易费用。企业组织替代市场尽管可以节约交易费用,但是,企业组织中的交易也是有费用的。当企业组织扩大时，企业内部追加交易的成本可能会上升，以至于通过企业内部交易的成本与市场交易的成本相等，这时，企业规模的扩张就停止了，企业规模与市场规模处于一种“均衡状态”。相对于市场交易而言，电子商务能给企业组织节约更多的内部交易费用，由此企业可以进一步地扩张。③组织体制的变化。组织体制的最大变化就是实施电子商务运作的企业在为知识的流动和共享提供硬件设施的同时，还设立了知识主管(CKO)一职，并辅助以专门的知识管理部门，负责企业知识的积累、共享、利用、创新、扩散，加快企业知识转化为生产力的脚步。知识管理部门又下设了信息管理部、技术开发部、组织学习部、人力资源部、客户关系管理部等等。其三，企业组织职务——任务团队。当组织结构围绕小组而不是个人来进行设计时，结果就组成了任务团队。按照德鲁克教授的分类，团队有三种类型：网球双打型；足球队员型；棒球队员型。电子商务企业将越来越多地利用跨职能的任务团队。其四，独特的企业文化。在电子商务企业模式下，员工的工作时间更具有弹性，工作范围全球化、工作场所不受空间限制，员工更多地依赖自身的知识创新能力，并逐步摆脱机械设备、原材料、工作条件和岗位的束缚，从而找到内在的自由和平衡。这就需要企业建立一系列新观念、新制度来进行人力资源的开拓，从而形成既具有电子商务特色又包含有传统企业文化的新型电子商务企业文化(包括伦理文化——作者注释)。

第二节　电商伦理体系的整体性和层级性：基于普遍联系的系统科学方法论

辩证法认为，整个世界是一个普遍联系和变化发展的世界。系统科学的诞生丰富了辩证法的思想；同时，普遍联系的思想是系统科学方法的方法论前提。系统是由相互联系、相互作用的要素(或部分、组件)组成的具有一定结构和功能的有机整体。整个宇宙和其中的所有存在物(自然、精神以及社会)皆以系统的方式存在着，换而言之，时时处处皆系统。而任何一个系统都具有整体性、层级性、动态性和最优化等特征。无论传统企业伦理还是电商企业伦理，作为精神系统(或曰意识系统、认识系统、观念系统等，伦理体系包括在内)的具体表现形式同样具有上述特征，尤其是层级结构性特征。

具体而言，无论是砖块加水泥的传统企业伦理系统还是电商企业伦理系统都具有层级性特征。而不同层级的伦理抽象是由它们各自的特性所决定的，如前所言，具体划分为：一般的道德原则和观念；道德标准和规则；具体的道德劝告和指令。层级从高到低,其实践中的可操作性增强。

我们以电商伦理系统为例对其层级结构进行分析。第一层级或最高层级称之为一般(普遍性)层级的道德原则和观念,例如:义利统一,人的主体性原则。这是优秀而卓越的观念,体现了正义和仁慈的基本道德美德。相应的中间层次的道德标准和规则有:确保知情权、隐私权和知识产权,诚实、公平和可信赖等。第三层级是针对电商具体的行为而提出的道德劝告和指令。例如,你不应该利用 Cookies 等技术搜集消费者的个人信息,并在其不知情的情况下卖给其他人;你应该保证网络消费者的退换货权利等等。三个层级的伦理相互协调、各司其职,形成一个电商企业伦理的观念体系,对具有不同抽象性的伦理问题发挥应有的监管作用。

第三节　电商企业伦理的物质本原及辩证本性:作为观念上层建筑的伦理是对经济基础这一客观现实的反映

唯物辩证法认为,整个世界是一个存在着多样性的动态的统一的物质的世界。这个世界除了物质现象还有意识(或精神)现象,但意识是物质的产物;维系人类社会存在和发展的生产方式决定了社会的物质性。因此,这个世界上的所有存在物在本源上讲都是物质的。伦理道德也不例外,它属于意识领域或上层建筑中的观念上层建筑。其物质性本原体现在道德对社会经济状况的反映和依存上,对此,马克思在唯物史观中有着清晰的阐释。“一切已往的道德论归根到底都是当时的社会经济状况的产物”。作为观念上层建筑的企业伦理是由一定的经济基础决定的,并为特定的经济基础服务的。因为“人们自觉地或不自觉地,归根到底总是从他们阶级地位所依据的实际关系中——从他们进行生产和交换的经济关系中,吸取自己的道德观念。”一旦产生后具有相对独立性,但是,最终会随着经济基础的变化而变化。不同的生产力发展水平有着不同的伦理道德水平和具体的道德规则。以生产关系为核心的经济关系的性质决定着企业伦理的性质,经济关系的变化迟早会导致企业伦理的变化。经济是伦理反映的物质内容,伦理是经济得以良性运行的前提条件。企业包括电商企业是社会组织形式中最普遍的形式,其作为社会运动的主体之一是社会运动的基础和物质保障。遵循辩证法的规律,我们要客观地分析电商企业的内外环境,基于电商目前现实的伦理道德问题,建构体现社会责任并遵循美德伦理的企业伦理,并动态把握该伦理体系。

第四节　利益相关者理论：基于系统中整体与部分、系统与环境的关系审视企业伦理的基本内涵

企业伦理是指企业在生产、经营、管理和生活等活动中，调节与利益相关者的利益关系的道德准则和行为规范的伦理理论体系。其利益相关者包括：股东、员工、上下游合作者、竞争对手、政府、社区及自然环境。在市场经济条件下，企业作为具有独立法人财产权、自主经营和自负盈亏的经济实体，必然要与外部和内部发生各种利益关系，这些利益关系中包含着各种伦理关系。企业伦理就是企业在经营过程中处理企业与社会、企业与内部员工、企业与顾客之间关系的行为规范的总和。因此，当代企业伦理问题主要包括企业生态伦理问题、企业人力资源伦理问题以及企业营销伦理问题。这些伦理问题如果处理不好，将严重危害社会经济的发展，同时也影响企业自身的发展，甚至影响企业的生存。企业人力资源管理伦理问题主要是指企业雇员的权利问题。企业员工的权利可分为法定权利和道德权利。因此，企业人力资源管理中的伦理问题既有法定权利问题，也有道德权利问题。目前企业的人力资源管理伦理问题主要表现为公平问题和安全问题。公平问题已成为企业人力资源管理中最根本的问题。公平问题主要有歧视、用人不公和分配不公等问题，这些问题涵盖在企业的招聘选拔、薪酬设计、劳资关系中。而企业的安全问题是指企业员工工作场所安全伦理问题。主要有工作安全、工作压力等。企业的道德营销问题主要表现在企业营销的可控因素中——即产品、价格、渠道、促销各个环节中。企业营销活动随着市场竞争的不断加剧，一些企业不惜采用违背法律和道德的手段去扩大产品销售，以获取最大经济利益。企业的生态伦理问题主要表现为环境严重污染和资源日趋枯竭，马克思从“自然—人—社会”的整体系统思想出发，科学地揭示了人与自然的辩证关系，强调人与自然是密不可分的整体；认为人与自然关系形成与发展，不仅是人的自然化过程，也是自然的人化过程；既肯定人在改造自然中的积极和能动的作用，同时又肯定人是自然的“存在物”，人类在利用和改造自然的过程中，应主动承担保护生态自然的责任；在人同自然的“物质交换”时，自觉地促进人与自然的和谐相处，以实现人与自然的共存共荣。而从生态经济学的要求来看，面对日益严重的生态环境污染和资源枯竭问题，企业必须承担企业生态伦理责任，企业的生产经营活动不可能同生态环境割裂开来，生产经营必须考虑自然资源消耗情况，以及对生态环境的影响。因此，马克思生态思想和生态经济学可以为企业生态伦理的构建提供理论基础[19]。

对利益相关者理论的选择同样是基于普遍联系的辩证视域的，只不过这里的关系是整体与部分之间的关系、系统与环境之间的关系。企业，作为社会中的经济组织，并非一个孤立的而封闭的系统，而是包含着自己的构成因素的，并且要素之间存在着的非线性关系导致一个优化系统的存在；同时，由于宇宙万物联系的普遍性，系统是一个动态的不断从外界吸取物质、能量和信息的开放系统，即系统在一定的环境中存在和发展。任何企业都是一个系统，其正常运行必须包括的因素是：股东、债权人、雇员、消费者、供应商等交易伙伴。企业系统生存的环境因素包括：受到企业经营活动直接或间接影响的客体和直接或间接影响企业经营活动的主体，例如，政府部门、当地社区、媒体、地理环境等。

20 世纪 90 年代以来，在现代西方企业管理理论中，出现了"利益相关者"概念，社会对企业提出了新的要求和期望。所谓利益相关者（stakeholder）是从股东（stocholder）一词套用而来的概念。股东作为企业股份的持有者对企业具有所有权收益，因而企业的每一项活动都与股东的利益相关。由此扩而大之，当代西方企业伦理学家把凡与企业产生利益关系、从而与企业发生双向影响的个人和团体，包括股东、雇员、顾客、供应商、社区及政府等，都视为企业的利益相关者。现代西方管理学界对利益相关者的定义大致有两种：一种认为"利益攸关者是环境中受组织决策和政策影响的任何有关者"[20]。此定义强调企业对利益相关者的单向影响；另一种认为"利益相关者是能够影响企业或者受企业决策和行为影响的个人与团体"[21]。此定义强调企业与利益相关者的相互影响。现代西方企业管理学家将利益相关者权利分为三种：股东影响企业决策决定的投票权、客户和顾客等因企业违约对企业的抵制权和公众要求政府制定新的法规限制企业的政治权。在当代西方企业管理学和伦理学著作中，越来越多的学者倾向于后一种定义，即要求把企业与股东、顾客、社区和政府等关系，作为相互内在、双向互动的关系而纳入广义的企业管理范围。

第五节　马克思经济伦理思想是电商企业伦理建构的理论与方法指导：基于社会存在和社会意识辩证关系原理

作为唯物史观的基本原理，以生产方式为核心的社会存在决定社会意识的内容以及变化发展；而社会意识一旦形成之后具有相对的独立性，这种相对独立性突出表现在作为社会意识形态诸形式（包括伦理道德）为特定的经济基础服务。

马克思虽然没有关于企业伦理的专著，也没有提出经济伦理的概念，但是，在他的哲学和经济学著作中蕴含着丰富的企业伦理思想。无论马克思在青年时代对费尔巴哈的人本学唯物主义的批判性继承，还是倾其毕生探索资本主义经济规律的巨著《资本论》，直到晚年的人学研究《哲学——人类学笔记》，始终坚守着对人类道德规律和经济学规律的辩证统一的研究宗旨。马克思经济伦理思想的主要内容是关于不同社会形态下经济主体的伦理特性、不同社会形态下的经济所有制形式与经济主体的对应伦理关系、经济范畴的伦理分析和批判的思想[22]。

一、马克思关于经济和伦理辩证统一关系的思想

首先，社会存在决定社会意识，经济对道德具有决定作用。“一切已往的道德归根到底都是当时的社会经济状况的产物”。道德作为一种观念上层建筑属于社会意识形态，是由一定的经济基础决定的，其内容和变化发展是由一个社会占统治地位的生产方式所决定的。同时，社会意识对社会存在具有能动的反作用。作为社会意识形态的观念上层建筑（包括道德）对经济基础具有反作用——道德可以对一个社会占主导地位的经济基础的巩固和发展起着积极的推动作用，或消极的侵蚀作用。

马克思通过对资本主义社会弊端的揭露和批判，对未来美好社会进行了描绘，那就是社会主义、共产主义的崇高社会理想。在其中，人类将第一次把社会的经济发展和道德进步和谐地统一起来。不仅是物质财富的极大丰富，也是社会关系的高度和谐以及人们思想境界的极大提高。社会主义是经济发展的合规律性的表现，同时也是通往人类彻底解放的必由之路。我国社会主义市场经济体制的经济基础，呼唤与之相适应的伦理道德观念的建构。既要反映市场经济的一般规律，同时，还有体现社会主义制度的本质；既要遵守市场的道德准则，又要体现社会主义制度对市场经济提出的新的伦理需求。

社会存在决定社会意识，马克思经济伦理思想揭示了任何一种新的经济形态和经济制度的产生及形成，都将受到经济的、政治的、法律的和哲学的理论、宗教观念以及道德文化传统等多方面因素的综合影响。对于当代社会背景之下应当建立的符合社会主义经济伦理的规范体系具有十分明显的指导作用[23]。

二、马克思恩格斯在剖析资本主义社会经济矛盾时始终关注所有制本身的道德与不道德以及由所有制导致的道德与不道德

一方面，马克思恩格斯揭示了资本主义所有制本身及其所造成的不道德状况。马克思的异化劳动理论充分体现了这一点。马克思对劳动概念的形成进行了批

判，揭露了资产阶级用劳动概念为其剥削制度加以辩护，但在根本上无法摆脱异化劳动的实质。马克思把异化劳动归结为四个方面的伦理特性：①劳动者同自己的创造物之间形成对立的社会伦理关系；②劳动者在劳动中被迫劳动而没有自由，社会劳动是劳动者保障其生存的手段，而非活动的满足；③劳动对人本身来说是外在异己的存在物，在资本主义社会，人的经济伦理特性表现于外在的物，是维持生存的基本手段；④人同人的异化，表现在人同自己的劳动产品、生命活动和自己的类本质相异化，同时这种异化也表现于他人的劳动上，是资本主义社会经济主体相互间的异化。资本家与劳动工人构成了资本主义社会一对重要的伦理关系，然而，劳动者所表现的自由完全是在资本家掌控之中的[24]。可见，资本主义的所有制使得人之不成为人，这是一种不道德的所有制。

另一方面，马克思和恩格斯在研究和揭示经济社会发展规律的基础上，构想和展示了道德化的所有制社会——共产主义社会。劳动者"共同占有共同控制生产资料"，这是一种经济制度，其实也是道德化的所有制。在这样的制度下，首先，它是"自由人的联合体"，在那里，"每个人的自由发展是一切人自由发展的条件"，人与人之间的关系是平等的，和谐与协助是这种平等关系的必然结果。人们在这样的关系中相互关照自身作为真正的人而存在。其次，劳动肯定了劳动者的"个人生命"，劳动成了劳动者真正的"活动的财产"。劳动也成了劳动者"自由和生命的表现"以及"生活的乐趣"。最后，迫使人们奴隶般服从分工的情形已经消失，从而脑力劳动和体力劳动的对立也已消失，劳动已不仅仅是谋生的手段，劳动本身成了生活的第一需要。随着个人的全面发展，生产力也得到飞速发展，集体财富充分涌流。到那时，就可以完全超越资产阶级法权的狭隘视野，全社会通行"各尽所能，按需分配"的法则。这是理想化的社会，更是道德的所有制[25]。

马克思主义的经济伦理思想虽然是对 19 世纪资本主义社会经济的概括和总结，但它对于今天我国的社会主义经济实践具有重要的指导意义。首先，马克思经济伦理思想对于当今社会背景之下建立符合社会主义的经济伦理规范的指导思想，具有突出的启发性作用。其次，马克思经济伦理思想一方面揭露了资本主义鼓吹的制度永恒性幻想，另一方面对社会主义的经济伦理关系和经济伦理思想进行了描述。再次，运用马克思经济伦理思想的观点可以分析和批判当今西方的经济伦理思想。最后，马克思对经济主体、经济制度和经济范畴的伦理分析，促使我们清醒地关注当今中国社会的经济发展问题，对经济主体的自由、经济关系的应该与不应该、社会的公正、贫困、剥削、信用和效率等诸多问题作出现实的回答。就我国社会而言，社会主义市场经济的发展促进了社会财富的不断积累，但却带来诸多伦理道德问题，迫切需要马克思经济伦理思想的指导[26]。尤其是当前数字经济时代的电商伦理问题。

三、马克思主义伦理学：功利论、道义论与德性论或美德论的辩证统一[27][28]

从唯物史观中道德与经济基础的关系分析，我们可以说一切伦理道德观念都是从物质利益关系中引申出来的，伦理道德反映了人们的利益关系。所以，马克思主义的道德论必然是功利的、重视人们行为的后果的和重视人民大众利益的，不是狭隘的功利主义，而是真正人民大众的功利主义。另一方面，马克思主义认为共产主义的理想信念是最为重要的。为了这一信念而奋斗、献身、牺牲自我是共产主义道德的最高体现。从这点上讲，它是名副其实的道义论。

从社会意识形式的历史继承性以及辩证否定观的理论来看，马克思主义伦理学必然包含功利论和道义论的积极成果。马克思主义的伦理观吸取了功利论注重行为效果、道义论注重行为动机的优点，并把二者结合起来，提出评价行为善、恶与否既要考虑动机又要考虑效果；是人民大众的功利论与革命道义论的统一。马克思主义伦理学之所以是一种新的规范伦理学，就在于它把经过扬弃的功利论和道义论有机统一起来。美德论或德性论实际上是功利与道义论的原则、规范和准则的在人们行动的反复实践中内化于人而生成的秉性、情操。所以，马克思主义伦理学体现了功利论、道义论和德性论的统一。

第六节　电商伦理中的经营伦理和科技伦理的辩证统一关系

我们对电子商务企业伦理进行拆分理解，实际上是要探究科技伦理与经济伦理的辩证统一关系，对这一理论的分析也是本研究不可或缺的理论基础。我们从经营伦理与科技伦理关系视角作一探讨。

经营活动使科学技术成果的潜在价值得以实现和扩散，从可能的生产力变为现实的生产力；科技活动则使经营活动更具市场竞争力，由此而形成两种活动之间的互动。

所谓经营伦理，即为经营本身的伦理。也就是说，凡是由人组成的集合体在进行经营活动时，本质上始终都存在着伦理问题。按照美国学者普拉利的观点，经营伦理一方面要运用明确界定的道德标准对经营道德行为加以评判，另一方面则要阐述具体的道德规则，以适用于实际的经营问题[29]。由于经营在现代社会中举足轻重，而如何使经营能够适合整体的现代社会则显得更为突出。一方面，许多学者和实业家把经营的目的看做赚取更多的钱，典型代表人物是美国经济学家弗里德曼（M. Friedman）。在其1962年出版的《资本主义与自由》一书中，他提出，经营的社会责任有且只有一个，就是在游戏规则的范围内利用它的资源以从事旨在增加它的利润的活动。然而，随着经济发展和人们生活水平的提高，人们开始意识到产业的目的是创造大量的商品和服务以满足人们的需要，而不是赚钱本身。对于经营活动来说，正确的选择是把赚钱和创造产品与服务有机地结合起来。另一方面，追求利润最大化目标所带来的日益加剧的生态污染以及频繁的损害社会利益的短期行为，开始受到社会公众的猛烈抨击，人们越来越表现出对企业经营伦理的强烈关注。在这样的大背景下，从伦理这一人文视角探讨经营领域问题的经营伦理也就是顺理成章的事情。

同传统的科学发现被理解为纯粹理论知识的探讨、技术发明被视为个人的业余爱好不同，现代科学研究和技术探索，不仅与客观的真理法则相关，而且包含着有目的性的实际活动[30]。也就是说，科技活动成为人类社会活动及其成果的一部分，并且总是和人类的生存发展相联系，因此，科技活动本身将必然进入人们的伦理视野并受到伦理的制约。科学社会学家默顿指出，在理性化的社会及经济结构的历史境界中，经济发展所提出的工业技术要求对于科学活动的方向具有虽不是唯一的、却是强有力的影响。这种影响可能是通过特别为此目的而建立的社会机构而直接施加的。由工业、政府和私人基金资助的现代工业研究实验室和科学研究基金，现已成为在相当程度上决定着科学兴趣焦点的最重要因素[31]。在这种情形中，科技活动所追求的是特定的商用价值和政治价值。此时，科技人员的创造性活动将决定着即将出现的科技成果的社会反响，并相应地引发社会的伦理约束。今天，人们已经进入了一个大科学的时代。科学技术成为一种社会事业，科学研究和技术探索离不开社会的支持，而这种支持不可能不期望回报。“为科学而科学”的清高和超脱已经不符合时代的要求，科技人员必须考虑科学技术的社会后果以及自己的社会伦理责任。科技伦理正是从反思人类科技行为以及科技本质入手，揭示人与科技的关系，从而寻求人与科技协调发展的途径。

经营伦理在当今时代正变得越来越重要，正在引起人们的广泛关注。首先，与现代科技发展相伴而来的全球化浪潮，正在引发越来越多的人关注公司的社会责任。随着通信技术和商贸交易及其信息国际化的迅猛发展，地区性问题已经不再是原本意义上的地区性问题，它已引起国际社会的共同关注。其次，工业化国家出现了一种追问产品来源的运动。消费者希望知道产品来自何处以及是在什么条件下生产出来的。他们会拒绝他们认为是在破坏环境的条件下制造出来的产品。相反，他们希望购买有社会伦理的公司生产制造的产品。再次，公司良好的伦理行为，帮助企业在激烈的市场竞争中立于不败之地。越来越多的事实表明，合乎伦理的公司经营行为，不仅塑造了良好的企业形象，提高了企业的知名度和美誉度，而且还促进了员工对公司目标的认同，从而提高工作效率，并使企业得以持续性发展。

科技伦理提供了实现经营伦理的保证。当代科学技术正向各种各样的经营活动之中渗透，成为经营活动的灵魂。科技对生产过程的渗透越来越深，科技在产品中的密集程度越来越高，科技知识在人类知识总量中所占的比例越来越大，以科技为职业的社会人员就会越来越多。在企业的经营过程中，科技伦理主要表现在：一是，科技成果是改善员工生产条件的工具，科技成果的开发应用必须有利于减少员工的劳动支出，使员工在生产制造产品的过程中有更多的时间和精力从事创造性工作，并从总体上优化生产劳动过程；二是，科技开发是实现企业经营目标的根本保证。企业的经营活动主要靠技术创新来支撑，企业创新的一个本质特征是创造具有自主知识产权的科技成果，科技人员肩负着实现企业创新目标的重任，他不仅要对既有的科技成果加以创造性开发，同时又要在研发过程中推进人类科技知识的增长，并有所发现和发明。三是，企业经营活动越来越离不开科技人员的科研活动。有些科研活动又是需要单独进行的，科研人员的道德教育是必须加强的。同时，科技人员一旦发现自己的研究活动同造福人类的目标相违背，他们就会停止这种活动，这对经营活动也产生一定的影响，并制约着企业经营活动，促使其自觉地按伦理规范经营。四是，对科技活动的资助也可视为一种经营活动，这种经营活动本身仍然存在一个如何使其适应社会整体需要的问题。科技活动作为人类活动的一种，反映着人类的根本利益。借助于经营伦理的控制，有可能对某些具有潜在危险的科研项目进行限制。简而言之，合乎伦理的经营活动使科技成果的潜在价值得以实现和扩散，合乎伦理的科技活动则使经营活动更具市场竞争力，由此形成两种活动之间的互动。于是，经营伦理就影响着科技活动的进行，成为科技人员遵守伦理规范的外在动力；科技伦理则改变着经营活动的总体走向，成为经营人员遵守伦理规范的内在动力[32]。

第七节　电商伦理遵循伦理学的一般性原理——关于道德应该之推理理论：基于普遍性与特殊性辩证统一关系

应该的产生和推导过程也就是元伦理学中的“应该的逻辑”，即应该与是、应该与事实的关系问题。这个"应该"能否从"是"中推导出来的关系问题乃是元伦理学中最重要的、最为基本的问题,是伦理学能否成为科学的关键问题,也就是所谓的"休谟法则"。"是、事实、事实如何"是客体独自具有的属性,"善、应该、应该如何"是客体的"是、事实、事实如何"与主体需要、欲望、目的发生联系的时候所产生的属性,是"是、事实、事实如何"对主体的需要、欲望、目的效用,是客体的关系属性。因此,"善、价值、应该、应该如何""产生于"是、事实、事实如何",是从"是、事实、事实如何"推导出来的。只有当"是、事实、事实如何"与主体的需要、欲望、目的发生关系的时候,从"是、事实、事实如何"才能产生和推导出"价值、应该、应该如何"。"应该、善、正价值"等于事实对主体需要欲望目的符合;"不应该、恶、负价值"等于事实对主体需要欲望目的不符合;无所谓善恶应该、无所谓价值,则等于事实对主体需要欲望目的无关。我们可以将它用如下推理表达出来,给予一个名称:"应该的推理"或"应该的逻辑"(或者说是价值的逻辑、善的逻辑)[33]:

大前提:事实如何

小前提:主体的需要、欲望、目的如何

两个前提的关系:事实符合(或不符合)主体的需要、欲望、目的

结论:应该、善、正价值(或者不应该、恶、负价值)

第八节　国内外企业(包括电子商务企业)伦理研究综述

电商企业伦理属于当今企业伦理学的一个重要组成部分。而企业伦理学(business ethics)是当代西方企业管理学派中的一个重要流派,应归属于应用伦理学领域。企业伦理研究始于亚当·斯密,马克斯·韦伯则最先提出了"企业伦理"的概念。但企业伦理学的学科范式的确立以及研究的大幅度开展,则是在近几十年。

一、国外企业伦理(又称商业伦理)研究综述[34]

1960年代以前,企业伦理的研究是从宗教(比如基督教)中吸取道德观念来规范企业的非道德行为的。同时,每一种宗教还在政府、政治、家庭和个人生活以及其他方面应用其道德观念[35]。

1960年代初期的美国,工商业活动中出现的一系列丑闻(行贿受贿、垄断价格、胁迫或欺诈交易、员工歧视、环境污染等)迫使政府作出伦理回答。1962年,美国政府公布了一份报告:《关于企业伦理及其相应行动的声明》。1971年11月,在

美国堪萨斯大学召开了第一届企业伦理学会议，此次会议标志着企业伦理学作为一门学科的正式诞生。20 世纪 60 年代～80 年代是企业伦理学发展的初兴阶段。上述企业经营过程中出现的诸多负面现象使人们开始系统地反思，对企业发展意义和价值的探讨成为当时西方学者们的热议话题。这种探讨推进了企业伦理学作为一门独立的学科而诞生于美国。这一阶段的研究状况如下：第一，学者们收集了发生在企业活动中的诸多企业伦理问题，并进行了深入细致的分析和研究。1963 年，T·M·格瑞特等人编写的《企业伦理案例》反映了这一研究的成果。第二，对企业责任的肯定与否定观点及企业责任的内涵研究。尽管讨论中有学者反对企业具有社会责任的观点，但大多数学者对于企业责任的含义有了新的认识："企业的作用现在已经发展到包括社会目标在内，当然也包括经济目标，社会责任扩展到对用户、供应厂商、雇佣者、社区和人民大众负责。"霍华德·鲍恩 1963 年出版的《企业家的社会责任》，在学术界率先明确地提出了企业社会责任的现代观点。1968 年，教会大学的哲学家 C·沃尔顿等出版了《企业的社会责任》一书。这些著作均以大量的事实和深入的分析极力倡导企业之间的竞争要以道德为本，强调企业的社会责任在市场经济中的地位和作用。第三，学者们开始关注企业行为的外部性问题，并且在企业决策行为结果涉及正义性、道德性的问题上取得了一致的看法。他们认为，必须将企业伦理的观念和意识渗透到企业决策和经济管理人才的教育和培养之中。与此同时，各种研究机构纷纷成立，诸多伦理课程在一些经济管理院校中逐渐开设，许多研究成果相继问世[36]。

从 20 世纪 90 年代初期开始，企业伦理学的研究进入勃兴阶段。一些因全球性的政治、经济、技术和文化环境变化而提出的新问题，如利益相关者和企业的关系问题、企业跨国经营中的伦理问题、信息技术条件下的企业伦理问题等等，都获得了比较深入的探讨，使企业伦理研究有了诸多新的进展[37]。

第一，企业伦理是组织有效性的基石。过去，人们多从企业反伦理行为对社会及企业自身危害的角度，即从反面论证企业必须合伦理化经营；而今，研究者则更多地从时代特点和企业的内在要求方面给予论述。例如，美国哈佛商学院教授林恩·夏普·佩因女士认为，企业伦理是组织有效性的基石。一套建立在合理伦理观基础上的价值体系是企业的一项重要资产，是衡量组织杰出性的标志，其可以在组织功效、市场关系和社会地位三个方面给企业带来巨大的收益。乔治·斯蒂纳和约翰·斯蒂纳等认为，企业行为的合理性是企业和公众之间的"社会契约"。根据这一契约，社会赋予企业一种职权，可以将资源有效地转化为社会所需要的产品。同时，社会给予企业采取必要与合理行动的权利，并允许获得投资回报。而

"合理的行动"就是指企业的行为必须符合法律和社会伦理的要求。另外，还有"企业合伦理经营是社会和时代对企业的期盼"的观点，较有代表性的是日本学者水谷雅一提出的"经营伦理存在的五大理由"。这就是，企业日益失信于民、成熟社会、国际化进展、自由经济体制的推进和地球环境问题。在水谷看来，20 世纪 90 年代以来不断加快的世界经济一体化进程，要求企业经营必须符合国际规范。所谓国际规范，如劳动时间问题、就业中的种族和性别歧视问题、经营活动的透明度问题等等，有许多实际上就是经营伦理准则。而且，经济进一步自由化和和市场化的趋向，必然使企业更加注重伦理，因为自由的增长更加凸现了企业在市场中的主体地位。

第二，企业伦理、社会责任和企业绩效的关系问题。在当代西方企业伦理学的著作中，涉及诸多关于企业伦理与企业绩效关系的讨论，相关观点概括起来有三种：一是以经济学家、诺贝尔奖获得者米尔顿・弗里德曼为代表的观点，他们认为企业讲究伦理、承担社会责任与企业经济绩效是矛盾的。另一看法是以佩因、罗伯特・F. 哈利特等为代表的看法，他们认为公司的社会行为与经济绩效之间存在一种正相关关系。哈利特认为，高度诚实和符合道德规范的行为更有利于业务，更有利于利润。因为满意的顾客会带来回头生意，公司应积极参与建立和维持一个更为健康的商业环境。第三种看法是以乔治・斯蒂纳和约翰・斯蒂纳等为代表的，认为公司的社会责任行为与经济绩效之间的关系极为复杂。两者无论是正相关还是负相关都难以证明。

第三，利益相关者与企业的关系问题。20 世纪 90 年代以来，在现代西方企业管理理论中，出现了"利益相关者"概念，社会对企业提出了新的要求和期望。所谓利益相关者(stakeholder)是从股东(stocholder)一词套用而来的概念。股东作为企业股份的持有者对企业具有所有权收益，因而企业的每一项活动都与股东的利益相关。由此扩而大之，当代西方企业伦理学家把凡与企业产生利益关系、从而与企业发生双向影响的个人和团体，包括股东、雇员、顾客、供应商、社区及政府等，都视为企业的利益相关者。现代西方企业管理学和伦理学著作中，越来越多的学者把企业与股东、顾客、社区和政府等关系视为相互内在、双向互动的关系而纳入广义的企业管理范围。

第四，跨国经营中的伦理与社会责任问题。对此进行深入探讨的有托马斯・唐纳德森、里查德・T. 德乔治和弗里切等人。其研究内容有：伦理的差异和趋同、"社会综合契约"等。伦理的差异与趋同问题，即跨国经营中的伦理挑战及前景问题。企业在跨国经营的过程中都面临着比在国内企业经营的过程中更为严峻的挑战。原因在两个方面，一是，由于重要的社会制度、文化传统与价值标准不同，不同国家的商业伦理准则有着重大的差别。二是，各国之间存在着的伦理差距。即一个国家的政治、法律及社会制度为该国的企业遵循伦理标准制度制造了更大的和更为强制性与规范性的压力。关于社会综合契约问题，即普适性商业伦理标准探索。在跨国经营伦理方面，当代西方伦理学家面临的最大难题，就是如何建立一套既注意到不同文化传统的差异，又具有全球普适性的商业伦理标准。唐纳德森和托马斯·邓菲提出了"综合社会契约理论"，对此做出了具有重要意义的探索。

第五，信息技术条件下的伦理问题、企业特别是电子商务企业的伦理问题。在这个问题上首先发展起来的是计算机伦理（也称网络伦理）。美国计算机伦理学比较重视对计算机伦理规范的可操作性研究。通过伦理学理论专家、企业伦理顾问、企业经理人员、计算机专业人员的有效协作，提出和制定行之有效的职业伦理规范，用以推动计算机伦理道德实践。美国从 20 世纪 90 年代起全面制定了各种计算机伦理规范。1992 年 10 月 16 日，美国计算机协会（ACM）执行委员会为了规范人们的道德行为，指明道德是非，表决通过了经过修订的《美国计算机协会（ACM）伦理与职业行为规范》。《规范》明确规定了"基本的道德规则"，其中包括为社会和人类的美好生活做出贡献、避免伤害其他人、做到诚实守信、敬重包括版权和专利在内的财产权、尊重他人的隐私、保守机密等。此外，美国的一些专门研究机构还制定了一些简明通晓的道德戒律。如著名"网络伦理十诫"：①你不应当用计算机去伤害别人；②你不应当干扰别人的计算机工作；③你不应当偷窥别人的文件；④你不应当用计算机进行偷盗；⑤你不应当用计算机作伪证；⑥你不应当使用或拷贝没有付过钱的软件；⑦你不应当未经许可而使用别人的计算机资源；⑧你不应当盗用别人的智力成果；⑨你应当考虑你所编制的程序的社会后果；⑩你应当用深思熟虑和审慎的态度来使用计算机。这些计算机信息与网络伦理准则，值得认真分析和借鉴。

随着信息技术的飞速发展，电子商务的应用日趋广泛起来，电子商务伦理研究成为应用伦理学家族中的一员。最初，国外学者提出了电子商务运行过程中所导致的伦理问题、到电商伦理的缺位认知以及电商伦理与传统商务伦理关系的比较分析中提出构建前者的道德哲学基础。2001 年，Bette Ann Stead 和 Jackie Gilbert 发表了题为《电子商务中的伦理问题》的学术论文[38]。他们认为，与电子商务的惊人发展相伴而生的伦理问题有：隐私问题、与隐私相关的安全问题、发送垃圾邮件或兜售信息、不带标识的网站、域名抢注、儿童网络营销、利益冲突、制造商和网络中介的竞争、落后保守不接受电商的"恐龙行为"。揭示这些伦理问题，对形成符合道德标准的自律的电子商务环境具有十分重要的意义。Mary D. Maury 和 Deborah S. Kleiner(2002)在其论文《电子商务，伦理商务?》[39]中指出，电子商务现在处于它的幼年期，并且正迈着"试验性"、"不确定性"的第一步。错误难免，失误很多；机遇和可能性并存。但与砖块加水泥的传统企业相比缺少法律和道德的精心呵护。作者分析了解决电商遭遇问题的三种方法：前两种分别是立法与法庭辩论，但立法与信息技术的飞速发展相比存在着时间滞后的缺陷；而诉讼缓慢且成本昂贵。第三种方法是自我监管，即诉诸道德自律。由于在商业实践上的可行性而成为他们力主的解决问题的方法。之后，Beverly Kracher 和 Cynthia L. Corritore 的《有一个特殊的电子商务伦理吗?》[40]，将电子商务与砖块加水泥的传统商务进行了比较分析，认为：二者在伦理原则层面上具有一致性，不存在一个有别于传统商务的特殊的电子商务伦理原则。但是，具体的电商非道德行为却呼唤着新而具体的伦理规范的诞生。随着电商的全面而纵深的发展，学者们对伦理问题的研究日趋细化。例如，不同类型、不同视角的电商中存在哪些伦理问题？不同行业电商伦理问题又有哪些？伦理文化、宗教信仰对电商有什么影响？全球化背景下的电商伦理挑战等等；并针对问题提出相应的技术、法律和公共政策的应对。其中信任、隐私和安全问题是学者们研究的焦点。例如，Daryl Koehn 的《在线信任的特征和条件》[41]；Sonja Grabner - Kraeuter 的《消费者信任在在线购物中作用》[42]；Eve M. Caudill 和 Patrick E. Murphy《消费者在线隐私：法律和伦理问题》[43]；Mahmood H Shah、Ramanus Okeke1 和 Rizwan Ahmed 的《电子商务中的隐私和信任：基于消费者视角》[44]；Sinan Nardal 和 Ayse Sahin《电子商务在线零售的伦理问题》[45]；Foroozan Kamari 和 Saeid Kamari1(2012)的《建构 B2C 在线信任的一个新模型：电商中的信任》[46]；Kiku Jones 和 Lori N. K. Leonard 的《C2C 电商中的信任》[47]；Jens Riegelsberger，M. Angela Sasse 和 John D. McCarthy(2005)《信任机制：一个研究和设计框架》[48]；Brian J. Corbitt，Theerasak Thanasankit，Han Yi (2003)的《消费者感知研究：信任和电子商务》[49] Rashad Yazdanifard，Mohammed A. S AbuTabik，和 Arash Pour Seyedi(2011)的《电商中的安全和信任：寻找一个安全的地方》[50]；Venkatesh Shankar，Glen L. Urban 和 Fareena Sultan(2002)《在线信任：利益相关者视角、概念、含义和未来的方向》[51]；Peter O'Connor(2007)的《在线消费者隐私：一个旅游公司的行为分析》[52]；Sonja Grabner - Kr. auter，Ewald A. Kaluscha 的《在线信任的实证研究：一个综述和批判性评价》[53]；Ye Diana Wang，Henry H. Emurian 的《在线信任综述：概念、元素和含义》[54]；Kathy Stewart Schwaig，Gerald C. Kane 和 Veda C. Storey 的《遵从公正的信息惯例：财富

500 强是如何处理在线隐私披露的？》[55]；Balasundram Maniam，Lily Naranjo 和 Geetha Subramaniam(2012)的《电商的最佳实践：如何获得一个信任和安全的环境》[56]。但真正把信任等问题作为一个伦理范畴从多学科（哲学、心理学、社会学和管理学）角度进行研究的论文相对较少，主要有：Himani Grewal 和 Shivani (2012)的《电商中的伦理和社会问题》[57]；Beverly Kracher，Cynthia L. Corritore 和 Susan Wiedenbeck 的《理解电子商务中在线信任的基础》[58]；Chitrangda(2014) 的《电子商务：商业和法律伦理》[59]；Mark J. Taylor，Eddie Moynihan 和 Jennie Mcwilliam 和 David Gresty 的《教企业 IT 伦理：一个专业方法》[60]。

总之，国外学者将砖块加水泥的传统企业的商务伦理原则和价值观念运用于电商伦理问题的分析与研究；同时，他们认为，随着 IT 技术持续而飞速的发展，电子商务面临着和将不断面临着新的伦理挑战。如何应对、并创建一个安全和信任的电商环境十分重要。

概而言之，国外企业伦理的研究起步较早，经历了一个从不成熟到较为成熟、从不完善到较为完善的发展阶段。目前，国外企业伦理学的研究异常活跃，总体看来，国外企业伦理学研究具有以下特征[61]：

第一，历史性。企业伦理学在不同的发展阶段具有不同的特点和内容。20 世纪 50～60 年代，关于企业伦理问题的研究主要是探讨管理者的道德观，并对企业的伦理现状进行调查，此时关于企业伦理的文献也不过是 2～3 种。企业伦理学还没有成为一门正式学科，属于经验研究型阶段；70～80 年代，企业伦理学作为一门学科得以建立，但或者偏重于企业哲学理论，或者偏重于案例分析，各种文献也表现出"哲学加案例"的特点；到了 80 年代后期到 90 年代，企业伦理学从早期单纯的道德批判发展到道德批判与企业伦理建设的结合，企业伦理理论与案例有机地结合起来，企业伦理学逐步完善。

第二，地域性。乔治·恩德勒在《面向行动的经济伦理学》一书中就北美（美国和加拿大）与德语国家（欧洲大陆）的经济伦理学的特点，从语义学、关注的层次、触及的层面、选择的参数、数据、对实践的关注程度、学科范式、教学、企业动议以及经济伦理学家的作用等 10 个方面，进行了仔细比较。他认为，在研究内容上，北美主要探讨个人和微观层次上的问题，而欧洲大陆侧重研究宏观的制度层次；在方法上，北美强调自由以及与此相应的责任，而欧洲大陆强调从道德上负责任的方式来塑造企业的状况，同时，北美的方法是先实践后理论，而欧洲大陆则是先理论后实践；在学科范式上，北美没有建立起有充分根据的企业伦理学学科，重视探讨企业伦理学的规范层面，而欧洲大陆则比较注重吸收其他社会科学如工商学科的知识，关注企业伦理学的认知层面，建构企业伦理学的知识体系。这说明企业伦理学的研究具有地区差异，深受研究者所在国家和地区的文化传统、思维方式和研究方法的影响和制约。从地域性的特点来看，北美研究的是企业伦理学，而欧洲大陆由于更多地关注宏观制度层面的伦理问题，应该属于比企业伦理学宽泛得多的经济伦理学；北美尤其是美国以实用主义为行动指南，因而更多地关注企业经营管理实践中的伦理问题，而欧洲大陆尤其是德国富有思辨传统，深受康德哲学的影响，因而更多地关注可以统领企业伦理学的经济伦理学的知识层面。

第三，可操作性。国外企业伦理的研究十分注重企业伦理的实用性和可操作性，注意把伦理融合到企业日常的经营管理活动之中。这主要表现为制订伦理守则，设置企业伦理主管，设置道德委员会等专门机构，开展伦理培训和企业伦理建设等。

二、国内企业伦理学研究综述

国内企业伦理的研究大约始于20世纪80年代末至90年代初。企业伦理从词源上讲源于英文的business ethics，由于翻译上的差异性，在business ethics进入中国后的一段时间，经济伦理、商业伦理、企业伦理混同在一起，没有严格的区分，它们共同关注的是经济行为、经营行为、商业行为的道德准则问题。最近几年，企业伦理研究获得了飞速的发展。目前的研究主要在如下三个方面展开[62]：

一是对当前企业伦理现状的研究，二是对中国企业伦理理论建构中所涉及的相关理论问题的探讨。笔者以为，除了上述两点之外，还应该有第三点，即三是对电子商务企业伦理问题的研究。国内对此问题的研究首先从翻译国外学者的专著开始的。例如，《数字化生存》（[美]尼葛洛庞帝）、《未来之路》（[美]比尔·盖茨）、《2.0版：数字化时代的生活设计》（[美]埃瑟·戴森）、《数字化成长——网络时代的崛起》（[美]唐·泰普斯科特等）。1999年，刘钢翻译的《世纪道德：网络技术伦理方面》成为我国网络伦理方面的第一本译作，本书为国内学界研究IT技术、电子商务伦理提供了一定的理论基础和实践指导。时至今日，与海量的电商专业研究成果相比，以电商伦理为主题的研究在目前还是比较薄弱，相关的文献资料较为有限。主要是一些学术论文和硕士研究生的毕业论文。其研究的主要问题为：第一，电子商务运作中存在的伦理问题、障碍或者说伦理挑战有哪些？并针对电子商务的伦理问题提出相应的对策[63-66]。例如，苏勇的《中国电子商务运作中的伦理障碍及对策》。第二，对电子商务伦理问题产生的主、客观原因的分析及电子商务伦理体系构建原则提出了初步性观点[67]。第三、认为电子商务活动中的诚信缺失或者说网络信任危机与电子商务伦理文化的建设没有得到足够的重视有着直接的关系[68]。第四，商业伦理文化在电商环境下的特征以及对电子商务发展的促进作用。仅仅依赖技术上的各种措施是很难真正保证电子商务活动的安全性的。要想全面、广泛地实现电子商务活动的安全性，除了技术上的各种措施外，还须配套以制度上的规范和文化上的约束，特别是包含有价值观的商业伦理文化的约束[69]。第五，从商业伦理道德目标和标准视角分析了电商中的不正当竞争行为[70]。

客观而言，中国企业伦理学的研究取得了丰硕的成果。但也存在着下列不足之处[71]：第一，在研究方法上的单一性和简单化。把企业伦理看成是伦理学基本原理在企业经营和管理活动中的应用，因而采用伦理优先的原则来构建企业伦理体系，从而导致研究的表面化和简单化。第二，认为企业伦理研究的最终目标是建立企业道德规范，并认为建立了企业伦理规范，企业的伦理问题就会得到解决。第三，缺乏对企业与伦理内在关系进行基础理论探讨，从而使得研究缺乏理论根基。这一点是国内企业伦理研究中普遍存在的问题。

因此，本研究运用唯物辩证法，探讨经济和伦理的双向内在关系，分析社会化伦理规范转化为企业伦理品质的动态过程。除上述的不足之外，笔者以为，应该强化电子商务企业伦理问题的研究，并把此作为对企业伦理学的延伸和发展研究而得到应有的重视。目前，关于这一问题的探讨尚处于伦理问题出现——相应伦理规范提出的一一对应阶段；并且对伦理问题的研究零碎、杂乱，还没有系统化的电子商务企业伦理体系的建构；所提出的伦理规范也仅仅限于宏观层面，没有提出具体的可操作性的伦理规范。至于对电子商务企业伦理的实证研究（计量研究）更是近乎空白。我们竭尽全力在上述薄弱环节上作出自己应作并能作的一份贡献。

第三章

电子商务企业经营伦理：基于义利辩证统一视域

第一节 义利辩证统一的伦理观

在西方伦理思想史上，对道德和利益关系这一问题的讨论形成了道义论与功利论两种价值主张。道义论强调道德义务和责任的神圣性以及履行义务和责任的重要性，强调道德动机和义务心在道德评价中的地位和作用，认为判断人们行为的道德与否不必看行为的效用和结果，只看行为是否符合道德原则规范，动机是否善良，是否出于义务心。功利论强调道德是在一定的利益基础上发展起来并为一定的利益关系服务的，判断人们行为正确与否的标准是看其增进还是减少了一定的利益。对此，马克思、恩格斯持有一种辩证否定和批判地继承的态度。他们主张超越道义论与功利论的对立，把利益与道德结合起来，在无产阶级和广大人民群众整体利益基础上实现道义论与功利论的有机统一。价值指向义利统一和义利并重。马克思、恩格斯的义利学说，坚持用唯物辩证法来分析道义与功利的关系，既强调利益对道德的决定作用，主张革命的功利主义；又重视弘扬革命的道义精神，旗帜鲜明地批判资产阶级利己主义和拜金主义，主张实现个人利益和社会共同利益的有机结合，使道义精神的弘扬服务于解放全人类的共产主义事业，造福于千百万人。义利伦理观超越了传统伦理学功利论与道义论的对立，在新的基础上将义利关系统一起来[72]。如前章所言，马克思和恩格斯批判地继承了功利论和道义论的合理成分，超越了二者的绝对对立，实现了义利的辩证携手，其伦理学是功利、道义和美德论的辩证统一。

第二节 电子商务企业经营中的伦理问题:电子商务企业与顾客、竞争者、投资者之间的伦理问题

据欧洲 2014 年 B2C 电子商务报告:2013 年，欧洲 E－GDP 占 GDP 总量的 2.2％;电子商务前景正在发生着变化，首先表现在商务中的“E”字正在消失，也就是说在线零售和砖块加水泥商店购物不再有一个严格的区分。所有这些使得电子商务成为欧洲重要的经济力量。同时，我们看到，国内 2012 年支付宝全民年度对账单信息，2012 年支付宝在淘宝和天猫的交易额超过万亿元，这相当于 2011 年中国 GDP 总量的 2％。电子商务改变了人们传统的购物习惯和生活方式，并提供了新的创业机会。第 34 次中国互联网络发展状况统计报告显示，截至 2014 年 6 月，中国网民规模达 6.32 亿，较 2013 年底增加 1442 万人，互联网普及率为 46.9％。互联网发展重心从“广泛”向“深入”转换，各项网络应用深刻改变网民生活。移动

金融、移动医疗等新兴领域的移动应用多方位满足了用户上网需求，推动网民生活迈向全面“网络化”。但与此同时，有许多ICT技术和方法正在以不道德的方式被用于电子商务的技术支持上。因特网的开放性，使得个人信息隐私问题成为电子商务的关键性问题。

一、电子商务企业与顾客（消费者）之间的伦理问题

（1）隐私与知情权伦理问题。隐私权是21世纪美国人最为关注的一个问题。信息技术的发展将会使我们看到一些新类型的侵犯隐私权的案例，它们的根源在于先进技术的应用以及电子信息的自由交换而导致的。隐私指的是“不能拥有他人的非出自正式文件的个人信息”[73]。隐私权对于当今以及未来的电子交易消费者来讲，是一个持续而显著的焦点问题。根据2013年中国网民信息安全状况研究报告，总体而言，我国信息安全环境仍不容乐观，74.1%的网民在过去半年内遇到过安全事件，总人数达4.38亿。

俗语讲，隐私指不同人的不同事。根据阿格兰诺夫（1993）的定义，信息隐私是指“个人、组织或机构声明关于他们的信息在什么时候、什么范围内可以传达给他人。”而Miller和Weckert提出了这样一个伦理框架，可以通过它观察隐私权的问题[74]。①隐私权包括不被打扰、并具有排他的权力。个人隐私是一种基本的道德权利。②隐私是“这样一种状态，他人通过观察某人而获取该人的信息”。③关于个人财产权、所有权、收入等因素属于隐私的范围。Michelle Naval问到，“有多少次我们填写申请的时候提供了我们关键的信息——从我们的信用卡号码到我们的E-mail地址、社会保险号码。当我们按规定提供或者定制产品的时候，我们的姓名或其他个人信息就被储存在数据库中。所有这些信息会发生什么呢？”[75]Miller等认为，就像作为雇主并不意味着可以侵犯他人基本的人权一样，作为网上商品供应者不可以私自收集消费者个人信息然后将其转卖给其他卖主。这种行为是不道德行为。

在很多情况下，依靠人工从多个代理处收集、分类、归档和查阅信息是非常复杂和缓慢，但对个人信息的非法使用却是有益的。然而，个人计算机、先进的软件、大型数据库和因特网创造了访问、浏览的全新途径。“谁拥有信息？”大量数据库的信息都经历了很多人的编辑和整理。随着电子商务的在各个领域的广泛使用，隐私问题变得更加重要[76]。在线公司不断地收集和使用用户的个人信息，而这些用户担心自己的信用卡号和网上行为偏好以不应该地方式出售、使用和公布，而这种顾虑阻止了很多用户进行网购。对于电子商务的发展，这无疑是一个巨大的障碍。

客户信息是在何种情况下丢失的呢？首先是客户网购时信息的自泄露。当我们在网上购买商品时，会自愿提供个人的标识信息，这包括：姓名、地址、信用卡号、电话号码及商品订单。而所有这些信息可用于商户发展详细的、个性化的客户文件，而这些客户则成为未来的促销目标。其次，访问站点的信息自泄露。为访问某些站点，一般网站要求访客注册，而注册所要求的信息范围很广，包括：姓名、住址、电话号码，甚或访客年龄、家庭收入、性别、职业和个人爱好等。第三，为获取免费商品的信息自泄露。第四，监视新闻组和聊天室。如此等等诸多的情况下，客户信息在不知不觉中被泄露。那么，到底具体采用了什么技术手段使得客户的消息在无声息中外泄呢？

P对消费者个人信息的搜集主要的技术手段是Cookies、Spamming、Pop-ups和网站自助注册。但自助注册与Cookies等其他技术手段相比，由于注册时半数用户采用的虚假信息，所以，网络营销商更为青睐前者。Cookies是当用户在因特网上浏览网站时通过第三方放置在用户计算机上的一些小文件，这些Cookies可以记录用户上网的各种信息，并通过把他们放置在用户端的计算机来找回许多信息。它的用途在电子商务中一般多用于存储数据信息，使网页用户化，对一个具体的用户使站点唯一化。这给企业网站带来了许多功能，将信息个人化的能力，或是有助于网上营销的功能。Cookies用于搜集用户偏好或浏览习惯的信息，这些信息广泛而又容易地被其他公司获得并用于对消费者商品和服务的网络营销。Cookies除了这些基本的功能之外，还有把程序置于用户的电脑之中以搜集他们一些不透明或是不易被掌握的数据；同样地原则导致了更多的企业去关注他们相应客户群的网络技术。在这一点上，Colin Bennett(2001)[77]对Cookies做出了这样的表达，“Cookie技术是一种可以追溯过去的装置。”例如，有的网页及电子邮件中包含有小的图表，用来监视和收集用户所浏览的信息，并且，这些程序就是企业用来收集消费者网上行为的信息并随网页的开启而置于用户的电脑之中。许多技术，包括作为如此事件的因特网数据挖掘技术是与监管和收集消费者在因特网使用的过程中既无意识也不可避免地行为的信息技术用途相关的。

一般而言，由Cookies和秘密服务器所收集的信息，对于商业交易、搜索引擎来讲并不是必要的。这个例子中的关于提高生产者利益的动机与用户的信息安全权利和防止信息泄露是相互矛盾的。卖方所倡导的更优质的顾客服务(如监管)是值得质疑的，尤其是在一些卖方认为是适宜的、但消费者也许并不认可的方式。Fleishman(1999)对Cookie做了进一步的阐述。Cookie是一个记录某人访问过哪些网站的日志。用户每次返回该网站，网站就会打开Cookie，这一过程被称为“数据搜集”。例如，第三方（如广告公司给网站提供广告）可以编辑剖面图像以确定顾客对哪种类型的广告更为偏好。进一步说，对某一站点访问的习惯与访问其他站点的习惯相结合可以勾画出一个更精细的轮廓。在拥有旗帜广告的网站上同样可以给你的浏览器发送一个 Cookie。当你访问其他拥有本公司广告的网站时，广告商能够通过商业站点的协议得到顾客用于购物时提供的信息，随即与用户浏览器联系。广告商认为，“轮廓刻画”可以提高广告效率，因为用户仅仅接受他们感兴趣的广告。秘密收集并且使用数据被称为“潜藏功能”，这并非使用信息的初衷。

Miller 和 Weckert 认为，“反对计算机监控是基这样一个原则的：如果没有十分恰当的理由不能干涉他人的权利，更高的效率和利润的追求不是一个合理的理由。”关于信息隐私问题，Ferguscn 在 2001 年提出了四部分框架：公众的、对公众公开；公众的、对公众保密；私人的、对公众公开；私人的、对公众保密。顾客与卖方之间的交易应被视为私人的、对公众保密。虽然互联网有权利提供一系列的服务和信息，它还是会使用户受到监控和监控的侵犯（Witaker，1999）。我们可以立足于技术的角度，思考由于技术的使用而带来了伦理领域的什么问题及变化。

目前，关于如何使用 Cookie 我们国家没有相关的法律约束。但在，在用户越来越关注个人隐私的今天，西方国家对第三方 Cookie 的使用、保存都有了严格限制。英国、加拿大等政府几年前已经颁布法令禁止第三方广告平台使用 Cookie 获取用户信息[78]。如果一个网站告诉用户其个人信息将被用于一个特定的目的，然后又卖出这些信息，或者用这些信息来销售其他产品，那么，依据联邦交易联盟的规定，这一行为即为欺诈。如果没有人对隐私权提出申诉、消费者对此并进行查询，那么就进入了一个称为“电子交换”的灰色地带。这样，网站就从消费者那里立刻获取了免费信息并卖给了具有更强竞争性的电子商务市场份额的人。

当然，仅仅就 Cookie 技术而言没有好坏和善恶之分，技术是中性的。如果从学术方面来看，Cookie 的本质就是数据包，记录用户上网行为以及上网特点，甚至包括用户的姓名密码，也包含其他的隐私内容。北京邮电大学信息安全中心副教授辛阳认为，Cookie 最初的诞生是善意的，因为其与互联网特点相互关联，互联网希望给用户提供更好的体验以及更加精确的内容，比如用户上次上网喜欢的网页，下次可能需要十步才能找到那个网页，但有了 Cookie 之后一步就可以打开。博客中国副总裁谷龙指出，目前用户在使用互联网过程中需要使用许多信息，比如在电商网站上买东西，需要登记姓名、电话和地址，这可以看做是隐私，也可以看成是与商家交易的合同契约、信息交换。“但用户并不希望个人信息被不相干的网站抓取利用。”谷龙说，“比如用户在淘宝上的信息，别的公司通过浏览器、Cookie 等方式获取显然是不应该的，但很多互联网公司在利用这个方式获取用户信息，比如广告商、健康网站、搜索引擎等，都在利用用户之前访问的网站与之匹配，已经侵犯了用户的隐私。"他认为用户需要有网络支配权和知情权，比如用户使用一个网络产品时，能够知道他的个人信息会被如何使用，然后决定是否提交个人信息。作为社会人来说没有绝对隐私，如果要和社会打交道只能做到部分隐私，或者在某个时间段对部分群体保留个人隐私。辛阳则指出，随着物联网、云计算技术把所有信息集中在一起，隐私实际已经没有了。在 Cookie 技术无罪、隐私法律界定又缺乏的情况下，只能通过企业自律来解决目前的隐私问题。伦理道德的规范不可或缺[79]。

2012 年 8 月，微软决定在 IE 10 浏览器中将"禁止跟踪"(Do Not Track)作为默认设置，自动清除用于追踪的 Cookie 信息。消息发出后，得到了来自用户和隐私保护组织的肯定。与此同时，一些网站通过 Cookie 记录用户行为谋利，也第一次被曝光。微软宣布，将坚持自己的立场，在 IE10 浏览器中默认开启"禁止跟踪"功能。微软表示，该功能可以让用户选择允许访问以及禁止访问的第三方网站。这一网站清单可以由用户自己选择，也可由公司或其他组织设定。微软鼓励技术爱好者可以率先设定这一网站清单，并希望隐私保护可以在更广泛范围内实现[80]。

另外，还有运用计算机来管理员工的过程中而产生的伦理问题，即企业组织为了所谓的提高工作效率、促进效益等而通过使用计算机管理员工来获取雇员的信息。

Spamming(垃圾邮件、兜售信息或广告邮件)也是顾客隐私侵犯中存在的一个主要问题，它是对消费者个人信息搜集的另一种形式。具体指 E-mail 用户收到一大堆没有用的、自动弹出的关于产品和服务的广告信息。《中国互联网协会反垃圾邮件规范》中是这样定义垃圾邮件的："本规范所称垃圾邮件，包括下述属性的电子邮件：(一)收件人事先没有提出要求或者同意接收的广告、电子刊物、各种形式的宣传品等宣传性的电子邮件；(二)收件人无法拒收的电子邮件；(三)隐藏发件人身份、地址、标题等信息的电子邮件；(四)含有虚假的信息源、发件人、路由等信息的电子邮件。"一般来说，垃圾邮件也即为未经用户许可就强行发送到用户的邮箱中的任何电子邮件。垃圾邮件的泛滥已经使整个因特网不堪重负：占用网络带宽，造成邮件服务器拥塞，进而降低整个网络的运行效率；同时，侵犯收件人的隐私权，侵占收件人信箱空间，耗费收件人的时间、精力和金钱。有的垃圾邮件还盗用他人的电子邮件地址做发信地址，严重损害了他人的信誉[81]。

据智利《信使报》2014 年 7 月 24 日报道，日前，英国防病毒网络安全公司索防士(Sophos)发布的一项报告指出,2014 年第二季度,来自美国的垃圾邮件占全球垃圾邮件数量的比例最高,达到 24%;紧随其后的是法国,比例为 6.7%;中国排在第三,为 6.2%。据悉,每个季度索防士公司(Sophos)都会对世界各国垃圾邮件产出数量进行排行,而二季度排在该榜单上的前十名国家依次为美国、法国、中国、意大利、俄罗斯、德国、韩国、乌克兰、西班牙和越南[82]。

不管邮件发送者声称他们如何地提高了网络的效率,我们以为,搜集顾客私人信息的邮件发送确实是对网络用户的一种侵犯。邮件发送者自认为人们需要他们的广告,但实际上人们常常认为这些不请自到的广告是不受欢迎的,即使是关于他们所购买的商品的广告。这些充满我们信箱并且无处不在的信息就像永无止境的垃圾信息。我们在看到广告邮件时很难判断它对我们是否有意义,讨论的目的在于是否应该限定营销商在未征得收信人同意的情况下发出广告邮件。营销商一般都是运用群发邮件的方式传播广告邮件的,广告邮件这种商业活动还有另一个特征:这就是广告的源头很难找寻,并且消费者在删除广告邮件时不可避免在今后产生邮件继续。事实上,经常有这样的情况发生,消费者在回馈不愿继续接收此类邮件信息的同时却常常被利用来作为更合理地发送广告的确认,致使在今后收到了更多的广告邮件。根据统计显示,每年大约有 2 万亿的广告邮件发往美国的电子邮箱;在过去几年,每年已增加到 2 倍[83]。尽管因特网服务提供者尝试使用各种手段去阻止此类信息,但是在普通用户信箱中的广告邮件仍要比合法的邮件数量多的多。据有关报道,UNX(英国反垃圾邮件组织)已经将负责本国 200 家 ISP 提供骨网干服务的中国电信所拥有的全部 IP 地址列入黑名单;而 MAPS(美国非赢利性机构“邮件滥用防御系统”)定期编制的 RBL 垃圾邮件黑名单上目前有 2800 个 IP 地址,其中有 5%是中国的地址,而被列入完全阻止名单的就有国内某些著名的 ISP,如“163. net”、“263. net”等[84]。Sarah Andrews 是 Washington. D. C(华盛顿特区)私人电子信息中心的一位政策评论员,他说:美国在互联网用户隐私权的保护方面落后于其他国家。另外,波士顿一研究公司 Cutter 财团的高级顾问 Chris Pickering 认为,互联网使私人数据变得像一个瓶子里的妖怪,“一旦你将你的信息放到了互联网上,那么就很难再将它收回。”还有一种新形式的监视手段“网络监听器”,它的作用就像一个微型监视器,可以监视用户机器上浏览网页的记录。

随着 E-mail 的广泛使用,发送垃圾邮件日趋广泛。最初垃圾邮件的发送者简单地认为,大部分接受者不会介意收到市场信息,即便这些信息对他们来说是无用的。但事实却是,关闭服务器、对服务提供者不满以消极的社会影响。当前,以顾客为中心的电子商务网站会在发送资料前征得顾客的同意。在“2013 中国反垃圾信息年会"上，中国互联网协会对外发布了反垃圾信息中心制定的《电子邮件营销规范》(V1.2)。规范总则表明，为规范电子邮件形式的市场营销行为，统一电子邮件营销的基本要求，为接收和发送营销内容的电子邮件提供依据，保护电子邮件用户的合法权益，根据我国相关法律法规的规定，制定本规范。本规范适用于电子邮件营销活动的开展和评价。其中，规范对邮件营销活动作出了详细的规定及要求。例如，在电子邮件营销服务提供者应当建立可靠有效的订阅及退订机制中具体规定：未经电子邮件接收者明确许可，不得向其发送营销电子邮件。营销电子邮件必须提供给接收者至少包含一种退订的途径和具体操作方法，且退订信息应醒目、清晰，退订操作方法应简单、有效，同时确保退订请求可以正常发送并能够被及时自动响应处理，不得强制要求用户提交退订原因或设置退订条件，退订请求发出后应在3个工作日内生效。规范还规定了电子邮件营销服务提供者对营销用户的个人信息和电子邮件地址负有保密的义务等等[85]。此外，"中国互联网协会反垃圾邮件综合处理平台"为每一位互联网消费者提供了对付黑名单的技术手段。例如，如何架设一个简易的实时黑名单服务器[86]。

当然，隐私和知情权问题也是砖块加水泥商务中存在的伦理问题，不同的是在两类商务中其表现形式和范围有着很大的差异。举例说明，如果我们在砖块加水泥商店给出我们的个人信息，我们不期望商店把我们查到底并监控我们在其他地点的购物；但是，这种情况是电子商务中可能发生的情况。当我们访问一个典型的可鉴别用户信息的零售站点的时候，也就是一个未经我们许可而放置在我们计算机硬盘驱动程序上 Cookie 文件的时候，它可以搜集我们的购买行踪：我们先前访问过什么站点，当我们离开这个站点的时候我们又去了什么地方等等。这些信息可以和其他电子商务站点的 Cookie 文件相结合给市场营销者提供完整的复合站点购物信息。同时，它可能和脱机的个人信息相联系。一个例子就是 Double Click 在线个人信息搜集与 Abacus Direct 的脱机信息搜集的合并。这潜在地允许网站浏览个人行为并跟踪与砖块加水泥相关的个人信息，并且把顾客的购买行为编成目录分类。这样，在电子商务世界中，隐私和知情权有一个明显不同的表现：由于电子商务的低成本和连通性，个人信息搜寻在电子商务中发生的频度远高于水泥加砖块商务；由于网络的高速度性和连通性，对顾客隐私的侵犯广度和深度也要比水泥加砖块商务扩大及深刻很多。

关于网络隐私侵权现象有如下几种：

第一，个人的侵权行为。个人未经授权在网络上宣扬、公开、传播或转让他人、自己和他人之间的隐私；个人未经授权而进入他人计算机系统收集、获得信息或骚扰他人;未经授权截取、复制他人正在传递的电子信息;未经授权打开他人的电子邮箱或进入私人网上信息领域收集、窃取他人信息资料。

第二,商业组织的侵权行为。专门从事网上调查业务的商业组织进行窥探业务,非法获取他人信息,利用他人隐私。大量网站为广告商滥发垃圾邮件;利用收集用户个人信息资料,建立用户信息资料库,并将用户的个人信息资料转让、出卖给其他公司以谋利,或是用于其他商业目的。根据纽约时报报道,BOO. com、Toysmart 和 CraftShop. com 等网站,都曾将客户姓名、住址、电子邮件甚至信用卡号码等统计分析结果标价出售,以换取更多的资金。

第三,部分软硬件设备供应商的蓄意侵权行为。某些软件和硬件生产商在自己销售的产品中做下手脚,专门从事收集消费者的个人信息的行为。例如,某公司就曾经在其生产的某代处理器内设置"安全序号",每个使用该处理器的计算机能在网络中被识别,生产厂商可以轻易地收到用户接、发的信息,并跟踪计算机用户活动,大量复制、存储用户信息。

第四,网络提供商的侵权行为。

互联网服务提供商(ISP,Internet Service Provider)的侵权行为:一是 ISP 具有主观故意(直接故意或间接故意),直接侵害用户的隐私权。例如:ISP 把其客户的邮件转移或关闭,造成客户邮件丢失、个人隐私、商业秘密泄露。二是 ISP 对他人在网站上发表侵权信息应承担责任。

互联网内容提供商(ICP,Internet Content Provider)的侵权行为。ICP 是通过建立网站向广大用户提供信息,如果 ICP 发现明显的公开宣扬他人隐私的言论,采取放纵的态度任其扩散,ICP 构成侵害用户隐私权,应当承担过错责任。

第五,网络所有者或管理者的监视及窃听。对于局域网内的电脑使用者,某些网络的所有者或管理者会通过网络中心监视使用者的活动,窃听个人信息,尤其是监控使用人的电子邮件,这种行为严重地侵犯了用户的隐私权。

网络隐私权遭受侵犯主要是由于互联网固有的结构特性和电子商务发展导致的利益驱动这两个方面的原因。

第一,互联网的开放性。从网络本身来看,网络是一个自由、开放的世界,它使全球连接成为一个整体。一方面使得搜集个人隐私极为便利,另一方面也为非法散布隐私提供了一个大平台。由于互联网成员的多样和位置的分散,其安全性很差。互联网上的信息传送是通过路由器来传送的,而用户是不可能知道是通过哪些路由进行的,这样,有些人或组织就可以通过对某个关键节点的扫描跟踪来窃取用户信息。也就是说从技术层面上截取用户信息的可能性是显然存在的。

第二,“网络小甜饼”Cookie。某些 Web 站点会在用户的硬盘上用文本文件存储一些信息,这些文件被称为 Cookie,包含的信息与用户和用户的爱好有关。现在的许多网站在每个访客进入网站时将 Cookie 放入访客电脑,不仅能知道用户在网站上买了些什么,还能掌握该用户在网站上看过哪些内容,总共逗留了多长时间等,以便了解网站的流量和页面浏览数量。另外,网络广告商也经常用 Cookie 来统计广告条幅的点击率和点击量,从而分析访客的上网习惯,并由此调整广告策略。一些广告公司还进一步将所收集到的这类信息与用户在其他许多网站的浏览活动联系起来。这显然侵犯了他人的隐私。

第三,网络服务提供商(ISP)在网络隐私权保护中的责任。ISP 对电子商务中隐私权保护的责任,包括:在用户申请或开始使用服务时告知使用因特网可能带来的对个人权利的危害;告知用户可以合法使用的降低风险的技术方法;采取适当的步骤和技术保护个人的权利,特别是保证数据的完整性和秘密性,以及网络和基于网络提供的服务的物理和逻辑上的安全;告知用户匿名访问因特网及参加一些活动的权利;不为促销目的而使用数据,除非得到用户的许可;对适当使用数据负有责任,必须向用户明确个人权利保护措施;在用户开始使用服务或访问 ISP 站点时告知其所采集、处理、存储的信息内容、方式、目的和使用期限;在网上公布数据应谨慎。

目前,网上的许多服务都是免费的,如免费电子邮箱、免费下载软件、免费登录为用户或会员以接收一些信息以及一些免费的咨询服务等,然而人们发现在接受这些免费服务时,必经的一道程序就是登录个人的一些资料,如姓名、地址、工作、兴趣爱好等,服务提供商会声称这是为了方便管理,但是,也存在着服务商将这些信息挪作他用甚至出卖的可能。

在这里,我们以利益相关者理论为基础,主要探讨消费者与电子商务企业组织之间的隐私问题及伦理规则。

在消费者备受垃圾邮件骚扰的同时,他们还要面对弹出插件——一种不稳定的广告形式的侵袭。插件是指会随着 IE 浏览器的启动自动执行的程序,根据插件在浏览器中的加载位置,可以分为工具条(Toolbar)、浏览器辅助(BHO)、搜索挂接(URL SEARCHHOOK)等。有些插件程序能够帮助用户更方便浏览因特网或调用上网辅助功能,也有部分程序被人称为广告软件(Adware)或间谍软件(Spyware)。此类恶意插件程序监视用户的上网行为,并把所记录的数据报告给插件程序的创建者,以达到投放广告,盗取游戏或银行账号密码等非法目的。弹出插件就是会弹出选框提示是否安装的插件,一般来说从网页上安装的插件都是弹出插件。弹出插件(Pop-ups)是一种对消费者购买自主权侵犯的伦理问题。Google 工具条不仅可以提供搜索功能,也可以拦截弹出式广告。而且每拦截一个,就会发出“当”的一声。于是,连接某些网站的时候,就会听到一阵急促的梆子声音,好像一出大戏即将开场,可见弹出式广告的密度之大。弹出插件(广告)是当用户进入一个网站时,自动地出现在用户服务器上的单独的窗口。弹出插件最为普遍的用途是:当用户浏览一个网站时,它对用户做一些产品或服务的广告,或者是常常为消费者提供一种宣传连接,引导用户点击它而开启另一个主页。随着技术的进步,插件广告的形式也变得更加成熟——同时伴有了动画及声音的效果。很多插件广告则是在用户浏览器屏幕上走来走去而不是占据一个固定的位置。多数插件广告窗口是很容易被关掉的,而有一些要找到它的关闭功能是比较困难的。但更为糟糕的是,有些邪恶的插件广告会控制用户浏览器的基本功能。这样所导致的是,当用户想关闭插件广告或使用浏览器屏幕上的返回功能的时候无法如愿,用户被锁定于一连串新的插件广告中而无法逃脱。有时,从连环套中脱离的唯一出路是把各种插件广告与正在使用中的计算机一起关闭掉。

电子商务引发的最突出的道德问题是企业现在可以借助于技术的手段来实现与消费者的互动,以及技术是如何改变了消费者与营销商关系的本性的。邮件广告使企业毫不费力而又低成本地向消费者发送大量的广告;插件广告的用途是,允许企业在消费者预料之外的情况下为其引导信息;Cookie、数据挖掘等技术允许企业收集消费者信息、跟踪消费者行为,从而高目标性地销售其产品。在上述各种情况下,网络技术使企业与消费者呈现出了在过去不可能的互动性关系。每一项技术的发展都意味着新的广告形式的出现,最终都必将带来对技术道德的思考。总之,电子商务技术的发展引发了企业与消费者关系的改变,实现了两者的互动商业交往。“电子商务技术从根本上改变了企业能够而且真正具有的与消费者关系的概念,以及我们先前对这些关系概念和准则的理解。”[87]

例如,关于个人隐私问题,我们将原本对个人隐私的理解沿用到电子商务中已经无法让人满意,因为我们最初对这些概念的理解以及常规的应用正在发生着改变。真正需要思考的是网络技术所带来的企业与消费者关系在性质上可能的变化以及由于电子商务的出现而带来的各种问题显著性的膨胀。

对于网络技术引发的企业与消费者关系的改变,我们必须给予特别的关注。原因如下:首先,由于因特网及与之相关的计算机技术而产生的技术上的进步是以一个空前的速度在发展着的,而我们的社会却没有时间吸收我们生活中所发生的这些变化。如果我们确定用于企业伦理参量的概念源自于社会范围内可能的关系类别，那么我们对由于电子商务技术而正在带来的企业与消费者关系的变化的反映就显得尤为重要了。由于这些变化在持续地发生着，转变的速率使我们企图吸收这些变化的重要性变得特别困难。过去，道德关系概念的调整是比较容易的，因为转变是渐进的；而在数字化时代，这些转变正飞速发生着，我们很难充分理解它们对我们概念世界的影响。其次，对于一般的消费者来说，当他们浏览因特网的时候，电子商务包括的各种技术是很难避免的，也是不能控制的，甚至没有意识到它们的存在。过去，虽然商家的营销方法是多种多样的，但消费者有能力选择是否接受或接受的程度。而网络技术使这种主动权更多地在商家手中，而消费者不易控制。电子商务改变了消费者和营销者关系的方向，而且，正是由于消费者表现出的不安才体现了其所处的被动地位。最后，则是技术极大减轻了企业的成本负担。这不仅仅是许多营销和广告技术比传统广告手段便宜的多，而低成本地向顾客投放广告。而且，同样地允许企业把大量的成本转嫁到其他合作伙伴身上。例如，邮件广告的成本问题，与那些投放的广告相比，大量的成本在于处理 E-mail 的服务提供商。事实上，因特网环境使企业营销实践低成本，这部分的真实成本是由其他人负担的。这不仅仅是资本成本的负担，许多这些技术也改变了负担这些关系中其他成本担子的人。总之，电子商务技术使企业非常容易访问消费者及其信息，而对消费者来说却很难避免这种访问。

(2)信用问题。电子商务中的信用应该包括社会伦理和契约关系两个方面。具体而言，信用是指经济主体之间，以谋求长期利益最大化为目的、建立在长期守信基础上的心理承诺与约期实践相结合的意志和能力。包括品格信用和资产信用两个方面。CNNIC 2006 年的报告显示，45.7%的用户认为目前网上交易存在的最大问题是产品质量、售后服务及厂商信用得不到保障，61.5%的用户认为网上交易的安全性得不到保障，28.2%的用户担心隐私受到侵犯。可见，信用在网络环境下变得更为重要。信息不对称的存在，反而加剧了信用问题。第一，支付手段中的信用。由于电子商务的“无纸化”和“无址化”，对参加交易的双方提出了更高的信用要求。加之处于转型期的中国社会，传统的“义利社会”价值体系正渐削弱，而基于法律基础之上的“契约社会”观念还远未形成，人们信用观念的淡漠对电子商务活动中作为核心环节的支付手段问题带来了极大的负面影响。土洋结合的中国电子商务支付手段(信用卡、借记卡、储蓄卡、邮局汇款和货到付款等多种支付形式的复合)要真正转变成为合格的电子商务支付，在目前中国信用体系、信用观念不完善、淡漠的情况下，仅仅依靠银行的力量是很难的，道德观念的内化是非常重要和有益的。2013 年中国网民信息安全状况研究报告显示，因电脑端网络支付发生安全事件的网民占整体电脑网民的1.5%，虽然整体比例较小，但网络支付安全事件发生后危害严重，损失较大，也不容忽视[88]。第二，物流配送中的信用。物流配送是电子商务活动中一个重要的环节，如果没有相应的物流配送，电子商务就不能够有效的运作和实现，也无法产生规模效应。不能为消费者提供满意的物流服务，最终使消费者对电子商务这种先进的商业运作方式产生怀疑、失去信任。这一问题的解决，技术因素仅仅是一个方面，良好商业伦理的培养更为重要。第三，商品品质的信用。电子商务的虚拟性特点，使交易过程虚拟化，消费者在事前无法看到商品的实样，不能够当面交易，暴露出来的问题日益严重，出现了“网络广告漫天飞，货送上门面目非”的现象。在线公司、企业不讲信誉，制造假冒伪劣产品的行为，需要法律和道德的约束。第四，网站信用阻碍电子商务的发展。有人曾经对易购天堂网（WWW.51hz.com）进行的消费者做过一项网上调查：对一百个订单进行统计，消费价格在100元左右的占75%；消费价格在80元左右的占20%；消费价格在150元左右的占5%[89]。消费者普遍认为，由于对网站信用的怀疑，担心钱付了之后所购买商品无法及时送到，因此，消费者只以小数额支付，万一网站不守信用，损失也仅仅是100元。信誉不足会严重影响消费者的商业行为，从而阻碍电子商务的发展。我们再以京东为例。京东商城是中国最大的综合网络零售商，目前拥有遍及全国超过6000万注册用户，在线销售家电、数码通讯、电脑、家居百货、服装服饰、母婴、图书、食品、在线旅游等12大类数万个品牌百万种优质商品，日订单处理量超过50万单，网站日均PV超过1亿。京东于2014年5月22日正式在纳斯达克证交所挂牌上市，交易代码为JD。2013年10月13日，央视财经频道《经济半小时》节目中曝光了具有颇高知名度的酒品牌赖茅在京东、天猫等知名电商网站假酒售卖乱象。经过人民网、搜狐等多家媒体相继转载；京东商城负责人称京东已在第一时间下架了所有赖茅商品，针对此次白酒行业内爆发的问题，已敦促供应商尽快核实相关信息，并将根据核实的情况，在有关部门的指导下对问题做相应的处理（百度百科）。2013年6月的京东店庆，据京东透露的数据显示，6月份京东货单量急速上升，6月18日单日网页浏览量高达3.5亿次。而易迅方面透露的数据也显示，从6月17日开始订单量和订单金额暴增，6月18日当天其订单金额一举突破亿元达到历史最高值，比平时日均下单量高出200%以上。在数据一片大好的背后，却并没有换来消费者们的一致叫好，促销高峰过后的各种“网友吐槽”不绝于耳，让电商们本来并不充裕的“信誉”再次流失……据南方日报记者从不少网购一族中了解到，2013年6月20日一位网友在京东同时下单了两样商品，其中一件为京东自营的商品，另一件则为第三方商家的商品，而京东自营商品在下单后的第二天已经送到。但是另一件第三方商家的商品，在下单后的第五天能查到的发货状态也仅为“已交付第三方物流公司”，至于何时能够收到依然没有一个准确的说法。“我是在京东上购买和下单的，即使是第三方商家，京东也有责任保证商品按时送达的，但是现在我何时能够收到还‘音讯全无’。据南方日报6月报道，在京东上看到，一款海信LED40K170JD 40英寸的电视最新售价为2699元，而在产品促销信息备注上，则标明此款产品已经优惠1000元。但是据记者从已经购买了的网友评论中发现，此款电视2699元的价格虽然号称已经大幅优惠千元，但几乎是近期的最高价。2012年8月，同样由京东掀起的电商价格战曾引起强烈争议，随后发改委对电商“价格战”展开调查并认为有电商的促销宣传行为涉嫌虚构原价、欺诈消费者。按照2010年修订实施的《价格违法行为行政处罚规定》的第七条规定，“利用虚假的或者使人误解的价格手段，诱骗消费者或者其他经营者与其进行交易的，责令改正，没收违法所得，并处违法所得5倍以下的罚款；没有违法所得的，处5万元以上50万元以下的罚款；情节严重的，责令停业整顿，或者由工商行政管理机关吊销营业执照。”[90]

与传统商业相比，电子商务通常是买卖双方不见面的，这更加需要参与者诚实守信。一是，买卖双方信用状况信息不对称甚至缺失，往往凭经验直觉、网上交流、网下调查等进行综合判断，而网下调查的成本很高，有些业务很难调查到，这就很容易出现在交易信息、供货、付款等方面出现诚信问题，影响用户对网上交易的信心。二是，为了促进电子商务行业的健康发展，一方面，我们希望传统商业模式下的信用模式尽快完善，信用数据尽快共享；同时我们认为需要为电子商务的参与者建立必要、实用的、符合电子商务特征的信用模式和信用数据管理机制。三是，健全我国的信用管理体系，涉及的因素较多，但与信用有关的立法、执法是重中之重。我们已经有了一部《电子签名法》，未来可能还需要有电子商务企业信用的管理办法、网上拍卖交易管理办法、电子商务税收及发票等一系列的政策法规。四是，金融领域的信用管理体系也很重要，他直接影响到电子支付和正常服务的履约，影响电子商务的效率和质量。底层的信用体系，会影响到客户端对电子商务的信任、信心与效率。

具体在B2C、C2C、B2B电子商务中，诚信状况还是有差别的。第一，B2C电子商务。B2C交易趋于成熟，虽然存在个别商家欺诈消费者的情况，但比例不大。消费者通常会选择自己熟悉的，知名度较高的网站购物。从1999年至今，我们欣喜地看到，越来越多如卓越、当当这样在细分领域的品牌不断涌现，一定程度上对交易诚信起到了积极作用。这些诚信的商务平台交易额连年放大，保持了健康稳定的发展。第三方支付平台通过给商户平台及其用户提供在线支付服务，也为电子商务的发展起到了很大作用。第二，C2C电子商务。C2C电子商务的难点是，在买卖双方缺乏信任的前提下，要完成交易，很难找到一个信任的“支点”。在信用评级模式和担保模式之间，担保模式似乎更受个人用户欢迎。第三方中介的这种以担保为核心的付款的模式，一定程度上促进了C2C业务的发展，但这种模式设计的起点就是互相不信任，由于导致了资金流与物流之间的不同步、甚至较长时间的割裂，因而减缓了电子商务的交易效率，比如说卖家迟迟收不到货款导致经营成本过高，无法满足数字化虚拟商品和服务交易的需要。从电子商务的发展趋势看，这种担保模式是诚信体系不完备、认证注册机制不健全情况下的一种临时过渡模式。C2C电子商务是全社会诚信水平的晴雨表，这种诚信与支付模式，必将随着社会信用体系的发展而不断创新。第三，B2B电子商务。我国B2B电子商务基本还停留在供求信息交互的阶段，只有为数不多的大型企业成功地建立了自身的B2B采购或销售平台，但90%左右的企业还没有体验过B2B电子商务给自身业务带来的优势。由于企业之间交易额度较大，诚信问题更为突出；反过来企业不讲诚信的代价往往也很高。以大企业为核心的B2B电子商务平台以及垂直性行业平台，由于各方面的资质背景与行业领导优势，诚信度相对较高；而其他类的中小企业为中心的平台与综合性B2B平台上，较多的是在网上获取信息、谈判、下单、网下再商议、再谈判等传统的方式来实现其业务的[91]。

(3)用户在电子商务中涉及的版权纠纷伦理问题。

网络浏览和下载材料是用户获取信息、产品的主要行为方式。网络浏览中伴随着临时复制，而材料的下载又涉及永久性复制。对于临时复制是否侵权，存在较大的争论，而永久性复制的侵权行为不能一概而定，要根据具体的情况作出相应的判断。

网络浏览中的道德问题。在电子商务中，用户为买到物美价廉的商品，需花费一定的成本进行信息搜寻，网络浏览是信息搜寻不可缺少的一个步骤，也是用户获取信息的过程。在浏览过程中会产生信息的临时复制，这种临时复制行为是否侵犯版权人的复制权呢？WIPO（世界知识产权组织）的WCT（《世界知识产权组织版权条约》）关于第一条第四款的注释中写明：“不言而喻，在电子媒体中以数字形式存储受保护的作品，构成《伯尔尼公约》第九条意义下的复制。”但是，WCT中是否承认临时复制，仍然存在较大争论。一种观点认为，不能因为复制的暂时性而将其排除在复制行为之外；另一种观点认为，网络传输的特殊性以及技术实现的特殊性，不应将暂时复制视为复制行为。在美国影响颇大的Net.com复制案就是这样一个案例。在该案中,法官认定暂时复制不构成侵权。在浏览过程中所产生的临时复制,其结果并未对所浏览的版权材料形成有形的复制件,而且在计算机运动过程中,这些临时复制件会被进入计算机存储器的信息所代替,很难断定是否构成复制。

下载材料中的道德问题。由材料的下载引起的版权纠纷屡见不鲜。与网络浏览过程不同,材料的下载会形成材料的永久复制。这种行为是否是对版权人专有权利的侵犯,是合乎道德的吗?不能一概而定。“电子商务中传输受版权保护的材料之商业模式各不相同。最常见的四种模式概括如下:①材料免费获得而且不需身份识别。②使用者被许可搜索有关内容前先进行免费登记。③列出有关内容的文摘,提供全文下载服务,并收取一定的费用。④内容服务商提供电子版本的预订服务。”[92]也就是说,材料的下载包括免费和付费两种情况。对于材料的免费下载,可能由于材料已经不在版权保护期限内,也有可能是电子商务经营者或服务者不是自己上载材料,而是通过链接技术链上有关材料供用户下载。就前者而言,不会涉及版权的纠纷,而后者的版权纠纷层出不穷,涉及的范围较广。对于付费材料的下载,要么是用户在线购买数字产品(如图书、音乐软件等),要么是在交纳一定的使用费后才能实现对材料的使用。在线购买是实现商品交换的过程,这也正是方兴未艾的直接电子商务方式,是正当的网上交易活动。而交费使用材料是出于对版权人利益的保护,使用材料交付一定的使用费,只要是符合法律的规定,其行为无可厚非。但是,材料的下载会形成材料的永久复制,包括有形复制和无形复制。两者的区别在于介质的不同,无形复制是以 0 和 1 的形式存储在计算机硬盘或磁盘上。与浏览过程中形成的临时复制相比较而言,永久复制不是获取信息的过程,而是结果一将所浏览的材料下载打印产生作品的复制件,是一种新的复制。

对于永久复制问题,国内外没有太多的争论。复制权是版权人最基本的一项经济权利,任何未经许可的擅自复制受版权保护的材料的行为,即构成对版权人经济利益的侵犯。但是版权法对版权人的版权作出相应的限制,即允许用户在法律允许或符合例外规定的情况下复制有关材料。“例如,越来越多的销售比较信息可以从网上获得,这些网站帮助购买者从电子商务网站中找到关于某一特定产品最好的价格和款目,关于产品的价格和其他信息从其他网站上收集并且作为比较信息来提供,许多情况下这些复制基础信息的行为并不构成侵权。”[93]用户出于信息搜寻的目的,对有关产品的信息进行下载打印,只要用户的行为不以盈利为目的,而且不是复制整个数据库,只是有选择性地复制有关产品信息,这是版权法所允许的。正所谓“货比三家不上当”,网络交易中,消费者难以获得所需产品的完全信息，而买方和卖方之间存在信息不对称，从公众的利益出发，在合理使用的范围内所进行的永久复制是版权法所允许的，不是不道德的行为。

(4)消费者其他权益的伦理问题。网络交易的虚拟性带来的一个突出的问题是：消费者难以知悉其购买商品的真实情况。我国《消费者权益保护法第八条规定》，“消费者享有知悉其购买、使用的商品或者接受的服务的真实情况的权利。消费者有权根据商品和服务的不同情况，要求经营者提供商品的价格、产地、生产者、用途、性能、规格等级、主要成分、生产日期、有效期限、检验合格证明、使用方法说明书、售后服务，或者服务的内容、规格、费用等有关情况。”即消费者的知情权。然而法律规定的知情权是与传统的商务交易方式联系在一起的，即看货、了解商品情况、试用、讨价还价、进行交易、送货等一系列环节相配套的。在电子商务下，除送货外，消费者与供应者并不见面。消费者只是通过网上了解商品信息，看不到商家，摸不到商品，而且，经营网站往往没有向网上购物的消费者说明其购买商品的真实情况，甚至做出引人误解的虚假宣传，对消费者关于质量、使用等问题的询问，答复不明确或不符合实际情况。这样，如何保证消费者能充分获得并如何保证其购买商品的信息真实可靠性成为电子商务的消费者权益保护的一个重要方面。

交易的协作性带来的消费者权益受损的问题。一是，物流配送体系中的消费者权益问题。电子商务的运作程序一般为六个环节：客户、商户、认证机构、结算结构、通信机构和配送机构。目前我国的物流配送也还处于低水平状态，网络购物中消费者不能及时收到所购买商品的事件时有发生；由于物流配送缓慢或物品的短缺，经营者不履行或者不及时履行通知消费者缺货等消息，从而使消费的权益受到损害。二是，消费者退货、换货服务没有保障。我国《消费者权益保护法》第二十三条规定：“经营者提供商品或者服务，按照国家规定或者与消费者的约定，承担包修、包换、包退或者其他责任的，应当按照国家规定或者约定情履行，不得无故拖延或者无理拒绝。”然而，在电子商务环境下消费者并没有实际看到商品，往往认识不清，所以，在商品送达后难免出现对商品不满意而要求退货的情况。但网上销售方则从自己的利益出发，在商品出售后均以种种理由拒绝退换货。三是，消费者损害赔偿权利得不到保障。我国《消费者权益保护法》第七条明确规定：“消费者因购买、使用商品或者接受服务受到人身、财产损害的，享有依法获得赔偿的权利。”目前，我国电子商务网站多数提供了一种中介般的“电子信息服务”，并且多数网站在提供此类服务的时候具有限制性条款或免责条款，消费者一旦点击“同意”按钮就等于接受了这些条款，如果卖方违约，消费者欲向其索赔，首先需要电子商务网站提供关于卖方的详细材料，但由于涉及网络隐私、网站信息等问题，就把损害赔偿责任扩大到了的银行、购物网站等负有对商家的资信、经营状况有审查义务的为交易提供服务并从中可以获取盈利的第三方。但是，我国目前法律并没有明确规定消费者与其他第三方之间的权利和义务关系，因此，这一正当要求很可能被商务网站拒绝，并影响消费者权益的实现。

企业与消费者双方网络交易地位的不平等问题。《消费者权益保护法》第24条明确规定，“经营者不得以格式合同、通知、声明、店堂告示等方式，作出对消费者不公平、不合理的规定，或者减轻、免除其损害消费者合法权益应当承担的民事责任。”在传统商务中，消费者和经营者处于一个可以协商的状态，而在电子商务活动中，商家往往通过格式化合同来约定买卖双方。合同由卖方制定，而消费者只能点击“同意”或“不同意”按钮，却没有质疑并修改的权利。消费者一旦选择“同意”按钮，就表示完全接受页面上约定的所有条款，实际上这样的合同带有明显的倾向性。其中有许多条款对消费者都是不公平的，如规定对运输迟缓商家不负责任、不承担商品瑕疵担保责任等等，而精明的商家在消费者实际订购商品之前往往把这些信息置于不起眼的角落，或者消费者就根本看不到而日后若果真出现商品瑕疵，运输迟缓问题而发生纠纷，网站则推出原格式化条款进行推脱[94]。

(5)关于 Spam，Pop-ups，Cookies 的技术伦理问题。Spam，Pop-ups，Cookies 引发的伦理问题是电子商务世界中最为突出的问题。广告邮件对我们来说就像是永无止境的垃圾信息。首先，我们在看到广告邮件的时候很难断定它们对我们是否有意义。讨论的关键在于，是否应限定营销方在未征得收信人同意的情况下发出广告邮件。营销上一般都是采取群发邮件的方式发送广告邮件的。对邮件广告的控诉有很多的特点，先是广告的源头很难找到，并且消费者在删除广告邮件时不能避免在今后产生邮件的继续。事实上，经常有这样的情况发生，消费者在回馈不愿继续接受此类邮件的同时却常常被利用来作为更为合理的发送邮件广告的确认，致使在今后收到更多的邮件广告。在邮件用户备受广告邮件骚扰的同时，上网者还有面对另一种广告形式，Pop-ups 弹出插件的广泛使用。插件广告是当用户打开一个网页或是网站时，自发在另一个窗口弹出的广告网页插件广告，是针对那些浏览该主页的用户所营销的商品及服务，或者是引导用户点击它而开启的另一个主页。随着技术的进步，插件广告的形式也变得更加成熟，与一般仅仅只占有空间的广告形式相比，插件伴有动画和声音的效果。有些插件广告是很容易被关闭掉的，但有些很难找到关闭的形式。更为糟糕的是，有些邪恶插件会控制用户所浏览主页的功能，这样导致用户想关闭主页，随之而来的是一系列新的插件广告，用户被锁定于这一系列的插件之中而无法逃脱。如果想摆脱这些插件甚至要关闭电脑。Cookies 是当用户浏览网页时而出现在电脑上的小文件,用来记录用户上网的信息,并可找回许多信息,在电子商务中多用于存储数据信息。除了这些基本的功能,将程序放置于用户的电脑之中用于收集一些不透明、或者是不容易被掌握的数据。Cookies 还可以这样表达,"这种技术甚至可以追溯过去的设置"。例如,有的网页及邮件中包含有小的图表,用来监视及收集用户所浏览的信息,并且,这些程序就是公司用来收集消费者网上行为的信息。

从因特网用户的市场实践中,我们可以发现因特网营销实践的道德问题并不存在于传统商务实践中,例如,当我们收到一封垃圾邮件,我们首先考虑并不是这个信息在本质上的欺骗性,或者那个商品或服务的无用性、有害性。同样的情况也存在于 Pop-ups 的问题中,在 Cookies 并且其收集的信息可能会更加清晰,用户可能对公司或者是营销商并没有意识到他们收集信息的行为,用户对营销商这些行为的意识不只是关于公司提供产品和服务的道德问题,而是如何判断这些道德问题的性质,进一步的探讨则是表明电子商务行为中的哲学性及对电子商务技术产生的道德问题进行更深的探讨。

如果我们考虑电子商务营销世界中的道德问题,那么这个道德问题应该是比较广泛的,不是如前所探讨的问题。我们不仅要讨论产品的道德问题,而且更要关注电子商务实践在不同方面引起的道德问题。所以,如果 Spam 广告引起的问题仅仅是虚假信息或者没有意义的产品和服务,那么 Spam 引起的社会反映就不会那么广泛,因为我们对 Spam 的信息关注很少。同样的,如果垃圾邮件和 Cookies 在营销产品上有问题,那几乎不可能是因为产品广告的信息有问题造成的,因为引起这些问题的技术是中性的。我们应当首先考虑如果这些实践的道德问题不是主要来自产品或者产品的信息,那最有可能的原因就是消费者通过电子商务的渠道获得的。我们真正关心的不是产品或者产品表达的信息,而是商人和潜在消费者联系的新的方法。对于这个问题需要注意两点:一是,我们首先应当把电子商务引起道德问题与技术联系起来,二是,技术问题是非常重要的,因为它解决以下两个方面的转换。一是我们与他人之间的转换,二是决定这种关系的道德转换。第一点是很容易理解的。我们要讨论的是商务道德的技术问题,应该包括商人如何与消费者或潜在的消费者接触而不仅仅是商品或服务的本质,或者是那个商品的信息。包括的问题有:一个商人为了销售商品如何与消费者联系。我们认为,对电子商务的不安是与这个问题有着明确的联系的。电子商务改变的最根本的,不应当是产品的类型或对产品的宣传,而是因特网允许商家与消费者的联系方式。这是因特网营销道德所面临的真正挑战。我们所看到的电子商务是一种营销与消费者互动的新方式，这对我们解决商业道德问题是一种新的挑战。因为电子商务多带来的最大的道德问题即是技术的发展给营销商与消费者之间关系性质带来了怎样的改变。

二、电子商务企业与竞争者之间的伦理问题：知识产权——商标、版权和专利；制造商与网络中介者的竞争

(1)商标——域名注册中的伦理问题。根据信息产业部令第24号《中国互联网络域名管理办法》，所谓域名，是一种用于互联网上识别和定位计算机的层级结构式的字符标识，与该计算机的互联网协议(IP)地址相对应。互联网用户如果想以一个特定域名表示其上网的计算机地址，必须向有关的域名注册机构提出注册申请，通过域名注册获得其使用权。而对于商家和企业，域名注册则意味着取得了在网络上进行商务活动的资格和空间。从技术上讲，域名只是互联网用于解决地址对应问题的一种方法；从商业角度看，域名已经被誉为企业的网上标识。在过去的许多年中，砖块加水泥商业中的商标法得到了充分的发展，对于什么行为是许可的、什么行为是侵权给予了指导。然而，在因特网世界出现了独特的挑战和对商标侵权的诸多机会。域名注册就是一个例子，那么，对传统商标和商业名称的保护因特网是如何提出了一个挑战呢？虽然商标法能够使一个企业对于产品质量和来源注册它的标识以防止市场混乱，但当第一个注册域名出现的时候，所有的情况都发生了变化。商标法允许多个企业对于不同的产品和服务使用同一个名称，并且不会引起市场混乱。然而，在因特网世界中，一个企业只能使用一个域名，因为一个域名实际上是一个地址，仅仅一个注册者可以占有这一独特的地址。例如，当Panavision在传统商务世界中拥有自身的商标的时候，这并不意味着它就自动地拥有了注册“Panavision. com”的唯一权利，这就给其他企业抢先注册此名字提供了机会。除非砖块加水泥企业立即在网络世界中预约他们的名字[95]。这就给机会主义的企业家提供了一个机会，这些“赛博盗版者”在网络世界中注册诸多著名商标，这样做的原因如下：使用著名企业的名称吸引粗心的消费者访问他们的网站。例如，因特网娱乐有限公司建立了一个网站以销售他们的两性产品，并且命名他们的网站为candyland. com，这给玩具制造商Hasbro, Inc.带来了诸多的沮丧和麻烦。议会试图修正1995年联邦商标法案，这一法律为保护知名商标提供服务并且能够使Hasbro成功面对因特网娱乐有限公司使用他们的著名商标“Candy-land”的挑战[96]。但在另一方面，不是每个挑战都是成功的，Hasbro赢了Candy-land案件但却在挑战Clue. com中失败了，因为法庭裁决Clue Computing拥有这

个域名的合法称谓[97]。

从两个案例中得到的教训是，如果另一个可公开的商标域名注册是为合法企业服务的，这是许可的，同时也将会在挑战中生存；如果注册域名被当做仅仅是免费乘坐别人声誉的列车，那么就会产生欺诈、误导、把消费者搞糊涂，这种使用是被限制的。上述两个案例对于正在注册域名的企业展现出了一个伦理挑战，多数企业对因特网有了充分的认识，并且已经注册了他们的商标作为一个域名。事实上，在今天，法律已经给予了企业忠告：不仅要注册他们的名字作为 Dotk-coms，而且同样的名字也要在. org 和. net 之下注册。同时，企业也应该考虑近音名称的注册。

其他人注册著名商标作为域名的另一个原因是为了"赛博潜伏"(Cyber squatting)[98]。"赛博潜伏"现象发生在因特网早期，一些人看到了世界宽带网中的机遇，而砖块加水泥企业最初没有意识到这一点。这些赛博盗版者预定了许多著名的域名并企图把它们卖给商标的主人，而这些商标的主人到后来才意识到了对URL(Uniform Resource Locator，在 Internet 的 WWW 服务程序上用于指定信息位置的表示方法)的需求。一个最好的例子就是投机商人 Dennis Toeppen。他注册了 12 个域名，希望这些域名对于那些随后想注册它们的企业成为有价值的商品。Panavision. com 是他注册的一个域名，他试图把这个域名卖给 Panavision，结果他失败了。Panavision 控告他侵犯了他的商标，违反了商标条例(Trademark Dilution Act)。Dennis Toeppen 作出了一个强有力的辩护，他没有使用域名作为商用，因为他没有通过网站销售任何产品和服务；条例和侵权的实质性因素是"商业用途"。然而，法庭裁决支持了 Panavision，因为 Dennis Toeppen 通过销售这些域名作为其利益目标。在美国，对于因特网的许多问题，即使议会曾采取了一个等待和观察的态度，但是，还是选择了对于这些迎面而来问题的处理。1999 年 11 月 29 日，反赛博潜伏保护消费者条例签署并成为法律。然而，"赛博潜伏"也是一种伦理挑战。在反域名抢劫的实践中，一个具有重要金融资源的大的商标拥有者可以轻易地从一个具有使用此域名的合法权利的普通持有者手中轻易夺取此域名。大企业清楚地知道，域名争夺的成本和困难将迫使小企业放弃。然而，法律的发展目的在于保护著名商标的拥有者，还没有提出如何保护比较小的企业利益的解决办法。

对于上述现象我们进行更深层次的总结性分析。由于域名在一定情况下受知识产权法律的保护，因此它具有传统知识产权的某些特性；同时，由于我国在规定注册商标专用权的范围内没有考虑到网络域名问题，从而导致域名和商标之间产生一定的冲突。这种冲突表现为如下三个方面[99]：一是域名和商标的权利冲突。根据我国《商标法》规定，商标可以分类注册，也就是相同的商标可以注册在不同的商品上，为不同的权利主体所拥有；如果不同的权利主体都将各自的商标注册为域名，那么必然会出现众多名称相同的域名。但是，由于域名的唯一性特征，必然会导致其中一个商标权人取得域名的权利，并与其他商标权人产生权利冲突。二是恶意抢注行为。即是非商标权人将他人的商标抢先注册为域名，其注册的目的不是为了使用，而为了高价出售。在我国判断恶意抢注的标准为：为商业目的将他人驰名商标注册为域名的；为了商业目的的注册而使用与原告的注册商标相同或近似的域名，故意造成与原告提供的产品和服务相混淆，从而误导网络消费者访问其网站；曾要约高价出租、出售或者一其他方式转让该域名，从而获取不正当的利益；注册域名后自己并不使用也未准备使用，而且有意阻止权利人注册该域名的。三是以使用为目的的抢注行为。域名注册人将与他人商标相同的名称注册为域名，这种注册不是以出售、转让为目的，而是以使用为目的的。上述行为不仅是不道德的，同时也需要一定的法律规范进行强制性的约束。

中国电子商务研究中心 2014 年 8 月 11 日讯，继推出海淘转运业务 SFBuy 后，顺丰在跨境配送领域又有了新动作，于日前正式上线了针对海外直购、代购商家的“全球顺”业务，进一步加速其国际化布局。“全球顺”域名受关注。据易名中国 whois 系统查询，“全球顺”3 拼域名 quanqiushun. com 在昨日被人抢注[100]。据统计，目前中国至少有 15％的企业商标在境外被抢注。国家商标管理部门统计显示，我国商标在国外遭抢注每年超过 100 起。被抢注的后果就是要么付出高昂代价赎回，要么另起灶另开张。2005 年，青岛海信集团历时 6 年，最终以 50 万欧元的价格，将被西门子公司在德国注册的“HiSense”商标赎回。腾讯公司域名被外国人抢注，最终以 100 万美元天价赎回。联想因 Legend 在很多国家被注册，于 2003 年 4 月忍痛割爱培育了 20 多年的 Legend 品牌标志，启用“Lenovo”。这种抢注行为是不道德的，企图通过恶意抢注方式达到垄断市场、阻碍竞争的目的，是一种典型的不正当竞争行为。王致和案的代理律师王洪青认为，企业可以通过申请商标的国际注册，降低我国商标被境外抢注的几率。如根据《马德里协定》规定，某一商标只要在知识产权国际局获得注册，便可成为国际注册商标，在马德里协定各成员国普遍生效。我国已于 1989 年加入了《马德里协定》，并于 1995 年加入了《马德里议定书》，成为马德里协定的成员国[101]。

(2)版权[102]。我们首先对版权、邻接权相关问题作一个梳理。自从英国 1710 年诞生世界上第一部版权法——安娜法案至今，版权保护已经从最初的仅保护作品印刷出版权利到现在的保护作品的创作者、传播者和使用者的利益，即广义上的版权，含有与之相关的邻接权。世界知识产权组织在1996年12月2日——20日在瑞士召开了“关于著作权和邻接权问题的外交会议上”，通过了两个被新闻界称为“因特网条约”关于版权和邻接权问题的条约草案，即《世界知识产权组织版权条约》(WCT)和《表演与录音制品条约》(WPPT)。这两个条约主要适用于电子商务中的有关版权和邻接权的保护。1998年11月，世界知识产权组织召开数据库保护会议，目的在于制定数据库保护的专门制度，也就是说把尚不属于版权保护对象的数据汇编作新的知识产权给予保护。在电子商务活动中，关于版权的侵权表现在以下几个方面：一是，向公众传播中的侵权。数据技术、光纤通信技术和计算机技术对传统版权的最大冲击是：没有经过作者和表演者同意，作品和表演(包括以多媒体形式出现的作品和表演)，经过数码处理在网络上传播，并为广大的网络用户下载，这是否是侵权行为，这种行为道德吗？WPPT中的第二条将向公众传播定义为：通过除广播以外的任何媒体向公众传播表演的声音或者以录音制品录制的声音、声音表现物。很显然，这关系到全球电子商务公开传播作品或录音制品，甚至在电子商务直接交易的过程中传输这类信息产品。如何在保护版权所有人的同时，给予公众在因特网上充分获取信息的权利，这又是一个具有冲突性的问题。至于网站转载他人文章是否构成侵权问题，我国《著作权法》第32条规定，网络著作权司法解释第三条规定，“已在报刊上刊登或者在网络上传播的作品，除著作权人声名或者上载该作品的网络服务提供者受著作权人的委托声名不得转载、摘编的以外，网站予以转载、摘编并按有关规定支付报酬、注名出处，不构成侵权。”也就是说，报社或网站在转载文章时，它们的义务仅仅限于是否有禁止转载的声名，并履行法定支付报酬，注名出处方可。二是关于复制权利的侵权问题。关于电子商务活动中复制权的范围，由于这种新型商务的开放性而导致的全球性，从而使得无数信息在因特网的传输过程中会发生一系列的复制。复制行为包括如下几个方面：将一作品或邻接权的某个客体存储在任何一个脱机的数字存储器中(CD-ROM)；将一印刷品扫描成一数字文档；将一作品或邻接权的客体数字化；将一数字化文档从某用户的电脑内取出、并上载到BBS或其他信息服务器上；从一个BBS或其他信息服务器中下载一数字文档；将一文档从某个电脑网络用户传送到另一个电脑用户；存储甚至临时存储一作品或邻接权的客体于一个电脑存储器中(如CD－RAM)。我国现行著作权法第52条没有明确规定作品数字化属于侵权行为，我们认为，此条应当修整为：“本法所称的复制，指以印刷、复印、临摹、拓印、录音、录像、翻录、翻拍转换等数字化或者非数字化方式将作品制作一份或者多份的行为。"三是数据库保护问题。版权意义下的数据库可以包括为电子数据库和非电子数据库。我们只探讨电子数据库。由于因特网及全球电子商务的迅猛发展，发达国家呼吁将数据库作为新的临界权加以保护，根据这种主张，将数据库定义为："独立的作品、数据和其他系统地或有方法地整理而成，并能单独进入的材料。"这种数据库包括任何种类材(文学、艺术、音乐或其他作品的)汇编。这种材料可以是文本、声音、图像、文字、事实和数据。很显然，这种观念适应了全球电子商务发展的需要，为更多的厂商以数据库形式在网络上提供和传输信息创造了良好的法律保障。四是管辖权问题。管辖权问题是因特网上又一个重要的知识产权保护问题。网络空间无地域性界限，信息和数据被超越国际地进行着传输，从而使地域管辖权的约束力受到强烈的冲击，表现为：侵权行为发生在何地？使用哪一个国家的法律？哪一个国家拥有管辖权？网络上的侵权人，往往难以确定其所在地，即无法确定侵权行为所在地。在实践上，侵权复制品只要一旦上了网络，全世界任何地点都有可能成为侵权行为发生地，这是由于网络的无国界性所决定的。

对于电子商务活动中的存在的版权问题从理论上作了上述的精练概括，在此基础上，我们从一些典型的事例来进一步探讨版权中存在的伦理问题，并可以从逻辑线条上把这些典型问题与上述版权侵犯的四种表现契合在一起作更深层次的体会和理解。

第一，电子商务网站间的链接引起的道德问题。

电子商务中的信息包罗万象，为解决"海量信息"的利用和用户需求之间的矛盾，网站采用超文本链接技术，为用户提供导航服务。链接是电子商务的基础，它使电子商务中的信息连成一体，让用户访问存储在不同服务器的信息，而不论其物理位置如何，但是链接也链接出一系列麻烦，由链接引起的版权纠纷不得不引起人们的重视。从访问者浏览器地址栏域名变化与否看，链接分为链入与链出两种形式。链入与链出的不同之处在于，打开链接时，访问者浏览器地址栏的域名没有发生变化，仍是设链者的域名，但网页显示的内容却是被链网站的网页内容。这种链接比较隐蔽，容易产生错觉，以为网页内容是设链者提供，甚至有的网站采用加框技术，使被链网页页面被框住，框外添加广告宣传等内容，而设链者自己的某些网页内容并不消失。而超文本链接技术又是电子商务中不可或缺的一项基本技术，就算是正常的链接行为，也必须指明被链网站的地址、出处，而域名所起的作用是地址指引，通过域名解析器找到相应的网页。这就好比我们在写文章时引用他人的思想表达时，必须指明出处，否则有抄袭的嫌疑。如果访问者看到的是被链网站的网页内容，而浏览器地址栏的域名仍是设链网站的域名，用户无从分辨哪些是设链网站自己的材料，哪些是从别的网站链接过来的。这种情况下，设链者保持自己的网址，却借用别的网站的内容，引起用户的混淆，从版权保护的角度看，有抄袭他人作品之嫌，侵犯了合法权利人的相关权利，当然这种行为也是一种不道德的行为。

对于版权拥有者，因特网展现出了一种特殊的伦理挑战。一个问题就是未被授权的超链接（Hyperlink，它是 WWW 上使用最多的一种技巧，它通过事先定义好的关键字或图形，只要你用鼠标点击该段文字或图形，就可以自动连上相对应的其他文件。通过这种方式，就可以实现不同网页间的跳转问题），例如："deep－linking"，framing，inline linking 和 meta－tagging[103]。其他问题，包括通过因特网下载音乐和电影。因特网主要的优势之一是网站之间可以被接起来，这就是为什么被称为世界宽带网的原因。如果这种链接是不被许可的就会为版权侵犯制造机会。在网站上设置超链接能够使用户从一个网站到另一个网站而不会引起版权问题，然而，当网站的主人对用户没有设计一个网站到另一个网站的链接而且没有委托、许可信息的时候，超链接就是版权侵犯。

网站主人能够通过多种方法解决由超链接引起的法律和伦理问题。他们可以继续深度链接，提供网站主人的版权信息内容；网站主人之间的许可协议也可以解决这些问题；或者网站管理人员可以清楚地指出有超链接及如何识别。

与深度链接相关的问题是 Metatagging。Metatag 是为网站介绍关键词方式的软件，而网站的用户却是看不见的。这样做的目的是为了通过使用这些关键词而增加网站的交易；这些关键词将被代表性地用于因特网的搜索引擎，并且，搜索者在对此无需要的情况下被直接引导到该站点。例如，花花公子实行了一个反对 Calvin Designer Label 的禁止令：Calvin Designer Label 在自己网站的黑色背景上复制了花花公子的商标，这个标识对于浏览者来说是不明显的，但是搜索引擎却是可以读到的[104]。这种做法不仅非法使用了别人的版权信息，而且引导用户到不相干的站点也浪费了他们的时间和金钱。

这些伦理问题不仅围绕着版权拥有者的所有权问题，而且其结果影响了因特网用户有效使用因特网的能力。

从被链网页的形式看，分纵深链、加框链和正常链。纵深链指的是跳过主页直接链接到其他网站的相关网页。Ticketmaster Corporation 设置网站向网民提供各种娱乐票务服务，主页上设置了栏目标题以及提供各事项的基本内容，最下方有一则限制出于商业目的复制该网站的信息。被告 MICrosoft Corporation 的网站上有一个名为"西雅图步行街"的网页，网页上有原告的商标和网站标识，点击它们可以直接访问到原告网站的相关网页,结果网民通过被告网站可直接订购在网上销售的娱乐票,而无需访问原告的主页。这是一个典型的纵深链接的案例,该例中被告的行为无疑影响了原告的访问量和收入。对于纵深链接的问题,一定要注意主页上关于深层链接的申明,如果主页上明确表示不允许其他网站进行纵深链接,一旦发生该行为,可以追究其他网站的责任。最好的办法是,设链网站和被链网站签订许可协议,明确哪些行为是合理的链接行为,哪些链接行为是有条件限制的,哪些行为是不允许发生的,一旦发生纠纷,可依据该协议的有关规定来解决。

加框链接指被链网站的网页内容被设链网站采用加框技术"框"了起来,原本登载在被链网站上的标志、广告等内容,当显示在设链网站的时候被缩小了尺寸,或者完全被"框"住了,而设链者在框外加了自己的广告或标识。被告 Total News 在其网站的网页上设置框架,内容是原告 washington Post 的新闻网页,被告未经许可在框外附加了自己发布的广告,法院判定被告立即停止以框架方式使用原告的网站内容。在上述案例中,被告不仅侵犯了原告的商标权,同时侵犯了原告的版权,具体而言,侵犯了权利人的修改权和保护作品完整权。网页作为编辑作品,受保护的是"内容+设计",即网页的内容与版式设计作为一个整体受到保护。而设链者的行为是对作品的使用,但不是合理使用,它是基于商业目的对网页进行展示,同时未经版权的许可,采用加框技术,框住被链者的广告、标志,甚至缩小其比例,在框外添加自己的广告内容,这无疑是对被链网页的修改,影响网页内容的完整性。总之,由链接引起的纠纷比较复杂,具体问题要具体分析,像链接标识、链接形式等还涉及商标保护、不正当竞争问题。上述内容仅仅论述链接中与版权有关的内容,在电子商务实践中,权利人可以综合运用版权法、商标法和不正当竞争法来保护自己的合法权益。

第二,版权侵犯诉讼的热点话题是因特网音乐的下载和版权的销售。这是一个在电子商务和水泥加砖块商务中共同存在的问题,然而,在电子商务中,这一问题有着不同的表现和范围。Naster 论证了这种不同。传统的音乐爱好者是从零售店购买磁带或 CD 唱片的,尽管版权侵犯被视为非法,但许多人仍生产复制的磁带或 CD 唱片,并把这些复制品送给朋友。但是,由于缺乏便宜和有效的销售体系,这种做法是有限的。而且,这种情况被 Naster 彻底改变了! Naster 发展了一个基于因特网的音乐网站,能够使个人使用计算机来享受他们购买的音乐、歌曲等。任何一个 Naster 订阅者都可以搜索完整的 Naster 网络,以寻找订阅歌曲,然后下载到自己的电脑上,同时保存到 CD 上。这个网络是非常巨大而流行的,其全盛期大约有超过 1.57 百万个订阅者。当美国法院宣布了 Naster 违背了版权法时，他们的侵权范围远远超过了到目前为止水泥加砖块的侵权范围[105]。

第三，传统作品数字化过程中的道德问题——未经授权对传统作品进行数字化处理。以传统载体形式存在的作品在网络中进行传播，必须首先对该作品进行数字化转换。那么这种数字化是否属于复制行为，是否是版权人所享有的专有权利呢？是否是道德行为？

当作品被转换成数字化信息后，就可以在互联网上传播，同时可以对作品进行进一步加工和存储，并在需要时把这些数字化信息进行还原。版权法仅仅保护具有独创性的材料，没有独创性的材料是不受版权法保护的。而数字化转换不具有版权法意义上的独创性，原因在于原作品思想并没有发生改变，只是将其内容的数字化处理后转换成机器可识别的二进制编码，这种转换仅仅是一种表现形式的转化，并不是创作作品的过程，也根本没有新作品的形成。因此，作品经过数字化处理后，其版权人并没有发生改变，也就是说原作品的版权人对其数字化作品仍然享有版权。我国《著作权法》第十条第五款规定，复制是指印刷、复印、临摹、拓印、录音、录像、翻录、翻拍等方式将作品制成一份或多份的行为。这当中并没有规定数字化是对作品的复制，但是，由于我国采取列举式的立法方式，上述各种复制形式并没有穷尽其他复制方式的可能性[106]。《伯尔尼公约》第九条规定："本条约保护的文学艺术作品的作者享有授权以任何方式和采取任何形式复制这些作品的专有权利。"《世界知识产权组织版权条约》第一条第四款的注释中明确，关于第一条第四款的议定声明：《伯尔尼公约》第九条所规定的复制权及其所允许的例外，完全适用于数字环境，尤其是以数字形式使用作品的情况。由此可见，未经版权人的许可擅自将作品数字化，是对版权人专有权利的侵犯，是不道德的，违法的，将其视为对原作品的复制行为。

第四，作品在网上传播中的道德问题。这类版权纠纷表现为未经版权人的许可，擅自将作品上网传播。对于传统作品而言，其数字化问题与网络传输问题是紧密结合在一起的，作品一旦完成数字化转换，技术上就具备了在网络中传输的可行性；但在法律上网络传输权仍是版权人的一项专有权利。而对于数字作品而言，它直接以数字形式存在，不需要进行技术转换，其网络传播更容易实现。为了适应技术的发展所带来的作品传播利用方式的变化，1996 年制定了 WCT 和 WPPT 分别增加了向公众传播权。WCT 第八条"向公众传播的权利"规定，文学和艺术作品的作者应享有专有权，以授权将其作品以有限或无限方式向公众传播，包括将其作品向公众提供、使公众中的成员在其个人选定的地点和时间获得这些作品。我国是 WCT 和 WPPT 的参与国，在新修改的《著作权法》中增加了信息网络传输权。

这种权利与版权法意义上的出版、发行、发表等在本质上都是实现作品的社会公开和传播，以方便社会公众的利用，但是作品在互联网中传播是在新技术环境下出现的新的作品使用方式，并不能因为新技术的出现而影响版权人专有权利的实施。版权人有权决定是否在网络环境中向公众提供其作品以供利用。除法律允许的例外外，非版权人对享有版权的作品在互联网上传播时，应当尊重版权人的专有权利，未经版权人的许可，无权对作品进行任何形式的传播和使用。1998 年 4 月世纪互联通讯技术有限公司成立“灵波小组”，并在其网站上建立了“小说一族”栏目，该栏目中刊载了王蒙、张洁、毕淑敏、刘震云、张抗抗、张承志等 6 位作家创作的作品。“灵波小组”是在未经六位作家授权的情况下将其作品以不同的技术方式获取后放在自己网站上的。显然，这是一种不道德的侵权行为。

第五，数字作品的盗版问题。电子商务经营者所销售的数字产品，以及被电子商务服务商利用并提供信息服务的数字产品，如果超过版权保护期，用户可以轻松地通过搜索引擎获得，电子商务经营者与服务者主要通过广告获利，而对于处于版权保护期的数字作品，其使用和传播必须符合版权法的有关规定，否则不仅侵犯版权人的利益，也会影响作品传播者即电子商务经营者或服务者经济利益的实现。对于盗版作品的产生，大致有以下几种行为：①对于受版权保护的作品进行“复制＋粘贴”，然后上载到网络中。这种复制行为是没有得到版权人的许可的，而且是以赢利为目的，更没有获得许可在网络中传播利用该作品，侵犯版权人的复制权、网络传播权以及获得报酬权。②非法下载受版权保护的作品，然后上载到网络中。③某些电子商务网站不直接侵权，而是采取链接合作的方式，和一些小网站建立链接，由小网站上载盗版作品，在自己的网站上建立深度链接，直接通向提供侵权材料的网站，这种行为极具隐蔽性。④数字产品的转手销售，即合法购买后的数字产品又重新被上载到网络中。

(3)专利。专利是对新的、有用的发明的奖赏，是法律授予发明创造的一项独占权。它既可以是一种产品，也可以是一种生产方法，或是解决某个问题的技术方案。随着电子商务在技术和经济领域中的发展，专利权已经成为研究的热点之一。在我国讨论的较多的是网络技术对专利的新颖性、创新性和实用性的冲击。例如，在网络上公布的发明是否具有新颖性，如何利用网络进行电子专利申请等。对于电子商务中新型专利客体的讨论并不多，但也有一定程度的关注。例如，王军伟认为，“电子商务专利问题其实就是电子商务软件的专利权问题，以及近年来出现的商业模式和方法软件的可专利性问题。”[107]电子商务就是利用现有计算机硬件、软件和网络基础设施，在按一定的协议连接起来的电子网络环境下从事各种各样商业活动的方式。由此可见，电子商务首先依赖于计算机硬件、软件和网络基础设施；其次，电子商务的实质是一种商业模式和方法。因此，电子商务专利问题其实就是电子商务软件的专利权问题，以及近年来出现的商业模式和方法软件的可专利性问题[108]。但是，对于电子商务中的商业模式、方法以及商务活动所依赖的计算机软件的专利性问题存在着比较大的分歧，从不承认电子商务的商业模式和软件方法的专利性到今天在一定程度上的承认经过了一个历史的发展过程。多年来，计算机软件的最佳保护方式是版权，这似乎已不容置疑。按照版权法，当软件被视为作品时，仅仅保护它的形式，而不保护它的构思。但是，一项软件的核心往往在于它的算法模型、组织结构和处理流程等设计构思，而其中不少是开发者所特有的创造性设计和技术诀窍。而这种构思与其载体间没有必然的联系，即是说构思可以脱离其载体———计算机语言而独立存在。显然版权法不可能把可以与载体脱离的构思纳入其调整的范围。如有人掌握了软件的技术构思，是不难编写出同样功能的程序代码的，当这些程序代码以一种新的载体出现时，版权法就无能为力了。软件权利人不仅要求保护自己的软件作品不被他人擅自复制、传播，而且希望保护自己软件中的创造性设计构思不被他人擅自使用。对这种保护只有依靠专利法等法律的保护[109]。从 20 世纪 90 年代起，以美国为代表的发达国家在司法实践中，不断出现与版权保护相悖的案件，因而，试图用专利法保护计算机软件。

1998 年 7 月 23 日美国联邦巡回上诉法院(CAFC)对 State Street Bank & Turst Co. 诉 Signature Financial Croup Inc. 一案进行拍板定案，确定指导电子商务的商业方法的软件专利是合法、有效的。这是 CAFC 首次对涉及电子商务方法的计算机软件是否可以取得专利权，作出有利于专利权人的判决，受到业界和相关团体的高度关注。尽管在这之前，也有很多专利包含有业务方法，但这一判定无疑极大地增强了企业对商业方法或模式可获得专利保护的认识和信心。所以，各种商业方法软件大量涌现，有关的专利申请数量也迅速增加。在 1996 年以前，美国只有 13 件涉及 Internet 的专利申请，但到了 1996 年前 3 个月，美国专利与商标局就授予了 695 项有关 Internet 的专利。仅仅在 1998 年，与互联网有关的专利数量就比 1997 年增加了 500%[110]。这些专利的客体包括计算机程序通讯协定、密码技术、资料压缩技术和电子商务模式或方法等。

从近几年来美国法院的判决结果，以及专利商标局批准的一系列有关电子商务模式或方法的专利来看，美国对于电子商务软件的专利保护采取了非常自由、宽松的态度。但随着电子商务竞争的日益激烈，网上专利侵权纠纷问题日渐突出。例如，1999 年 10 月 21 日，亚马逊对 Barnesandnoble. com 提出起诉，这是网上零售大战中的一对老对手。亚马逊诉 Barnesandnoble. com 侵犯其 One-Click(一次点击)选购法专利权,并要求法庭阻止 Barnesandnoble. com 使用自我开发的 Express Land 的快速结账系统。法院则于 1999 年 12 月 1 日发布了禁止 Barnesandnoble. com 公司使用这一技术的命令。但亚马逊公司因这一诉讼案遭到了网络业同行的猛烈攻击,关于专利与商标局是否应将专利权授予此类电子科技发展商务基本操作的争论随之更加激烈。

美国专利拥有者的垄断权为 20 年。自从 1981 年,美国高级法院做出决定:计算机程序作为一种专利。这对于网站拥有着来讲,专利保护成了一个重要的考量,因为专利和商标局已经承认了因特网的新方法,这些专利被称为"商业模型专利"。PTO(专利和商标局)已经承认了一种专利,被称为"货物价格在线展示方法及流通费用"的货物费用专利。这种方法提供了海、路、空联合经营的货物费用,允许客户进行比较选择。Princeline. com 有一种叫做"指定你的价格"的购物方法专利,而 CyberGold 有一种对关注因特网广告的消费者使用刺激并给予回报的专利。例如,Amazon. com 被授予了一个叫 One－Click 的购物方法专利(如上所述),Amazon 控告 Barnes & Noble 使用了一种叫做"Express Lane"的相同的方法,声称其侵犯了 Amazon 的专利[111]。1999 年 12 月 1 日,华盛顿州的联邦判决准予 Amazon 禁止 B & N 在繁忙和关键的假期购物季节使用这一方法。

迄今为止,对于电子商务专利的保护问题仍然存在着分歧。反对者将其理由归结为如下四个方面[112]:第一,这些能叫专利吗? 这些专利充其量不过是传统商业观念的网络翻新,并不是具有独特性或新颖性的操作或技术。第二,专利保护范围过宽。由于许多常用的商业方法被授予了专利,这使得很多电子商务企业动辄有侵权之虞。第三,这将扼杀电子商务技术的创新。诚然,互联网公司有权保护自己的知识产权,但如果少数几个大公司掌握了网上商务的关键方法,未来的起步者就需要花费大量的时间去穿过重重的法律障碍,而没有更多的时间去进行技术创新。第四,破坏了市场公平竞争的环境,影响电子商务的健康发展。市场环境应该是对所有的经营者都是平等的,而现在一些公有领域的商业方法被某些企业取得了专利权,这势必限制其他企业使用这些通用的商业方法开展正常的电子商务活动,破坏了电子商务公平竞争的环境。

对此,美国专利与商标局局长托德·迪金森认为,具有 200 多年历史的专利制度能够很好地适应技术迅速发展的需要。事实上,每一次新技术的到来都对专利制度提出了挑战,而专利制度在适应技术的发展、鼓励创新、促进新技术应用的过程中,不断修改和完善,在科技进步和社会发展中起着重要的作用。可见,美国专利与商标局和司法机构明显地支持电子商务模式的专利保护，已明确地将电子商务模式纳入专利保护的范围。例如专利与商标局授予了大量的电子商务模式专利，包括金融服务、电子销售、广告模式、商务模式、电话交换以及账单支付的方法。当然，针对上述反对者提出的意见，以及针近年来美国国内出现的电子商务专利申请纠纷愈演愈烈的情形，从 2000 年 3 月 29 日起，美国专利与商标局决定采用“二道审查”的特殊方法详细审查有关电子商务专利的申请，尤其是那些可能产生排他权利的电子商务方法专利的申请。美国专利与商标局局长托德·迪金森表示，该局将为涉及电子商务操作手段和技术的专利申请增加评审手续，如增加一道复审程序，由更高级的专利审查员来审议申请等，以确保电子商务技术的创新性[113]。无论对电子商务专利存在着如何差异性的争论和看法，可以肯定的是，未来有关计算机软件的专利申请将不再局限于工程性的装置或方法；越来越多的公司都会把其决策的策略、管理方法、投资模式等这些作为抽象性理念的东西而视之为专利，从而取得专利的法律保护。

(4)电子商务中渠道行为存在的伦理问题。渠道是指产品由生产者向消费者或用户专业过程中发挥必要功能的组织或者个人及其活动。电子商务引入了网络中介商，从而使营销渠道日趋多元化和丰富化。电子商务环境下，渠道权利向两极传递——渠道终端权利增大；制造商的信息权利扩大，并且，随着信息权力(信息即成功、信息即权力的理论)的变化促使中介的发展。在电子商务环境下，渠道冲突发生了如下的变化：第一，竞争的加剧导致了渠道冲突。电子商务引入了各种类型的网络中介商，丰富了渠道类型的同时，也加剧了渠道的竞争，这种渠道存在于传统渠道与网络渠道在销售相同品种的产品情况下而出现的竞争；由于市场参与者的增多，还表现为传统渠道体系内部和网络渠道体系内部的相互竞争。信息化的电子商务导致了渠道作用的二律背反：一是渠道冲突的加剧；二是渠道的扁平化和信息透明缓和了渠道冲突[114]。在这里，我们主要探讨制造商与网络中介者关系中的伦理问题，即制造商与网络中介者在竞争中的伦理问题。“无中介”(Disintermediation)是 Tapscott 在 1995 年定义的一个概念，就是指消除网络中介(如，零售商、批发商等)，(企业)自己直接建立互联网网站对消费者进行销售。在美国，大多数电子商务(90%)是 B2B 形式的，虽然只有 10%的电子商务代表的是零售业，交易总额也近十几亿美元。如此巨大的收入，制造商就不能忽视电子商务所降低的成本，以及通过技术手段带来的与顾客联系的便利条件。但是，收入的巨额增长，带来了大量的失业并改变了中介者(例如，销售代表、批发商、零售商)的生活方式。

有些公司直接在网上销售他们的产品和服务，与其中介者进行竞争。这个公司也许会说他们会用某些方式保护中介者的利益，而事实是中介者的作用变得越来越小，以至到最终消失。网络销售的一个巨大的优势就是保留消费者、降低成本。如果顾客从生产商那里买的PC机，他们还可以买到一整套配套产品，但如果他们从中介者那里购买PC机，则仅仅只能得到一台PC机。其他的"无中介"例子有：①直接从生产者那里下载音乐。②作家在他们自己的网站上发布其作品。当顾客足够多的时候，生产商可以建立一个外网，作为其整个网络的一部分，专门为顾客服务。一个功能完善的外网可以使其所有者变得更具有价值，其竞争对手很难从他这里把顾客抢走。"一对一"的营销和针对大量顾客的营销被认为是当代技术的产物。

当考虑到一个长期工作并且很忠实的中介者（零售商或批发商）的工作问题时，就出现了伦理问题。制造商必须谨慎行事，因为向电子商务的演进的确是一个全新的历程。Ernst 和 Young 所做的研究指出：拥有互联网的企业中有31%计划以降价促销，这将会使网上购物成为主流。继续保持使用成功的批发商和零售商的营销策略也许在最终还是有必要的，然而要继续在竞争中立于不败之地，电子商务是不容忽视的。

今天的中国，房价居高不下，宇宙中心五道口的房价已是每平米10万了，连新浪微博的营收都要在这房价面前汗颜。而究其根本，低效且多环节的营销费用让房产溢价不少——一来媒体失效，大量的媒体广告也无法带来足够的客户，分摊到每个客户身上的获取成本极度增高，二则中间的代理层次太多。短信公司、call 客公司、派单公司以及各种搜房、房多多、好屋中国、世联等等电商和销售公司也都拉高了房地产的营销成本。但即便有大范围的媒体投放和中间代理层次，现在多数的销售公司依旧很难卖掉房子，因为他们找不到客户了。在此现状之下，"带客通"就希望通过一种去中介化、"全民经纪人"的机制，来帮助房地产开发商直达用户，减少中间成本。"带客通"类似于一个为B端房地产开发商开发的微信CRM。基于目前不少的开发商都已开通了官方的微信公众账号用于自媒体营销这一情况，"带客通"可以起以下几个作用：其一，帮助这些已有粉丝的开发商进行公众号粉丝管理，通过营销活动中粉丝的分享传播来获取意向客户的信息，而后开发商便可以和这批意向客户进行有针对性的沟通和联系。其二，让老业主去挖掘潜在客户。带客通会通过开发商的微信账号首先给已是其业主的老用户提供增值的社区服务（比如组织周末活动等），吸引原有业主使用微信公众号，再将通过利益调动老业主将新楼盘推荐给想要买房的朋友，拉来客源。其三，原有的售楼经纪人也可以使用带客通。这些经纪人可以在公众号中提交他们已经获取到的意向客户的基本信息，信息会及时分配给各楼盘的置业顾问微信以及时跟进。而这些意向客户的买房进程也会实时同步到经纪人的个人中心，让经纪人可以知晓其客户的状态，并且赚取到佣金。而除了老业主和经纪人以外，开发商原有的中介公司、员工、合作伙伴等都可以用这一体系来分享传播、并且赚取佣金，也即前面提到过的“全民经纪人”概念。而当这一机制成形并为开发商带来客户之后，一大益处是所有的用户数据都属于开发商本身，而不再被中介垄断，开发商便可以利用数据再在自有渠道上提升自己的营销和服务，同时抬高自身的议价权。所以关键问题是怎么借助微信的好友关系链来进行传播和客户关系管理，而他们解决的就是这个需求[115]。

三、投资者与电子商务企业组织关系中的伦理问题

企业成功的标准总体上来说是通过一个企业“挣钱”的能力来衡量的，而“挣钱”通常被界定为获得利润，然而 Dot－coms 企业盈利的真实性通常被证明是不真实的。许多因特网企业的创建是通过从投资者手中利用风险资本筹集资金和发行 IPO（首次筹集资金发行股票）而挣钱的，公众投资似乎感到电子商务是一种快速致富的道路，投资这些网络企业已经成为一种时尚。数百万美元已经进入企业的腰包，而这些企业中的许多是很年轻和没有商业经验的[116]。

为了从外界获取源源不断的资金流，有一些网络企业在会计业务中出现了伦理问题。这些业务引起了美国证券交易委员会（SEC）要求美国财务会计准则委员会（FASB）必须对因特网企业考察 20 个财务问题。对收入的最初认识，把物品交换作为收入和作为他们主要广告者的企业投资，而这些投资恰是一些有争论性的行为。

2002 年 3 月 20 日，《财富》杂志上相关的三篇文章揭示了在 Dot-coms 企业中所固有的一些伦理问题。为什么砖块加水泥市场中的所有规则不能自动地应用在电子商务中，有大量的原因。最大的挑战在于新旧经济规则的冲突。这样，问题引发的不仅仅是关于法律、法令而且还有伦理问题。运用传统规则引起的部分问题可能是在网络经济中决策如此之快以至于决策的合理性没有足够的时间去考虑。因特网经济的主导范式是“速度至上”，所以，他们能够夺取大量的消费者、大多数的资金和财富。

对新事物的渴望所带来的问题不仅仅在于狂热的投资而且还有对充分构建伦理规则的忽视。Dotk-coms 企业的决策者们似乎已经确定了在因特网时代货币流动流通的优势，所以，保持继续资金流的运转比应对会计业务中的伦理问题更为重要。在他们的观念中，对他们投资者的长期保护不是最重要的。网络企业的多数

创始人除了代替现金流出计划而确实不希望有一个长期的阻碍,引起的问题是,他们是把自己当做企业的运作者或者仅仅是投资者。

美国证券交易委员会正在注视着各种各样的账目欺诈。其管理条例旨在加强信息的充分披露,保护市场上公众投资利益不被玩忽职守和虚假信息所损害。投资者和其他决策者依据其对财务陈述的诚实性来识别收入概念和它的重要性。联邦贮备局主席 Alan Greenspan 和美国证券交易委员会主席 Arthur Levitt 认为,资本制度的成功取决于财务披露的透明度和诚实性的严格监管,而这些决定了投资成功的概率。这种透明度和诚实依赖于根据 GAAP(Generally Accepted Accounting Principles)撰写的企业运作结果报告,并充分揭露得到这些财务数据的管理决策。财务数据不是绝对的,更重要的是在可接受和评估的诸多方法中经营管理决策的结果。因此,最重要的是财务报告的使用者能够辨别这些决策以确保与其他公司的协调性和年复一年的持续性。

传统企业总是聚焦于利润及由分析家和投资者对企业进行的评估上;而 Dot-coms 企业已经能够在没有利润的情况下获取了让人们难以置信的市场资本额。只要他们能够证明自己有收入,结果是否有任何利润都是不重要的,这种范式的转换把所有的焦点聚集在收入和它的用途的价值上。这就导致了收入报告最大化的努力,是保持不断增长的收入报告的努力还是保持收入报告中没有利润的存在,它们已经引发了一些实践问题,这些问题正在被美国证券交易委员会报道和关注着。

网络公司使用的方法之一就是通过包括增加客户的买价(尽管买价仅仅是一个很小的比例)来提高他们的收益。以 Princeline. com 为例,它是一个以订购飞机票、旅馆和出租车辆三项为收入来源的网络企业。企业保留的真正收入是客户支付的金额和 Priceline 公司付给(定期航线)航空公司、宾馆和车辆出租公司所提供的服务和产品的金额之间的差价。这些费用被作为产品成本,其实,从总量中扣除净量被称为总利润,即实际收益。虽然这种做法是合法的,但却是无诚意的。如今,美国证券交易委员会已经接受了 Priceline 存在的合理性,认为不像一个旅游代理机构,Priceline 公司可以承担所有权的风险,并能够决定它的发展。

另一个方法是记录易物交易收入。这些交易通常被用于各种媒体。代替广播电视广告,在网站上做广告已经成为网络世界中一种非常流行的商业行为。这种行为的另一个版本是等量现金的交换。两个企业互送相同的票据以便他们借记和贷记,这种做法可以产生名义的收入。尽管 GAAP(Generally Accepted Accounting Principles)要求记录实物交易要有对等的价值,然而,在网络空间的广告中,等价交易几乎是不可能的,因为经常没有任何现金交易来确定它。当 EITF(Emerging Issues Task Force)提出实物交易不能被计算在收入内(除非企业从那里赚了钱)的时候,这种困境在一定程度上得以解决。

电子商务公司还会采用另一些提高收入的方法,其包括:以总量记录含有折扣、赠券和为招揽顾客而削本出售的商品的价值的销售额。当这些手段被作为营销成本的时候,收入就提高了。这些支出通常被投资者视为企业成长过程中建立客户基础所必需的成本,所以,当导致了净损失的时候,他们毫不怀疑。这一情况鼓励企业当以最高总量作为记录收入的标准的时候、应尽可能多地细化营销支出的项目。实际上,这些与入库费用、包装费用和运输费用相关联的成本,仅仅是已经重新分类并作为营销支出的成本之一[117]。另外,一个有争议的方法是拍卖。在美国证券交易委员会确定的案例中,列表费(陈列商品的费用 Listing fee)和交易费出现了收入识别问题。例如,在线拍卖企业一般承认在网站上陈列商品的费用,即陈列费。相关的交易费用只有在一担生意结束的时候才应该被承认,但却很快被企业记入收入,这是对交易费用的误解。

许多分析家把这些畸变的账目清算方法作为由 Dot-coms 提出的新经济成长过程中痛苦的标记。因为他们相信这些企业正在新的环境中记录着新型的交易,所以这些实践只是代表着一种混乱而不是狂妄。然而,监管者和会计专家认为,这些企业的兑现是在缺乏对商业有严格的指导方针的环境下进行的,所以企业会选择去做简单的事情而不是正确的事情[118]。我们必须注意到,根据 GAAP 和 SEC 的观点,这些实践不仅仅是有疑问的,而且会引发基本的伦理困境。什么程度投资者可以投资,在这些网络企业中谁是被邀请和鼓励投资的,这依靠于财务报告以及他们如何对财务数据做有效的解释。概不退换的市场规则是不是应该不仅仅涉及风险而且还涉及由财务报告质量而决定的投资决策呢?

网易科技讯 2010 年 8 月 28 日消息,据国外媒体报道,戴尔前助理审计官和首席会计官两人因涉嫌会计欺诈被美国证券交易委员会起诉,而就在此前一个月这家电脑制造商刚刚才和 SEC(美国证券交易委员会)和解了一个官司。SEC 今天在提交给华盛顿联邦法庭的起诉书中声称,戴尔前助理审计官兰德尔·伊姆霍夫(Randall Imhoff)和前首席会计官罗伯特·戴维斯(Robert W. Davis)都曾参与"不适当的会计行为",从而导致戴尔重新报告 2003 年至 2006 年期间财绩。作为允许创始人迈克尔·戴尔(Michael Dell)留任 CEO 协议的一个组成部分,戴尔 7 月 22 日同意支付 1 亿美元和解了 SEC 上次提起的另一起会计欺诈指控。SEC 执法部门主管罗伯特·库赞尼(Robert Khuzami)对此表示:"按照联邦证券法要求,准确和完整是上市公司披露信息的标准。迈克尔·戴尔和戴尔公司高管多年来一再违反此标准。"[119]

第三节　电子商务企业经营伦理

一、电子商务企业对顾客、竞争者和投资者所发生的经济行为之伦理性分析

所谓伦理行为也就是道德行为，是指受利害人己意识支配的行为：受利人利己意识支配的行为符合道德目的，因而是具有正道德价值的伦理行为，叫做“道德行为”；而受害人害己意识支配的行为违背道德目的，因而是具有负道德价值的伦理行为，叫做“不道德行为”。受利害人意识支配的伦理行为分为四大类型：利人行为、利己行为、害人行为和害己行为。如果从静态分析伦理行为那么其结构由目的和手段构成，因此，伦理行为目的分为利人利己目的、害人害己目的；伦理行为手段也分为利人利己手段、害人害己手段。目的与手段形结合便形成16种伦理行为。人类全部的善行分为三类：无私利他、为己利他和单纯利己。人类的全部恶行也分为三类：纯粹害人、损人利己和纯粹害己[120]。

如前所言，电商企业对顾客、竞争者和投资者所发生的经济行为都是为了自身利益的最大化目的而采取损人手段导致顾客、竞争者和投资者利益受损的不道德行为。

二、义利辩证统一伦理原则视域下的电子商务企业经营伦理

如第二章所言，马克思和恩格斯超越只注重行为后果而忽视行为动机的功利论和只注重行为动机而不顾行为后果的道义论的缺陷，批判地吸取了功利论注重行为效果、道义论注重行为动机的优点，并把二者结合起来，提出评价行为善、恶与否既要考虑动机又要考虑效果；是人民大众的功利论与革命道义论的统一。

可见，唯物辩证法指导下的电商企业伦理要求义和利的辩证统一而不是绝对对立，任何轻义重利或轻利重义的行为都无法获得企业的长远发展，仅仅是一种短视的行为。当义利发生冲突时，要以义统利——利己而不损人、见利而不忘义。合法正当谋利，而不唯利是图。

首先我们分析功利主义的伦理分析步骤：

(1)对需要进行伦理评价的行为进行详细的描述。

(2)对受该行为直接或者间接影响的人群范围加以划分和界定。

(3)考虑是否存在一些明显的决定性因素，其重要性超过其他的影响因素。

如果存在着相当严重的伦理后果，并且这种后果已经可以作出评判，那么就不

必对所有可能的伦理后果进行一一分析了。

(4)将该行为对直接相关人群造成的后果进行详细描述，考察每一后果可能产生的正面、负面效应及在现实中发生的可能性几率。

(5)为利益因素和损害因素分配权重，需要分别考虑每一种收益或损害的数量、持续的时间、收益实现的时间、伦理行为的多产性、行为的伦理纯度，从而确定各自的重要程度。

(6)考虑当伦理准则得到普遍遵循的时候所带来的积极与消极、正面与负面的影响。

(7)对所有正面及负面效应进行加权并计算总量。

(8)考虑除"非此即彼"的选择外，是否存在其他备选方案，如果存在着其他方案，则需要对每一种方案进行如上的步骤分析。

(9)对所有备选方案的分析结果进行比较，能够产生最大净收益的行为作为最终方案(如果所有方案均弊大于利，则选择产出最小损害净值的行为)[121]。

其次，我们探讨道义论(基于权利的道义论)的伦理分析步骤：

权利论伦理分析步骤如下：

(1)你有这样的道德权利吗?

(2)利益相关者有哪些道德权利?

(3)你的道德权利和利益相关者的道德权利之间存在冲突吗? 如果有冲突，则需要明确何者更为重要。

(4)找出处于主导地位的权利之后考虑该权利是否会受到其他因素的制约和支配，如果是，则对这些因素进行分析；如果不是，则用该权利解决问题[122]。

最后，体现义利辩证统一的伦理分析的基本步骤。我们吸取上述重视行为效果的功利论分析步骤，同时汲取重视行为动机的道义论分析步骤，建构二者的辩证统一。

(1)对需要进行伦理评价的电商企业商务活动行为进行详细的描述。

(2)对受该行为直接或者间接影响的人群范围加以划分和界定，这包括：网购客户、竞争者和投资者。

(3)将电商企业被考察的伦理行为对直接相关人群造成的后果进行详细描述，考察每一后果可能产生的正面、负面效应及在现实中发生的可能性几率。

(4)为利益因素和损害因素分配权重，需要分别考虑每一种收益或损害的数量、持续的时间、收益实现的时间、伦理行为的多产性、行为的伦理纯度，从而确定各自的重要程度。

(5)电商企业具有什么样的道德权利和义务?

(6)电商企业利益相关者有哪些道德权利和义务?

(7)电商企业道德权利和利益相关者的道德权利之间存在冲突吗?如果有冲突,则需要明确何者更为重要,并进行协调。

(8)考虑电商企业遵循义利统一伦理原则时所导致的积极与消极、正面与负面的影响。

(9)对所有正面及负面效应进行加权并计算总量。能够产生最大净收益的行为作为最终方案(如果所有方案均弊大于利,则选择产出最小损害净值的行为)。

在上述伦理分析步骤的基础上,我们再引入元伦理中应该的逻辑,以制定应该或不应该的伦理规范。

电商企业伦理行为事实及各种行为事实可能产生的效用

义利辩证统一的伦理目的

各种行为事实与义利辩证统一的伦理目的之间的符合与否关系

结论:应该或不应该的伦理规范

如本文第二章所述,在电子商务伦理中,一个基本的问题是:在电子商务环境下是否有特殊的道德准则,或者,是否电子商务应该简单地使用在水泥加砖块商务中相同的伦理准则。我们的观点是,电子商务没有一个独特的伦理原则、观念、标准和规则,然而,电子商务有一个在我们生活方方面面的应用中特殊的关于伦理原则、观念、标准和规则的表现。水泥加砖块的商务伦理与电子商务伦理是共性与个性、一般与个别的关系。

我们基于义利辩证统一原则对电子商务企业经营伦理体系作层级分析。不同层面伦理抽象的判别是由它们各自的特殊性所决定的:一般的道德原则和观念;道德标准和规则;具体的道德劝告和指令。

首先,在一般性(普遍性)层面上,作为最概括和一般的层面,有基本的道德原则和观念,它说明了整个道德体系的思想。在社会主义市场经济条件下,电商企业的经营既要考虑企业的效益,又要顾及利益相关者的利益,企业经营要和伦理化。然而,基础的道德原则和观念是最基本的,它们太概括了以至于看清它们如何应用常常是困难的。

其次,道德标准和规则是截然不同于终极道德原则和观念的,并组成第二个伦理抽象层面,这一层面的道德标准和规则总体上足以宽范围地应用,更是足以明确地提供一个理性地实践决策。它们为判断一个人的行为特征提供规范，并且促成一种真正生活化的行为，这种方式是基础性道德原则通常做不到的。例如包括有“确保知情权”、“不盗窃”、“诚实”和“信任”。我们针对电子商务企业组织与消费者关系中存在的伦理问题，在义利辩证统一原则指导下构建如下的中间层面的道德标准和规则，作为这一问题的范例。

表 3-1 中间层面的道德标准和规则范例

确保知情权
确保隐私权
确保知识产权
不要盗窃他人的知识财产
可信赖性
公平性
诚实的

然而，道德准则诸如“不盗窃”和“诚实的”，对于指导人们的行为通常是足够的清楚的了。有时，承担一种特殊角色或置于一种新的环境之中甚至要求比提供的道德标准和规则更具体的道德行为方针，例如，对于一个会计人员来说，分辨在电了商务领域中的总额收入真假与否是困难的；同样地，没有清楚的指导方针，理解“不盗窃”对知识财产的应用也是困难的。因为从网络复制一个图片而不是把原图片移除，我复制它的时候我偷窃它了吗？因为这个原因，区分一般性层面和中间层面的道德抽象是有价值的，但是，一个具体的道德层面的抽象也是值得肯定的。

第三个层面的伦理抽象是所有层面中最为具体的，在这一层面中，具体的道德劝告和指令功能指导特殊的人们和组织在特殊的环境中的特别行为。因为它们的特异性，它们作为要求最小化解释的实际指导方针而行使其职能。这时，我们不争论明确的界限，但是宁愿接受一个道德劝告和指令范围，一个比中间层面标准和规则更明确的道德劝告和指令范围。例如，当试着决定做什么的时候，一个商人趋于关注具体层面的伦理抽象，因为它是最常见的和实用的。然而，公众的看法是，各种道德抽象层面，例如，“道德指令”、“道德准则”、“道德原则”被认为是同义的。当这些不同层面的道德抽象合并的时候，具体层面是最常见和实用的，并支配着其他两个层面。因为，具体层面是由“劝告”和“指令”组成的，对于电子商务来说是严谨的。

简言之，电子商务企业经营伦理体系包括三个层级：第一层级为一般层面的道德原则，即义利辩证统一原则；第二层级为中间层面的道德标准和规则，其范例如上图；第三个层面为具体的道德劝告和指令，具体内容在下文中阐述。这三个层级的伦理抽象其存在都是必要的。

无论水泥加砖块商务经营伦理，还是电子商务经营伦理，在道德原则层面上都是相同的，即义利统一观；在义利统一指导下所制定的第二个层级的道德标准和规则、无论对传统商务还是电子商务来说，也是相同的；电子商务企业经营伦理与传统商务经营伦理相比其差异性主要体现在第三层级上。我们在义利统一观的指导下，遵循上述义利统一伦理分析步骤，去构建电子商务企业经营伦理的第三个层级的伦理规范，即具体层面的道德劝告和指令。

(1)消费者与电子商务企业关系中的道德劝告和指令。

你不应该利用 Cookies 等技术搜集消费者的个人信息，并在其不知情的情况下卖给其他人。

你不应该大量而无节制地向用户的 E-mail 发送广告信息，特别是对用户无用的信息。

你不应该在网站上设置大量的插件广告而诱导消费者的购买选择，从而侵犯其购买主动权。

消费者为购买商品而在网络上进行浏览，并对信息进行临时性的复制是合乎道德的行为。

消费者出于信息搜寻的目的，对有关产品的信息进行下载打印，不以盈利为目的，不复制整个数据库，只选择性地复制有关产品信息，这种行为是版权法所允许的，是道德的。

你应该保证其网站商品所有信息的真实、可靠。

你应该保证网络广告的真实合法性。

你应该保证消费者在交易过程中的安全性。

你应该保证消费者的权利不受约束。

你应该保证物流配送中消费者的权利。

你应该保证消费者损害赔偿权利得到保证。

你应该保证网上消费者退货、换货的权利。

你应该保证与消费者双方网络交易地位的平等性。

(2)竞争者与电子商务企业关系中的道德劝告和指令。

你注册域名的目的应该是为了网络交易，而不应该是“赛博盗版”或“赛博潜伏”。

未被授权的超链接属于侵权行为，是道德不应该。

在不同的网站链接过程中，设链者必须指明被链网站的地址、出处。否则将有可能侵犯合法权利人的权利，这种行为是不道德的。

对于纵深链接而言，如果主页上明确表示不允许其他网站进行纵深链接，一旦发生链接行为，则是不道德的。

在加框链接中，被链网站的网页内容应该严格放在设链网站以加框技术建立的"框"中，否则是不道德的侵权行为。

未经授权对传统作品进行数字化处理的行为是不道德的。

未经授权擅自将数字化作品在网络上传播是不道德。

数字作品的盗窃行为是必须禁止的。这种不道德行为具体包括：对于受版权保护的作品进行"复制＋粘贴"，然后上载到网络中；非法下载受版权保护的作品，然后上载到网络中；某些电子商务网站不直接侵权，而是采取链接合作的方式，和一些小网站建立链接，由小网站上载盗版作品，在自己的网站上建立深度链接，直接通向提供侵权材料的网站，这是一种具有较强隐蔽性的不道德行为；数字产品的转手销售，即合法购买后的数字产品又重新被上载到网络中。

计算机程序应该被视为专利。

你应该保护基于网络的商业模型专利。

你在与网络中介者（中介商）竞争的过程中，应该注意与其的协调及利益的均衡。

(3)投资者与电子商务企业关系中的道德劝告和指令。

电子商务企业组织通过各种手段（通过增加顾客的买价；把没有利润的实物交易记入收益；在线拍卖未结束时交易费用被计入收入等）使自身收益最大化而无视利润的做法是不道德的。

电子商务企业组织的账目清算方法应该既考虑企业自身的利益，同时也要考虑投资者的利益。

如此等等。

另外，需要说明的问题是，我们仅就本研究涉及的主要电商伦理问题在可操作层面上提出了具体的道德劝告和指令，不可能穷尽一切电商伦理问题及对应的道德规范。随着信息技术的不断发展，新的电子商务伦理问题则会不断产生，因此，电商伦理体系是一个充满了辩证本性的不断发展过程。

第四章

电子商务企业管理伦理：基于人的主体性理论

第一节　唯物史观人的主体性思想是电商企业“以人为本”管理伦理原则的理论基础

唯物史观立足于从事物质资料生产的现实的人、并以人的劳动解密人类社会发展的规律性；它的理论归宿在于实现人的类解放和人的自由而全面发展的共产主义社会。在唯物史观中，人的主体性首先体现在人民群众创造历史的作用上。马克思恩格斯认为，人类自己创造着自己的全部生活和整个历史，创造这一切、拥有这一切并为这一切而斗争的，不是“历史”，而正是人，现实的、活生生的人。“历史”并不是把人当做达到自己目的的工具来利用的某种特殊的人格。历史不过是追求着自己目的的人的活动而已。同时，马恩宣称自己的哲学与其他一切旧哲学相比突出的特征是其整个哲学以实践为根基。因此，尊重人在社会中的主体地位及其作用，弘扬和培育人认识世界、改造世界的主体性，唤醒人的能动意识，真正把人当做人来看待，就构成了现实实践中坚持“以人为本”的基本要求。其次，人的主体性体现在共产主义社会中人的自由而全面的发展上。马克思、恩格斯一生致力于批判资本主义社会的异化劳动，探索克服异化并体现人类本质力量的自由而全面发展的理想社会——共产主义社会的社会发展规律及实现路径。尤其是在物质财富和精神生活都比较丰裕的社会主义社会中，当私有制的枷锁不能再约束人的自由个性的时候，人们便对自身的全面发展产生了极为迫切的诉求，期盼人的主体性能够得到更大程度的尊重与发挥。在这个意义上讲，坚持“以人为本”恰恰契合了社会主义社会中人的现实诉求，同时，也是历史唯物主义人的主体性理论在当今社会主义社会中的发展。

汲取了唯物史观人的主体性理论的“以人为本”主要含义在于：要把人作为推动社会历史进步的主体，把人的根本利益的实现作为一切社会实践活动的出发点和归宿，充分做到关心人、理解人、尊重人，不断推进人的自由而全面发展。具体说来，其包含三层意思：第一，要把人作为主体来理解，突出人在社会活动中的主体地位，强调人的主体性的发挥。第二，要把人作为目的而非工具来看待，关注人自身的生活世界，重视人的自由而全面发展。第三，要把人作为一切事物和活动的最终根据与本质来认识，强化人的主体性意识，树立现实的人是全部历史的首要前提的观念。这既是时代进步的客观诉求，更是历史唯物主义的必然要求[123]。

纵观西方企业管理伦理思想的发展历程，现代企业管理的一个重大趋势就是人们越来越重视人的伦理道德的重要作用，将伦理道德规范与企业管理有机地结合在一起。在我国进行社会主义市场经济建设的今天，作为市场经济行为主体的企业，究竟应重建怎样的伦理规范来作为企业遵循的依据，已成为当今理论界和企业界面临的重要课题。在社会主义市场经济条件下，企业管理必须做到“以人为本”，只有这样才能发挥人的积极性，调动人的潜能，管理才能产生效益。具体来说，“以人为本”要求企业注重发挥职工在企业中的主体地位。全体职工是企业经营管理的主体，办企业必须依靠全体职工的智慧和力量，调动每个人的积极性，保证决策正确和经营目标得以实现。“以人为本”要求必须坚持集体主义的价值导向。“以人为本”要求人在尊重自己同时也必须尊重他人，企业的职工之间团结、友爱、相互关心、相互帮助，形成良好的工作环境。总之，企业管理的重点是管好人，也就是说管理伦理的宗旨是充分发挥人的道德自觉性，来调节控制经济活动中的各种人事矛盾，理顺、沟通人际关系，以达到提高企业最佳效率的目的[124]。

在本章，我们仍然依据电商企业伦理与传统企业伦理的特殊性与普遍性统一的辩证方法论、对电商企业管理伦理系统第三层级即为具体的道德劝告和指令层级进行探讨，建构“以人为本”的电商企业管理伦理体系。具体而言，第一层级为“以人为本”的伦理原则；第二层级为“企业职工为本”的伦理标准和“集体主义”的伦理规则；第三层级是针对电商企业管理过程中存在的主要伦理问题提出具体的道德劝告和指令。

第二节　电子商务企业人力资源管理伦理

一个企业的发展状况如何归根结底在于人才的质量和结构，因此，电子商务企业要想获得长远发展，就必须重视企业战略目标与人力资源管理二者的融合。

所谓E-HR即电子人力资源管理，是从“全面人力资源管理”的角度出发，基于先进的软件和高速、大容量的硬件基础上的新的人力资源管理模式。它运用信息化平台整合招聘、选拔、培训、绩效和薪酬管理，通过集中式的信息库、自动处理信息、员工自助服务、外协以及服务共享，实现人力资源管理的便捷化、科学化和系统化，达到降低成本、提高效率、改进员工服务模式的目的。E-HR是从“全面人力资源管理”的角度出发，利用信息化技术为人力资源管理搭建一个标准化、规范化、网络化的工作平台，在满足人力资源管理部门业务管理需求的基础上，还能将人力资源管理生态链上不同的角色联系起来，企业各级管理者及普通员工都参与到人力资源的管理活动中来，使其成为企业实行“全面人力资源管理”的纽带。其中，电子化招聘（E-recruiting），就是利用公司网站完成与招聘相关的一系列活动，分为中心资源库式和初级电子招聘两种；电子化培训(E-training)，就是通过网络这一交互式的信息传播媒体实现培训过程；电子化学习(E-learning)，是指员工自发的、通过网络进行的、以提高自身素质为主要目的的获取知识的过程；电子化沟通(E-communication)，是指利用企业内部网络资源实现信息快速、直接、广泛、有效的传播和思想、感情的交流、融合的过程；电子化考评(E-evaluating)，是指利用信息系统对员工的工作成果、学习效果进行的在线绩效评估；电子化薪资(E-salary)，是指随时提供线上个人薪资总额的记录查询；电子化福利(E-welfare)，是指通过网络实现福利的计划、统计、计算、更改、发放[125]。

与传统企业人、财、物的管理内容相比较，电子商务企业除了在上述方面呈现出了新的情况和特点，信息流的管理成为企业电子商务管理的核心内容。电子商务的魅力在于它依托计算机技术、网络技术和通讯技术，改变了传统商务运行模式，把传统商务活动中人流、物流和资金流大部分改为数字信息的流动，不仅减少了人、财、物的流动，使交易效率的过程机制发生了质的飞跃，而且仅仅采用信息交流的方式就完成了商品交易的大部分环节。所以说，在电子商务中，信息流是商务活动的核心，电子商务不仅仅是一个技术问题，它实质上是一个解决信息交流的问题[126]。可见，信息流是电子商务活动的血液，是电子商务企业管理的核心。

人力资源是指组织内部成员与其所能运用的外在人力。人力资源可以引申为人所具有的知识、技能、态度、理想、创造力等特质，以及应用上述特质而获得的所有作为。企业人力资源管理的根本目的在于结合企业战略发展的需要，获得企业所需要的能力水平或员工，并且创造条件以保证员工完全投入工作，充分发挥他们的潜在能力。网络技术的发展，使得新的人力资源管理系统的出现成为必然[127]，这就是人力资源管理系统。从电子商务人力资源管理的角度来看，E-HR既包括B2C(即Business to Consumer，这里的Consumer是指Employee，于是B2C变为B2E，是指在企业人力资源管理与开发活动中，把各级员工看做是该活动的“客户”，通过双方的网上互动完成相关事物的处理或者交易，员工类似“客户”一样从网上获得人力资源部门提供的产品或服务。)，又包括B2B(Business to Business，指企业人力资源业务从外部服务商，例如咨询公司、招聘网站、E-learning服务商处在线“采购”各类人力资源管理服务)，甚至还包括B2G(Business to Government，即人力资源管理活动中的有关政府劳动人事部门发生业务往来的事务处理，由原来的书面往来、人工往来转移到网上处理，比如保险、劳动合同审查等。)

总之，E-HR不仅使本企业的人力资源管理实现了自动化，而且它还实现了与财务流、物流、供应链、客户关系管理等的一体化，并整合了企业内外人力资源，从而使 HR 从业者真正成为企业的战略性合作经营伙伴。E-HR 的 E 体现在如下三点：第一，基于互联网的人力资源管理流程化、自动化。第二，实现人力资源管理的 B2B。第三，实现人力资源管理的 B2E。

一、电子商务企业人力资源管理中的伦理问题

(1)网上招聘中的诚信伦理问题——网络招聘信息真实度较低。主要表现在如下两个方面：其一，来源于招聘单位和应聘者。由于网站会员的登记还没有明确要求"实名制"，也没有强制性的核查和惩罚措施，企业可随意填写，甚至发布虚假信息。应聘者也可以邮发虚假简历和信息。有一位求职者在一家刊登招聘广告的网站上看到某宾馆招聘保安员，当他按广告上所登的地址找到那个宾馆时，却被告知本酒店从未在网上登过广告。还有一家公司由于开拓市场需要急招一位懂外语的翻译，在网上应聘者中选了一位自称懂三门外语的求职者，可是一面试，这位面试者连英语都不流利。其二，来源于招聘网站本身。一些没有充足信息源的网站就采取"盗用"知名招聘网站信息的做法，明明一个公司的招聘已经结束，可过期的招聘信息和作废的邮箱依然挂在公司根本没有正式委托过的网站里，从而误导应聘者。由此可以看出网上招聘信息缺乏准确度、真实性，而许多网站由于技术能力限制，无法做到对每条个人信息的真伪一一甄别。并且，网站会员的登记到目前为止还没有明确的强制性规定，个人信息可随意填写，也可同时注册多个网站。由于网络上信息的不透明和随意性，引起的各种欺诈行为也开始披上信息时代的外衣。上海某高校曾发生 30 多名学生网上受骗事件。一家皮包公司在许多"兼职"网站上刊登信息，称将为其产品做市场推广，有意者可先在网上报名，再到位于大柏树附近的某大厦预交 80 元押金并接受 3 天培训。结果，30 多名高校学生按约定交钱后，该公司却携款而逃。由于此公司在网站上的相关信息纯属捏造，2000 多元的押金就打了水漂。此外，网络求职还涉及隐私权问题，个人或企业在网络上输入的信息，有可能被他人窃取、利用，造成名誉、经济上的损失。可见，"网上招聘"红火的现象后面，所隐藏的问题一样"红火"[128]。智联招聘刘浩认为：招聘网站从 1998 年发展至今，已经有了几年的历史，但真正形成规模并且有足够多的信息量、信息准确而真实的网站为数不多[129]。网络招聘中存在的诸多问题，在呼唤着伦理和道德规范的约束以及强制性的法律制约。

根据中国人民大学吴昊、张东的文章"大学生利用网络求知的调查与分析——基于全国 42 所高校大样本的实证研究"中的内容，其中对网络提供的求知信息的评价为：一是，网络提供的求职业信息不能满足大学生的需求。大多数人认为，网

站虽然提供了海量的求职信息，但其中掺杂了大量的虚假、过时和重复信息。认为网站信息具体程度高、真实性强和重复性小的比例分别为：4.6%，18%和19.2%。二是，专业网站回复不及时、提供信息不具体、简历筛选标准不透明等问题突出。关于网站存在的最大问题的调查结果中可以看出，对选择结果进行比较，平均比例最高的前三项（比例从高到低）分别是回复不及时、信息不具体和简历筛选标准不透明，比例分别是：24.1%，20.5%，17.9%。三是，网站信息不真实、信息更新不及时和存在骗取个人信息的行为，其比例分别为：4.5%，21.2%和9.3%，合计36%，可见，问题不容轻视。总之，归纳原因如下：

网络招聘过程中技术和服务体系不完善。网络招聘并不是简单地把招聘信息搬上网，"一挂"了事。目前多数招聘网站对人才市场的分析、市场供求趋势、薪资水平以及相关人事制度变化等的咨询服务非常有限。网络招聘的服务体系尚处于起步阶段。另外，软件版本不同或不兼容产生的乱码、互联网上广泛传播的病毒等也限制了网络招聘的发展。个人或企业在网络上输入信息，存在着被他人窃取利用的可能，而这会造成个人或企业名誉、经济上的损失。虽然我们有一些网络管理机构，但并没有对网络招聘负责的部门，也缺少规范网络招聘的政策法规。从而导致了网络招聘市场秩序较为混乱，恶行为时有发生。

处理信息的难度大。先进的网络技术极大地提高了信息传递的速度，于是一个职位会有多个求职者。在招聘单位收到极为丰富简历的同时，也出现了简历数量过于庞大、人力资源部门不得不花费大量时间进行筛选的现象。另外，大量无效信息还会增加真正合格候选人漏选的可能性。统计表明，一些进行网上招聘的企业每周要接收500至1000份新简历。面对如此多的简历，人力资源管理者通常是匆匆浏览一遍后就将其中的80%删除了，一般浏览每份简历的时间不超过半分钟。在网上求职的人中，75%都经历过失败，所以说网络招聘的成功率较低。

应用范围狭窄与基础环境薄弱。目前适合在网上招聘的工作岗位较为单一，那些存在着利用网络进行招聘的可能性的企业大都局限在计算机应用、普及率较高的行业；而且招聘的对象也多局限于一些科技素养水平较高的人员，而其他行业或个人则涉网很浅。此外，现有人群中，对于网络使用较多的是年轻人或是从事高新技术产业的人，这样就使得应聘人员受到了极大的限制。而对于不上网或使用网络较少的人，网络招聘的作用几乎是不存在的。网络基础环境薄弱也是限制网络招聘发展的一个重要原因，这是网络招聘中存在问题的一个客观的原因。一方面由于电脑资源有限，配备电脑的群体相对较少；另一方面，我国的网带宽度有限，上网速度比较慢。因此，在目前的技术水平下，通过网络搜集求职信息等是比较困难的。

对于上述网络招聘过程中存在的问题，我们需要从伦理的视角给予前瞻性的认识。从更加长远的角度看，要改进网络招聘中出现的问题，就必须寻求道德体系的支持，进一步普及、加强“网络道德”的教育。由于网络招聘不是一种面对面的交流方式，人们难以对网络中的不道德行为进行衡量和制裁，传统的道德规范和约束方式在网络中失去了作用或者弱化。因此，一个相对完善道德体系对于网络招聘、乃至整个网络信息交流才会有着积极的意义[130]。

网站招聘管理中存在的问题。依据 2004 年 7 月《中国互联网络发展状况统计报告》信息，26.4%的用户认为，招聘企业不重视网上投递者求职资料；12.7%的用户认为招聘信息的更新是不及时的等等。这些数据表明，网站招聘的不完善、不规范。

(2)企业 E－learning 中的伦理问题。企业 E－learning 即在线学习，是指在由通讯技术、微电脑技术、计算机技术、人工智能、网络技术和多媒体技术等所构成的电子环境中进行的学习，是基于技术的学习。企业的 E－learning 是通过深入到企业内部的互联网络为企业员工提供个性化、无时间与地域限制的持续性教育培训方式，其教学内容是已经规划的、关系到企业未来的、关系到员工当前工作业绩及未来职业发展目标的革新性教程。一般包含三个主要部分：以多种媒体格式表现的内容；学习过程的管理环境；以及由学习者、内容开发者和专家组成的网络化社区。在当今快节奏的文化氛围中，各种机构都能够利用 E－learning 让工作团队把这些变化转变为竞争优势。企业通过实施 E－learning 具有的优势为：灵活、便捷，员工可以在任何时间、任何地点进行；通过消除空间障碍，切实降低成本；提高了学习者之间的协作和交互能力[131]。但在 E－learning 实施过程中存在着一些伦理问题：第一，知识产权问题。E－learning 牵涉到一系列的伦理和法律问题。在 E－learning 实施的过程中，其使用的课件、自开发系统、软件等的版权问题就会出现。E－learning 属于开放式的学习，资源的共享就产生知识版权的归属问题，如何保护开发者的知识产权就必须有伦理道德规范和健全的法律条文进行规范。第二，缺乏人性化的沟通。网络使得人与人之间产生距离感，为直接的情感交流设置了障碍。缺乏员工之间、讲师与员工之间的情感交流、情绪沟通，这样的话学习效果就会打折扣。所以说，在迈向技术化学习的过程中，人与人之间的互动和分享面临着危机。因此，在技术世界里进行学习和培训，我们必须坚守以人为本的学习本质，以人性化的学习为其伦理目标。另外，在线学习缺乏实践基础。员工要真正掌握知识、技术，仅仅通过 E－Learning 的讲解还不够，还必须亲自实践，在现实条件下运用所学到的知识。最后，教学内容传输的局限性。传统的培训是在教师完全可以掌控的学习环境中进行的，即老师可以根据授课的实际情况随时调整教学内容；同时，有诸多因素影响教学状况，例如，教师的勤奋努力、个人的能力、技巧、适当的教学环境及多媒体课件的提供等。但在 E-Learning 情况下，教师与被培训者因网络而隔离开，上述实地性的变更是不可能的。

二、电子商务企业人力资源管理伦理规范

在本研究的第三章，我们对水泥加砖块的传统商务与电子商务的三个层级的伦理体系进行了比较分析，结果是：传统商务与电子商务伦理体系的差异存在于第三个层级，即具体的道德劝告和指令。在此，我们对第一、第二个层级——传统商务与电子商务伦理相同的两个层级的伦理原则和规则不再做赘述，而集中探讨传统商务与电子商务伦理体系的差异性层级即第三个层级——具体的道德劝告和指令。

在"以人为本"的管理伦理原则指导下的人力资源管理中具体的道德劝告和指令如下：

你应该保证网络招聘广告的真实性、可靠性和准确性；

你应该对网络应聘者提供的个人信息进行严格的核实与考察；

你应该对招聘网站的信息进行及时性的更新；

你应该保护网络应聘者的隐私权利(应聘者个人信息不被作为他用)；

你应该在招聘的海量信息中诚实负责的筛选出企业欲需要的人才；

由于网络技术的应用范围及基础环境设施的薄弱，你应该辅之以其他的招聘方式，使企业可以获取大足量的人力资源。

你应该不断完善、规范企业的网站招聘管理。

在(由通讯技术、微电脑技术、计算机技术、人工智能、网络技术和多媒体技术等所构成的)电子环境中进行的培训和学习，你必须尽量克服技术的非人性化，应该把以人为本的学习作为目标；

你应该保护 E-learning 实施的课件的知识产权；处理好资源的共享性与知识产权的关系问题。

如此等等……

第三节　电子商务企业财务管理伦理

一、电子商务企业中的会计伦理问题及其伦理规范

电子商务将把人类更快地带入信息社会，对企业的财务会计信息系统在集成化应用、管理控制和决策支持等方面提出了更高的要求。

1. 从企业经营环境方面看

以网络为基础的电子商务将改变企业的内部组织结构。企业商务电子化后，信息交流十分便捷，部门之间及其与外界环境之间的沟通成本大为降低，企业管理的许多中间层次不再重要；经济活动量大大增加，传统的金字塔式的等级制组织结构不利于企业的快速反应，取而代之的将是扁平化、分布式的网络结构。相应地，企业各部门的组织结构也要适应网络环境进行重组，财会部门将与其他部门相互融合，出现模糊分工状态，以往由会计部门处理的一些核算业务将按其业务发生地点归到制造、营销、供应等部门去处理。在线销售商品和服务、在线采购、在线支付货款等将迫使财会信息系统以原始凭证为起点，实时对相关信息进行收集、分类、分析和审计。

电子商务使得市场竞争空前加剧。电子商务改变了过去信息不对称的状况，消费者借助网上的搜索引擎可便捷地货比多家；电子商务低廉的交易成本和方便的市场准入环境，使中小公司也可以和远比它们强大的竞争对手一样进行网上在线业务操作。在空前加剧的全球化的竞争压力下，企业不仅需要合理规划和运用自身各项资源，还需将经营环境的各方面，如客户、供应商、分销商和分支机构等的经营资源通过网络紧密结合起来，形成供应链，并准确及时地反映各方的动态信息，监控经营成本和资金流向，提高企业对市场反应的灵活性和财务效率。这就要求财务管理系统做到：快速反馈全球市场的信息；在降低各类经营成本和缩短产品进入市场的周期间寻求平衡；提高对企业内部各部门和外部组织的财务管理水平；提供更丰富的战略性财务信息，更强的财务分析和决策支持能力等。实际上企业真正需要的是计算机管理，而不仅仅是计算机处理。因此，财务软件向财务管理方向发展是必然趋势。

2. 从财会信息使用者的需求方面看

更关注财会信息的时效性。信息使用者随时随地都可能需要作出经济决策，而传统财会系统是按月按年定期提供财务会计报表的；另外，在网络时代，竞争趋于激烈，产品的市场生命周期大大缩短，产品推向市场所需的时间也大为缩短，因

此，及时获取信息包括对未来的预测信息对信息使用者决策来讲至关重要。在电子商务环境下，一方面，企业的制造、销售、财务、人事等部门在网络环境下协同工作，所产生的各类信息存储于集成的数据库中，授权的信息使用者可以在线访问企业数据库，获取自己所需的实时数据；另一方面，企业财会系统也可主动通过专用网/互联网把财务会计信息向企业的内部、外部网页上发布，把财会资料以电子邮件方式传至税务、会计师事务所、证交所等机构，替代传统的纸质或软盘报送的方式。

更关注财会信息的有用性。由于受传统劳动分工、信息传导机制及会计假设的限制，现行的企业财会系统难以满足信息使用者全面了解企业现状和发展前景、面临的机会和风险的需求。比如，很多企业有许多内部的财务分析，却很少有企业外部甚至分部经营的财务分析。互联网提供了广泛、低成本、及时的在线商业信息，财会部门可收集到足够的同行业其他企业财务指标等外部经营信息并作出财务比较分析，以便正确预测企业发展趋势。电子商务环境下，由于企业能够实时得到企业外部市场的商品价格信息尤其是证券信息，以历史成本为主的一维定式计量可能变为更有用的以历史成本和公允价值并重的二维乃至多维动态计量。历史成本反映体现受托责任的、作为当期企业利润分配主要依据的面向过去的信息；公允价值反映体现各个项目收益和风险情况的、作为信息使用者投资决策主要依据的面向未来的信息。在现代信息技术的支持下，企业将能够收集到关于业务活动的所有关键信息(而不仅仅是价值信息)，会计要素的划分将更加细密，对企业运营状况的反映会更加精确和丰富，最终可以满足财会信息使用者广泛的需求。

总之，电子商务的发展极大地改变了会计环境，会计对象由过去实物形态的经济业务变成了虚拟状态的电子商务。相应地传统会计理论与实务正在逐步改变，新型的以电子商务为基础的网络会计正在逐步形成。所谓网络会计，是指在互联网环境下对各种交易和事项进行确认、计量和披露的会计活动。它是建立在网络环境基础上的会计信息系统，是电子商务的重要组成部分。它将帮助企业实现财务与业务的协同、远程报表、报账、查账、审计等远程处理，事中动态会计核算与在线财务管理，支持电子单据与电子货币，改变财务信息的获取与利用方式。与传统的会计相比，网络会计的特点主要表现为：财务管理从静态变为动态；数据和信息处理电子化；会计信息处理的效率提高；财务管理成本降低；会计信息提供更及时披露更全面等。但是，网络会计在自身的发展过程中也暴露出来了一些弊端：

第一，会计信息的非真实完整性。离开了真实可靠的会计信息，企业的经济决策和宏观经济决策都将失去依据，那么会计信息系统也将失去其使用价值。因此，信息的真伪对企业至关重要，最应引起关注。在传统会计下，会计信息的真实完整性和经济责任的明确是通过白纸黑字的会计记录、相关会计记录中的签字盖章、审计制度以及内部控制制度来确保的。而在网络环境下，数据信息通过网络得以传递，电子符号代替了会计数据，磁介质代替了纸介质。网络会计在网络传输和保存中对电子数据的修改、非法拦截、篡改、转移、伪造、删除、隐匿等都可以不留任何痕迹。不同于传统的会计有签字盖章等严格确认手段，依靠签章确保凭证有效性和明确经济责任的手段已不复存在。网络计算机集成化处理促使传统手工会计中内部控制制度的效力逐步削弱，传统的组织控制功能弱化。网络系统的开放性和动态性加大了审计取证难度，加剧了会计信息失真的风险。例如：:从存贷系统中删除某个存贷数据，消除购货业务凭证，转移单位资金到指定个人账户，歪曲公式定义文件编制失真的财务报表，然后对公式定义文件复原。如果以上舞弊行为审核人员没有认真地执行审核职能，那么计算机就会重复执行同一错误操作，整个系统将会神不知鬼不觉地进入非法的舞弊程序，不法分子可以借此侵吞企业大量的财物等[132]。会计信息的失真或者说非真实性问题的出现是在如下的情况下发生的：

首先，会计信息在传送前就已经失真。和传统的会计信息失真一样，在提供会计信息的时候，由于信息提供者的过失失真或恶意失真，会导致会计信息在还没有经过网络传播的时候就已经失真了。

其次，会计信息在网络的传送中失真。网络可以说是一个开放性的领域。从外部来说，一些计算机高手很容易攻破安全系统，而盗取和篡改会计信息；从内部来说，由于整个企业都是处在同一个局域网下，企业内部人员可以钻一些局域网的空子，用非法的用户登录会计系统，造成会计信息的失真。

最后，会计信息在保存时失真。网络会计的会计信息和计算机联系在一起，不仅仅局限于一些单据，因此，一旦计算机磁盘发生损坏，就会造成会计数据的失真。一是硬件缺陷，如计算机硬盘的损坏而又没有数据备份的情况下造成数据丢失；二是人为的误操作和有意破坏，造成数据丢失和被篡改；三是外部环境如操作时停电或处于磁场环境磁盘被磁化造成数据丢失[133]。

第二，企业资产损失。网络会计下的企业资产损失主要包括财务结算的安全问题和企业资产被非法侵吞两个方面。一是，财务结算的安全问题。在网络经济的电子商务环境下，企业经营越来越依赖于客户，企业在网上的财务活动日益增多，如网上定购、网上销售、网上结算、网上理财、网上证券投资及外汇买卖等，买卖双方都是不谋面的信息交流，完全凭借双方的信誉进行交易活动，这样企业就面临着财务结算的安全问题。二是，企业资产被非法侵吞。利用非法手段侵吞企业资财是会计信息系统安全风险的主要形式之一。其手段主要有未经许可非法侵入他人计算机设施、通过网络散布病毒等有害程序、非法转移电子资金及盗窃银行存款等。随着犯罪技术的日趋多样化、复杂化,信息系统犯罪更隐蔽,更难以发现,涉及的金额也从最初的几千元发展到几万元甚至上亿元,安全风险损失越来越大,后果越来越严重[134]。

第三,会计信息的安全性问题。会计信息是电子商务交易的关键,是网络会计安全的核心,是会计监督的安全保障。然而,由于下列一些因素的作用,网络会计信息的安全性着实令人担忧。计算机网络的发展,使各种计算机系统互相连接,从而使系统间的数据流动性很大。但计算机系统本身是脆弱的,病毒的感染、计算机硬件的故障、用户的误操作等都会危及网络系统的安全。网络环境的开放性使会计信息很难避免非法侵扰,使内部控制难度增加。网络会计系统的开放性与企业会计运作的某些信息的保密性和安全性产生了较大的冲突。网络会计主要依靠自动数据处理功能,而这种功能又非常集中,即使发生微小的干扰或差错,都会造成严重后果。商业机密有可能在无形中向外开放,落入未被授权的人员手中,若被竞争对手获取,则无疑是致命的。在客户和服务器之间传递的一些私人信息,有可能被未授权的人员所截获并非法使用、改动。黑客可能恶意攻击网络会计系统,通过非法截取、恶意修改,或通过嵌入非法的舞弊程序,致使系统瘫痪,从而给公司带来不可估量的损失。尤其是跨地区跨国传送的数据,安全问题更是难以保证。例如:数据保管人员通过磁盘、软件等介质,把本企业会计信息透露给竞争对手,那么企业的合法权益即会受到严重侵害,造成的损失是无法估计的[135]。

第四,电子会计数据的法律效力尚无定论。由于无纸化会计数据的隐匿性好,篡改可以不留痕迹,所以网络会计下的电子会计数据能否作为审计和税务检查的有效证据是当前会计界面临的急迫问题。法律上能否接受计算机记录的电子会计数据作为有效证据也是一个严峻问题。

第五,网络会计人员的素质问题。网络会计人员整体素质低,严重缺乏相关“复合型”人才。会计信息化是一个长期的动态过程,需要众多的高尖端信息技术与会计专业人才来推动。目前,相关“复合型”人才匮乏。网络会计的操作人员不仅要有坚实的会计学基础和实务操作能力,而且要求相当熟悉计算机网络和网络信息技术,掌握有关电子商务知识和国际电子交易的法律法规,具有良好的网络伦理自律素质,并具备商务经营管理和国际社会文化背景知识。这种对会计从业人才的复合性要求在短期内是很难得到满足的。需要各大高等院校和培训机制提高复合型人才的培养意识并付之实现,在专业课程设计上充分考虑网络会计时代对会计从业人员的要求[136]。

第六，高保密性要求与网络数据安全性相对较低的矛盾。会计信息反映企业的经营状况和成果，对外具有较高的保密性。为了保证会计数据的真实安全，在会计岗位的设置上要求层次分明，在会计业务的控制上要求审批严格，这些都是传统会计条件下行之有效的内部控制方法。网络会计变手工分散操作为计算机集中数据处理，数据处理形式发生了质的变化。企业财务数据属于重大商业机密，而Internet的开放性，使企业将自己暴露于风险之中。例如：未经授权人员非法侵入企业财务数据信息系统，窃取财务机密以谋取经济利益；在网络传递过程中，财务数据有可能被竞争对手非法截取，从而导致不可估量的损失[137]。在网络会计信息系统（即构建于互联网及其技术基础上的新一代会计信息系统。通过Internet和Intrant将企业各个职能部门部门、总部及异地分之机构、合作伙伴和社会管理部门以及其他所有社会组织和个体紧密连接，从而使会计信息采集、传递、存储、加工、检索、输出和呈报等活动在全球范围内展开。）中，不仅包含着物的因素，还有人的因素：即财务管理人员。两者相比，人的因素是更为重要的，因为物的因素只有通过人的因素的操作才能发挥其应有的作用。因此，我们着重探讨网络会计人员的道德规范问题。加之网络虚拟性的特征，使网络会计人员的伦理问题成为一个极为突出的问题。

诚信是市场经济的基石，更是会计从业机构和从业人员的安身立命之本。市场经济离不开社会诚信，离不开会计诚信。诚信是市场经济的要求，也是现代经济逐步走向成热的标志。会计诚信不仅仅是一个行业的问题，更是社会问题。只有在社会规范与个体德性、内在制度与外在制度、制度规约与道德教育有机结合的基础上，才能真正实现标本兼治，重塑会计从业主体的诚信形象或德性品行[138]。可见，诚信是财务管理人员应该恪守的基本道德准则，也是其应有的道德品性。

我们在“以人（民）为本”（人民的利益为本）的伦理原则的指导下，坚守诚信的伦理规则，探讨电商企业财务人员可操作性微观层面上的具体道德劝告和指令：

不作假账是传统会计和网络会计共同而又基本的职业道德和行为准则。在基于网络的企业电子商务中，我们以电子记账为例，阐述具体的道德劝告和指令：

在以WEB为基础的电子记账中，你应该保证会计信息的及时、完整、真实和相关；

在网络电子记账的过程中，你不应该以任何技术手段修改、伪造和藏匿信息；

对于会计信息的生成和处理，你应该保持与在线交易的同步，等等。

另外，我们针对上述问题，对网络会计人员的道德素养提出如下规范性要求：

在提供会计信息的时候，你应该作出如实而客观的反映；而不应该会计信息过失失真或者恶意失真；

会计信息在保存的过程中，你必须严密防范而不至于使其失真；

在财务结算的过程中，你必须遵守诚信规范；以保证网络交易的安全性；

作为网络会计人员，你不能通过磁盘、软件等介质，把本企业会计信息透露给竞争对手，这是最基本的职业道德；

作为网络会计人员，你应该不断提高自己的专业技能和道德自律水准；

在层级性岗位设置中，你应该做好自己所属层级岗位的工作，以保证会计信息的真实、安全性。

二、电子商务企业中的网络审计伦理——网誉认证问题及其伦理规范

网络技术、信息技术以及经济全球化的发展促使了电子商务的迅速发展，随之而产生了网络会计以及对其进行审查和监管的网络审计。网络审计是基于互联网、借助现代信息技术、运用专门的方法、通过人机结合、对被审单位进行远程审计。网络审计是现代审计在电子商务时代的新发展，也是电子商务的内在要求。这种全球化的、高速度、低成本、虚拟化的、不断创新的经济模式改变了传统的企业管理模式、经营模式和会计模式，与其紧密相连的审计在网络时代的创新也就成为了必然。

1. 网络审计的创新性以及存在问题

这种创新主要表现在：审计对象；审计技术；审计业务三个方面。

一是审计对象的创新：网上交易审计、网上支付审计、虚拟企业审计。

以网络为基础的电子商务广义上指通过各类计算机网络进行的一切商业活动。由于其低成本、高效率等特征而吸引着大量的企业，通过建立自己的网站或利用网络服务公司的商业网站，进行网上交易、网上支付结算，并使信息网络化。企业电子商务组织的经营活动及其信息载体的拓展使审计对象也发生了很大的变化。另外，以电子商务为基础形成的各种虚拟企业，形成了网络经济中的一部主体，这种新型的经营主体也构成了审计的对象之一。因此，网上交易审计、网上支付审计、虚拟企业的审计便构成电子商务审计的具体内容。

在进行网上交易审计时，审计人员要注意到网上交易的无纸质电子凭证、电子单据交易不受空间限制、瞬时性等特征，注册会计师可以通过客户应用的网络系统中预留的接口，进行终端联机，通过模拟处理，评价网络系统对网上交易处理的安全审查。通过网络传递取得更可靠的审计证据，对网上交易的完整性、存在性进行

认证，从而对企业的网上交易业务的确认、计量、报告的真实性、合法性进行评价。

电子支付方式包括金融交易卡和数字货币。针对电子支付手段的多样性，注册会计师在对电子支付进行审计时，首先要审查客户的网上交易是采用哪一种或几种电子支付手段，然后结合各种电子支付手段的特性，实施具体的审计。例如，对数字现金支付方式进行审计，数据金额是一连串的数据位，连串的数据位只使用一次。审计人员可以通过网络系统中的中央清算机制审查每一笔交易（也可以进行抽样审查），看是否有相同的数据串被多次使用。另外，还可以通过电子钱包管理器、电子交易记录以查看客户银行账号上的收付往来数字货币账目、清单和数据，也可以通过网上银行进行往来结算对账，或向网上银行进行函证。安全控制是网上支付的核心问题，注册会计师应予以高度重视，通过对客户的网上交易的安全性控制了解和审查，防止因欺骗、窃听、冒用和未经授权的篡改等非法行为而致使电子货币资产遭受损失。通过对电子支付的审计，以确保客户的电子货币资金资产的安全、真实、正确和完整，这实质是网上交易审计的一部分。

虚拟企业作为一个以盈利为目的的经营主体，在运作上同普通企业一样，必须进行网上税务注册登记并缴税，通过网络披露虚拟企业的经营业绩、财务状况、电子货币资金流动情况。在对虚拟企业进行审计时，要了解虚拟企业经营的网络环境、网络技术设备；结合虚拟企业的边界模糊性、存续即时性、货币计量电子化等特征，运用网络技术和审计方法相融合的手段，对虚拟公司实施网上适时性审计。

二是审计技术的创新。会计信息化审计的本质是审计与现代信息技术（主要是网络技术）相融合的一个发展过程。在网络系统中，注册会计师通过审计客户的信息接口转换，依据授权，在网上直接调阅客户的会计信息。这些会计信息包括货币形态的信息和非货币形态的信息（如职工的招聘与下岗）；数字化信息和图形化信息；现在信息和未来信息等。通过对这些信息的调阅与审查，注册会计师便可以开展多元化的、实时的审计程序。但网络在会计中的应用也会带来诸多的安全性问题，如篡改数据、信息丢失、黑客入侵、计算机病毒等。在会计信息系统中，安全性是必须考虑的核心问题。会计信息化审计应把网络会计系统的安全审计作为重点。注册会计师应该在了解企业网络基本情况、安全控制目标、安全控制情况以及潜在漏洞等基础上，对企业现存的安全控制措施进行测试。如是否有有效的口令控制、数据是否加密、职能权限的管理是否恰当、是否有持续的供电设备和有关备份设备、对计算机病毒的防范与控制措施是否得当等。在会计信息化审计技术的发展过程中，会计师事务所可以建立自己的网站，将事务所的基本情况、组织结构、业务范围、服务宗旨、客户授权的有关会计信息及对客户实施审计程序后所产生的审计信息全部纳入会计师事务所的信息网中。此外，会计师事务所还可以通过网络获得客户、签订业务约定书、传递和送审计报告等，从而形成开放的信息化审计体系。为了防止网上泄密和恶意攻击，会计师事务所应将信息网中的信息进行加密，实行签名机制，并设置安全系统，如回收设备、防火墙技术等，确保审计信息的安全完整[139]。

三是审计业务的创新。网络经济中，企业可以在Internet上建立网站，通过网络实现市场调查和项目招标，实现广告宣传和服务、人才招聘与培训、理财与报税等多种功能。通过网站的连接，电子商务得以进行，网络经济得以发展。但网上交易的安全问题是制约电子商务发展的关键，这为注册会计师业务开辟了新的发展空间。为了提高消费者对网上交易安全的信心，促进电子商务的发展，注册会计师可以向进行电子商务的网站提供鉴证服务，即网站审计（网誉认证，在后文中有详细的分析）。网站审计主要就该网站是否对其提供的商品或劳务进行必要信息披露；所开展的业务是否真实、合法；是否提供足够的安全措施保证消费者私人信息的保密性等进行评价。对符合标准的电子商务网站，将经特别许可的注册会计师颁发合格标志，该标志将出现在网站主要网页的醒目位置上。而且，还应该提供更详细的网站审计报告，消费者点击合格标志便可以看到对网站信誉评价的详细内容。为了适应网络发展的动态、适时性要求，注册会计师至少每90天对商务网站进行重新审计，以确认是否取消网站的合格标志，从而维护消费者的利益。

网络审计中出现的问题。主要体现在如下几个方面：审计人员的道德修养和素质问题；网络审计的风险和规范问题等。

一是审计人员的职业道德和素养问题是一个突出的问题。当前，我国审计人员的现状是：质量、数量不足；老龄化严重；缺少复合型人才（在掌握了财审理论的条件下，还要掌握了计算机技术、商贸理论）。如果审计人员不懂网络与网络财会，那么就会缺少必要的风险意识以及安全控制知识，而无法识别和评价企业的风险与内控制度，难以对复杂的网络会计系统进行有效的评审，难以应付电子商务环境下的审计风险。《国际审计准则第15号》关于电子数据处理环境下的审计中规定："在电子数据处理环境下进行审计时，审计人员应对被审计系统的计算机硬件、软件和处理系统有充分的了解，以进一步对委托审计的单位做出计划，并了解电子数据处理对内部控制的影响和需要采用的审计程序，包括计算机辅助审计技术的应用。"由于审计人员不懂计算机知识、网络知识，他们要完成审计工作必须有审计人员之外的辅助人员，这样的话，审计人员的独立性、客观公正性越会受到威胁。审计人员应该是一种复合型、全方位人才，不仅要具备一定的法律知识、现代审计理论和审计技能，还要具备一定的现代信息技术、计算机网络知识和现代商贸理论，并能熟练地从事计算机硬件、软件的操作和维护。更为重要的是，由于高新技术的快速发展和知识的不断更新，审计人员应该具备或培养终生学习和不断创新的能力，以适应网络审计发展的需要。

另一方面是，由于审计人员可以调用企业的会计信息，企业相对于审计人员来说是开放的；加之网络技术人员担负维护网络的任务，他们有能力更改网络设置，网络对他们来说也是开放的。因此审计人员及网络技术人员极容易查看、修改、破坏网上信息，也极容易泄漏企业的商业秘密。加强审计人员和网络技术人员的职业道德是客观和必须的。

二是网络审计的风险与防范问题。在电子商务环境下，传统审计风险中包含的固有风险、控制风险、检查风险日益复杂化。随着网络审计的产生与发展，不可避免地会产生新环境下的风险。

网络审计的新型审计风险包括：

第一，不留痕迹地非法篡改数据。

第二，信息失窃、计算机病毒、黑客的入侵。信息丢失主要有三种原因。一是运行间的断电和死机等故障；二是计算机病毒破坏；三是人为的毁损。

第三，电子商务系统的内部控制不严密。如果在电子商务系统设计时考虑不周，电子商务系统可能无法判断某些事件是否符合逻辑，对不合理的事项也会照样处埋，造成电子商务系统对错误的处理具有重复性、连续性特征。

2. 网络审计伦理

一是网络审计对象伦理。

你应该通过网络传递取得更可靠的审计证据，对网上交易的完整性、存在性进行认证，从而对企业的网上交易业务的确认、计量、报告的真实性、合法性进行评价。

你应该针对电子支付手段的多样性，(注册会计师)在对电子支付进行审计时，首先要审查客户的网上交易是采用哪一种或几种电子支付手段，然后结合各种电子支付手段的特性，实施具体的审计。

通过对电子支付的审计，你应该确保客户的电子货币资金资产的安全、真实、正确和完整。

在对虚拟企业进行审计时，你必须了解虚拟企业经营的网络环境、网络技术设备；结合虚拟企业的边界模糊性、存续即时性、货币计量电子化等特征，运用网络技术和审计方法相融合的手段，对虚拟公司实施网上适时性加以审计。

二是网络审计技术伦理。

你应该把会计信息化审计作为网络审计工作的重点。

(注册会计师)你应该在了解企业网络基本情况、安全控制目标、安全控制情况以及潜在漏洞等基础上,对企业现存的安全控制措施进行测试。

在会计信息化审计技术的发展过程中,会计师事务所应考虑建立自己的网站,将事务所的基本情况、组织结构、业务范围、服务宗旨、客户授权的有关会计信息及对客户实施审计程序后所产生的审计信息全部纳入会计师事务所的信息网中,从而提高其工作效率。

(会计师事务所)你还应该通过网络获得客户、签订业务约定书、传递和送审计报告等,从而形成开放的信息化审计体系;并且,为了防止网上泄密和恶意攻击,你(会计师事务所)应将信息网中的信息进行加密,实行签名机制,并设置安全系统,如回收设备、防火墙技术等,确保审计信息的安全性和完整性。

三是网络审计业务伦理——网誉认证伦理。

基于因特网的电子商务使人类的交易方式发生了革命性的变革,然而,网络固有的虚拟性却导致了电子商务存在着极大的信用风险和信息风险,成为电子商务进一步发展的最大瓶颈。在此背景下,一种旨在树立网站浏览者对网站的信任、帮助隐私保护、认证网站安全和减低网络交易欺诈的新的审计签证业务——CPA 网誉认证(Webtrust)应运而生了。

注册会计师行业的网誉认证(又称网络认证、网站认证)是注册会计师行业基于电子商务的需要而提供的鉴证服务,即经授权的注册会计师通过评价某一网站的网上交易是否符合网誉认证的准则和规范,对符合要求的颁发网誉认证印章(Web Trust Seal),以便让客户确信在线交易的安全性。它是一种国际标准化认证,英国、法国、澳大利亚、荷兰、新西兰等国也由 AICPA(美国注册会计师协会)和 CICA(加拿大特许会计师协会)授权从事此种认证,我国只有香港和台湾地区与“两会”签订了网誉认证授权发牌人合约。在中国,网誉认证目前仍停留在理论探索阶段,审计实践中还没有开展此业务。张继勋、陶能虹(2004)在 2003 年对我国的网誉认证需求及注册会计师胜任力的问卷调查表明:网誉认证在我国有一定的市场,但仍有相当多的从事电子商务的企业缺乏对网誉认证必要性的认识;67.31%的被调查企业认为:可以接受注册会计师提供的网誉认证服务。肖明燕(2011)还对我国注册会计师行业开展网誉认证业务进行了 SWOT(优势、劣势、机遇和挑战)分析。并提出,中国注册会计师协会应结合 AICPA、CICA 及 IAASB(国际审计与签证准则理事会)发布的相关准则和规范,系统地制定一套网誉认证准则、指南和实务公告。以指导我国网誉认证业务的发展。

2004年4月1日，AICPA将原来的“网站认证原则和标准3.0改进版”和“系统认证准则2.0版”合二为一，颁布了最新的“认证准则和规范”，根据这一“认证准则和规范”，网站认证内容由七大方面组成，分别是：网上隐私、网站安全措施、保密、履行交易的可靠性、经营实务与交易诚信、应用保证和个别资料披露。基于上述认证内容，可以将认证服务模块化，形成七大模块，分别是：网上隐私、网站安全措施、保密、履行交易的可靠性、经营实务与交易诚信、应用保证和CA认证。申请认证的网站可以根据自己的需要选择需认证的模块。在选定认证的模块后，具有网站认证资格的审计师就会登录网站，按“认证准则和规范”对网站进行认证，以确定被认证网站各模块的各项安全性措施是否达到“认证准则和规范”的要求。如果达到了上述要求，则允许该网站在其主页上以超链接方式放置一个AICPA委托Verisign公司管理的“网站认证”徽记，点击该徽记，浏览网站的客户能够以安全方式查看该网站经营资料、审计师出具的认证报告、管理当局声明书以及一份验证徽记真实性的数字证书等。网站取得认证徽记后，审计师至少每90天要对该网站的相关安全措施进行重新测试，如果网站一贯遵循准则和规范，审计师则更新所出示的报告；反之，该网站的徽记将被取消。

目前我国电子商务网站认证实际上是对商家网页的认证，没有发现对电子商务主力网站的认证；认证的内容主要涉及企业是否存在以及企业交易信用度的高低；认证普及程度较低；存在一定数量的个人商家，企业商家比个人商家的认证普及度要高；网站对站内商家有自己的评级标准，客户主要以此为依据进行交易安全判断；认证的主体主要是一些咨询公司，由审计师提供认证的网站或网页几乎没有。考虑到国外网站认证服务的发展状况以及当前我国审计师的胜任能力并结合上述发现，有学者认为，我国网站认证服务的内容应主要是认证有关网站安全性措施和制度方面的建设情况，对于网络技术层面的问题暂时不涉及。结合AICPA“认证准则和规范”中有关网站认证的内容规定，我国审计师可以从个人隐私安全、经营诚信安全、履行交易安全、网站合法安全和网站运行安全这五个方面来开展网站认证服务[140]。

网誉认证产生的背景是网站的信用和声誉问题，这也是一个存在于(企业)网站与消费者交易关系中的基本的伦理问题，作为网誉认证的主体审计师不仅要具有过硬的业务本领，其道德素质尤为重要。

会计师事务所和注册会计师应培育从事该项业务的专业胜任能力并加强职业道德素质教育。张继勋、陶能虹(2004)的调查显示，网誉认证是一项专业性很强的工作，除了需要具备包括信息技术、加密技术等专业知识，还需具备适应和承受能力、人际关系能力等；调查结果还表明近半数被调查的企业对我国注册会计师的胜任能力评价不高。为此，会计师事务所必须基于“以质量求生存、以信誉求发展”的基础上开拓鉴证服务市场，并加强注册会计师的职业道德素质，进一步树立起独立、客观、公正的“第三方”形象[141]。

中国注册会计师协会秘书长陈毓圭(2002)明确提出，职业道德是注册会计师行业的立身之本，守信用、讲信誉、重信义、恪守职业道德是我们会计行业生存和发展的生命线。美国著名的《哈佛商业评论》主编 Suzy Wetlaufer(2001)也忠告人们，要想提高业务水准，工作事业有成就必须重视道德，诚实守信，对所有的人讲真话。

“以人为本”的伦理原则为第一层级，第二层级为审计师客观、独立、公正的基本伦理规则，第三层级则为具体的道德劝告和指令，其内容如下：

认证业务总目标中的道德劝告和指令：

你应该客观评判网络企业的经营活动是否与其网络广告宣称的基本内容具有一致性、在线顾客的购买和支付是否具备安全性、顾客能否准时收到所订购的货物。

认证业务中的道德劝告和指令：

第一，对经营内容真实性考察的伦理指令。

你应该客观地审查数字化商品的内容，但不得进行拷贝销售；你应该实地考察企业能否提供货物、考察其生产基地和跨地域的连锁店，如果企业是外包生产，你必须对外包生产商进行客观地考察；对以提供服务为主的网上企业，你必须对其服务过程进行穿行测试。

第二，你应该对送货环节进行实地取证或函证。

第三，你应该通过网上银行获取认证回函或获 CA 认证系统发放的电子证书对网上支付的安全性进行确证。

认证业务的主要方法中的道德劝告和指令：

你必须采用实地取证方法，以保证认证结果的客观性和真实性；你也可以采取函证来辅助审计工作，但电子形式的回函能否成为有效的证据必须有网络技术的支持和法律法规的支撑。

第四节　电子商务企业物流管理伦理

一、电子商务企业物流管理中存在的问题

物流一词源于英语的“Logistics”，原意是军事后勤保障。第一次世界大战后，物流概念被广泛运用于经济领域。美国物流管理协会将物流定义为：“物流是为满足消费者需求而进行的对原材料、中间库存、最终产品及相关信息从起始地到消费地的有效流动与存储的计划、实施与控制的过程。”传统物流，一般就是指商品在空间与时间上的位移，以解决商品生产与消费地点差异与时间差异。所谓物流管理是指在社会再生产过程中，根据物质资料实体流动的规律，应用管理的基本原理和科学方法，对物流活动进行计划、组织、指挥、协调、控制和监督，使各项物流活动实现最佳的协调与配合，以降低物流成本，提高物流效率和经济效益。电子商务下物流配送，就是信息化、现代化、社会化的物流配送。它是指物流配送企业采用网络化的计算机技术和现代化的硬件设备、软件系统及先进的管理手段，针对社会需求，严格而守信用地按用户的订货要求，进行一系列分类、编配、整理、分工、配货等理货工作，定时、定点、定量地交给没有范围限度的各类用户，满足其对商品的需求。电子商务是信息传播的保证，而物流则是执行的保证，没有物流，电子商务只能是一张空头支票，物流是衡量一个企业经济实力的重要指标。电子商务对物流配送系统提出了新的要求，同时也给物流配送系统带来了新的变化，使物流配送系统在原有的基础上产生了一些新的特点[142]：

信息化：以网络为基础的信息化管理是型物流配送的基本特征，也是实现现代化和社会化的前提。

高效性：高效性的特点是企业根据现状建立一套完整有效的自动信息系统，将一些程序化的活动通过自动信息传递系统来实现。同时还可以通过电子商务迅速有效地完成信息的交流、单证的传输以及提高配送过程的支付效率。

社会化：同现代化一样，社会化程度的高低也是区别新型物流配送和传统物流配送的一个重要特征。很多传统的物流配送中心往往是某一企业为给本企业或本系统提供物流配送服务而建立起来的，有些配送中心虽然也有为社会服务的，但同电子商务下的新型物流配送所具备的真正社会性相比，，具有很大的局限。

现代化：传统的物流配送虽然也具备相当的现代化程度，但要求并不是十分严格。较电子商务下的新型物流配送相比，无论在水平、范围、层次等各环节上都有很大的不足和欠缺。现代化程度的高低是区别新型物流配送和传统物流配送的一

个重要特征。

但目前，我国存在着物流仓储能力过剩和高水平的物流服务不足的矛盾，整个物流环节不协调脱节的问题，具体有以下几个方面的表现[143]：

(1)观念陈旧，缺乏现代物流理念。对现代物流在提升运输产业水平、推动经济发展和增加经济效益方面作用认识不足。

(2)体制落后，与之相关的制度和政策法规尚未完善。物流发展要跨越地区和部门的限制，需要统一化、标准化，我国目前还没有一部完备的物流法规，因而制约了我国现代物流产业集约化经营优势的发挥。

(3)软硬件不足，电子商务物流企业的基础设施尚不完善。我国物流设施和装备方面的标准化程度还比较低，这主要表现在：一是各种运输方式之间装备标准不统一；二是物流器具标准不匹配；三是物流包装标准与物流设施标准之间缺乏有效的衔接。在物流硬件上，物流设施、物流装备等都是五六十年代的陈旧建筑，功能单一，无法实现机械化、自动化，且工作效率低下。通讯设备及线路、传真设备、计算机及网络设备等信息技术硬件设施缺乏，使得物流业跟不上电子商务物流的要求。落后的物流信息服务体系和网络体系制约着物流业的发展。

(4)物流和配送方面的人才稀缺。

我们认为，除上述问题之外，还存在着两个突出的伦理问题：一是物流配送中的信用问题；另一个是绿色物流配送问题。这也是本文我们需要着重探讨和分析的问题。

(5)物流配送中的信用伦理问题。物流配送是电子商务的一个重要环节，如果没有相应的物流配送，电子商务就不能够进行有效的运作，也不能够产生规模效应，不能够为消费者提供满意的服务，最终使消费者对电子商务这样一种先进的商业运作方式产生怀疑和失去信任。在物流配送这一环节中，技术因素是一个方面的问题，但是否具有良好的商业伦理，对消费者实行一种真正负责的态度，也是物流配送当中一个非常重要的因素。它在某种程度上保证了物流配送的及时和准确。2013 年 4 月 22 日，由中国电子商务研究中心主办的“中国电子商务投诉与维权公共服务平台”(www.100ec.cn/zt/315/)接到网友对易迅网的投诉，称其物流配送延迟而客服无法解决。投诉内容为：我在易迅网购买冰箱，网站提示 22 日上午送到，可下午 14 点 50 分都未开始配送。然后打客服电话询问配送具体时间，客服回答不知道。从去年到今年，易迅网未能按时送货其理由都是最近业务繁忙[144]。2014 年 8 月 4 日，3·15 维权平台接到用户对华为商城的投诉，称其物流丢件无回复。2014 年 8 月 11 日，接到用户王先生对华为商城的投诉，称其无故冻结货款延迟发货(资料来源:http://www.100ec.cn/zt/315/)。商家违背商业信用的行为,损害了消费者的利益,属于一种不应该的不道德行为。

下面我们可以从第三方物流的信用缺失,对这一问题做一个深入的分析。信用缺失主要表现在如下三个方面:第一,过度承诺,服务质量欠缺,并且不承担相应的责任。某些物流供应商在营销过程中提出超越自身能力的"零延迟"、"零货损"等高质量服务。但由于货物处于供应商控制之中,无法按时把货物送到消费者手中是时有发生的事情,切消费者的索赔能力很弱。第二,泄露消费者、企业的信息。第三方物流的长期性、综合性等使得物流供应商能够掌握顾客、企业的部分信息乃至商业秘密。尽管有商业合同作为约束,但是,有些供应商在利益驱动下,而将其掌握的顾客信息出售给其利益相关者,从而给消费者带来巨大的损失。第三,代收货款业务中出现的携款潜逃现象。从物流运作正规化的角度讲,物流企业收到货款后应该及时向消费者兑付商品,但实际过程中的兑付期限一般是三天到一周,甚至更长的时间。不规范的运作给物流企业违规挪用货款创造了条件。

(6)电子商务环境下的绿色物流配送问题。以可持续发展理论、生态经济学和生态伦理学等为理论基础,从而产生了绿色物流的思想。其现实背景为(绿色物流产生的原因):大气污染;噪音污染;废气物污染;突发事件造成的污染;安全问题;信息活动中的非绿色因素。绿色物流是为了实现顾客满意和保障可持续发展,连接绿色供给和绿色需求主体,克服时空阻碍的有效快速的绿色商品、绿色服务流动的绿色经济活动全过程。

二、电子商务企业物流管理伦理

物流配送中关于信用的道德劝告和指令:

你应该定时、定点、定量地把商品交给没有范围限度的各类用户,以满足其对商品的需求;

你应该保障自己网上商店的信誉度,并主动向消费者开具商品发票;

你不应该过度承诺,并在营销过程中提出超越自身能力的"零延迟"、"零货损"等高质量服务;而最终却无法实现所谓的高质量服务;

你不应该泄露消费者、企业的信息给其利益相关者,而从中获取利益;

在代收款业务中,你应该按照常规,在三天到一周的收货款期限内,及时向消费者兑付商品;而是应该携款潜逃。

绿色物流配送中的道德劝告和指令:

在资源消耗、环境污染的问题上,你应该持有可持续的理念;

在经济和生态的关系上，你应该把握两者的和谐性；

在人与自然(或网络)的关系上，你应该介入道德因素，应该具有自然生态(或网络生态)的伦理观念；

你应该注重企业经济效益和环境效益的统一性；

在为消费者提供优质服务的同时，你应该考虑环保质量。

第五节　电子商务企业信息资源管理伦理

电子商务信息资源管理，就其管理对象而言，是对电子商务信息活动中的各种要素(包括信息、人员、设备、资金等)的管理；就其目的而言，是为了有效地满足电子商务参与者各方的各种信息需求。企业电子商务活动中的信息资源管理是一种集约化管理。所谓“集约化”，有两个方面的含义；一是信息管理对象的集约化，即电子商务活动中信息、人、机器、技术、资金等各种资源的集约化；二是管理手段和方式的集约化，即电子商务信息资源管理是多种信息管理手段的总和。概括地讲，信息资源管理是技术管理、经济管理和人文管理三种模式为一体的高层次、战略型的综合管理[144]。

技术管理。电子商务信息资源技术管理的目标旨在从技术角度建立起先进的信息资源管理系统，以实现对信息资源的科学规划、组织、协调和控制。目前，技术管理的热点领域有数据仓库、数据挖掘、数据可视化、知识地图、商业智能、智能代理等。技术管理在电子商务信息资源管理中的应用主要体现在电子商务网站的建设、维护上，包括三个方面内容：一是提供先进的信息组织技术，以保证信息的有序性和利用的方便性；二是提供网络信息安全技术，以保证信息存储、传输和利用过程中的安全性；三是提供其他各种网络信息相关技术，以保证网络信息传播过程中的可靠性、稳定性和高速度。信息资源的技术管理可以有效减少电子商务中消费者的信息成本。

经济管理。电子商务信息资源的经济管理是指运用经济学的理论、原理、原则和方法研究电子商务信息活动的经济关系，并运用经济杠杆合理配置信息资源，评估信息网络、信息系统的经济效益，分析信息成本，预测信息资源的经济效益，预测企业电子商务的发展方向，研究竞争对手等。信息成本产生于信息的稀缺性和信息不对称，信息成本属于市场交易成本，这都意味着消费者的信息成本问题可由电子商务信息资源的经济管理加以解决。

人文管理。电子商务活动中，人的作用极其重要。市场交易的参与者，因其个体特质及所处社会环境的不同，往往在网络上表现出不同的信息行为趋向。因此，从人文角度出发，研究电子商务信息资源管理问题是非常有意义的。从人文角度实现电子商务信息资源的有效管理，需要将电子商务信息政策、法律、伦理道德和文化有机地结合起来，以保证人类自身的信息行为在电子商务活动中具备规范性和合法性，并在理性高度上合乎人之常情。只有市场参与者的行为得到了规范，整个电子商务市场才能规范，市场运行成本才能得到有效控制。

基于本研究的需要，我们仅从伦理角度对电子商务企业信息资源管理过程中出现的问题进行伦理思考。

一、电子商务企业信息披露伦理问题

本文主要探讨电商企业对在线消费者信息披露中的伦理问题及其伦理规范。

企业是社会中最基本的信息主体，向各个利益相关者披露信息是企业的基本工作，也是一个企业最重要的工作。因为，从企业的角度来讲，对于自己所拥有的特定信息和知识，他有权决定是否对外进行信息披露；但另一方面，根据法律的规定和道德义务的要求，企业（特别是上市公司）应该将大量有关利益相关人的信息给予披露。企业的双重角色往往使其陷入两难困境。

信息披露之所以成为一种道德义务，原因在于：第一，每一个从事公平交易的人都有权获得所需要的信息。如果任何一方获得必要信息的权利受到限制，那么这种交易就是不公平的。在这里强调的是获取信息的途径和机会是平等的。第二，当他人的行为可能给自己造成严重或不利的影响时，每个人都有权利了解相关情况。具体而言：当行为人有道德权利从事某一行为，或从事某一行为没有侵害他人的道德权利，或从事某一行为增进了他人的道德权利，则该行为是道德的；反之，则是不道德的。立足于利益相关者理论，企业行为可能对其利益造成严重或者不利影响的人群包括：公司股票持有者或潜在持有者；公司董事会成员；公司员工；政府与社区公众；供应商或经销代理商；产品或服务的消费者；社会公众（无论是否购买其产品或服务）。当然，对不同的对象，信息披露的内容与程度都存在着差异性。在这里，我们主要阐述电子商务企业组织对消费者信息披露中存在的伦理道德问题。

据《2013年度中国电子商务用户体验与投诉监测报告》监测统计，退款问题、售后服务、网络售假、退换货物、发货迟缓、网络诈骗、质量问题、订单取消、虚假促销、节能补贴成为网购诟病，是2013年用户投诉最多的十大问题结症[145]。2014年8月8日，由中国电子商务研究中心主办的“中国电子商务投诉与维权公共服务平台”接到用户对唯品会的投诉称购买内衣不合适不给退货。2014 年 8 月 16 日，用户张先生发来求助，称在天猫网购柿饼保质期内变质。2014 年 8 月 19 日，用户李先生向 315 维权平台发来求助，称天猫商城把杉木当松木，卖假货者有恃无恐。

2000 年 8 月，消费者杨某从易趣网上的“美循环化妆品专卖店”订购了“高丝特效减肥啫哩”一瓶，交货后，杨某发现该产品并非日本公司制造，于是便将易趣网告上法庭，要求易趣网对其损失进行赔偿，上海市虹口区人民法院于 2002 年 11 月 5 日做出裁决，法院认定，原告杨某所购买商品的经营者是美环公司，而非易趣网，故买卖合同关系的相对人应为美环公司，易趣网是从事网上信息经营的网络服务提供商，不是买卖合同当事人，不应该承担买卖合同中卖方的权利义务。这是我国首例电子商务交易网络服务责任案。

在网络交易的情况下，消费者对产品的了解只能通过网上的宣传和图片，对产品的实际质量情况和产品本身可能存在的隐蔽瑕疵、产品的缺陷都无法得知。企业（商家）对消费者有产品信息披露的道德义务，消费者对自己所购买商品的情况（商品价格、产地、生产厂家、功能、使用方法、生产与保质期等）以及所购买商品可能为自身带来的各种危害有对其信息的知情权利。

电子商务有其特殊性，它是一种远距离快速在线交易，消费者与供应商之间缺乏面对面的直接交流与联系。这种特殊性的存在使得电子商务中的消费者有别于传统的消费者，交易双方没有面对面的议价、选择货物等过程，消费者不能看货订购，而只是通过网站描述、图片等广告或宣传而订立合同，既缺乏对商品的直接感官认识，又无验货机会。由于消费者在信息资源的占有上处于不利地位，很容易受到误导甚至遭受欺诈。现实中，不道德的经营者正是利用这一点，以虚假不实的网络广告，引诱消费者购买质次价高商品，或收到货款后拖延发货，乃至进行诈骗。因此，在道德和法律上必须给予在线消费者知情权的特殊保护，以保护消费者权益，从而确保在线交易的公平性。欧盟和日本在这方面做出了典范。他们对经营者应当在缔约前告知或公示的信息内容和范围作出了详细的规定，以规范在线交易。欧盟针对电子商务的特点，规定了合同订立前的“商业交流”阶段供应商的信息告知义务，以及缔约过程中的合同信息披露义务，要求供应商缔约前应当向消费者提供明白的、可理解的、确定化的信息。其中，最具有代表性的是 1997 年 5 月 20 日通过的《关于远距离合同订立过程中对消费者保护的指令》（简称远距离销售指令，Directive 97/7/EC）和 2000 年 6 月 8 号通过的《关于内部市场中与信息社会的服务特别是电子商务有关的若干法律问题的指令》（简称《电子商务指令》，Directive 2000/31/EC）。欧盟立法者认为，供应商必须提供较之传统商务环境更多的、更为翔实的信息。供应商的信息告知义务包括提供以下三类不同性质的信息[146]：关于供应商身份的信息。根据电子商务指令，这类信息主要包括有：供应商的名称；供应商的设立地址；与供应商迅速、直接、有效的联络方式，包括其电子邮件地址；如果某项服务内容需经过当局许可，则需注明有关主管当局的联络方式；涉及规范性管理的行业，须注明供应商所在的专业协会或类似组织的名称，并注明其所获得的专业资格以及授予该资格的成员国的名称；如果供应商从事的营业活动需要缴纳增值税，则需要注明其所注册的增值税号。关于所售产品和服务的信息。根据《远距离销售指令》，在任何远程合同订立之前，必须及时向消费者提供以下方面的信息：产品或服务的主要特点；产品或服务的价格，包括所有税款；产品或服务的送货或交付费用；使用远程通信方式提供产品或服务的额外费用；报价或价格的有效期。关于合同本身的信息（合同的订立、合同的权利和义务）。根据电子商务指令，这类信息主要包括：订立合同的各项技术性步骤；合同订立后是否被服务提供商存档备案以及是否可以查阅；在订购承诺正式做出之前对数据处理过程出现的错误进行识别和纠正的方法；订立合同可以使用的语言文种。《远距离销售指令》还明确规定，有关合同的信息及合同的商业意图必须予以清楚的说明。上述信息的提供必须通过适用于远程订立合同特点的远程通讯方式，并以一种清晰、易于理解的形式进行，尤其要遵守有关商业交易中诚信的原则，保护未成年人等无法进行独立意思表示的人群。

我国在这方面所做的工作有：2002 年 8 月 1 日实施的北京市《电子商务监督管理暂行办法》[147]其中第六条规定："经营者利用互联网发布的商品和服务交易信息应当全面、真实、准确，不得进行虚假宣传。"第 11 条规定，"消费者在网上交易中享有知悉其购买、使用商品或接受服务的真实情况的权利。消费者有权要求经营者提供商品与服务的名称、种类、规格、成分、性能、用途、生产者、产地、等级、价格、生产日期、有效期限、配送范围、配送方式、运费标准等有关情况。经营者应当在网页上以清晰并且易于查看的方式，向消费者提供完整、真实、准确的前款所述商品与服务的信息，不得利用任何手段或以任何方式欺骗、误导消费者。"2003 年 1 月 1 日实施的《上海市消费者权益保护条例》第 23 条第 2 款对通过互联网进行交易的消费者作出特别规定：经营者通过互联网交易平台从事经营活动的，应当在互联网相关网页的显著位置表明其真实名称、地址、经营范围等内容。

在传统购物环境下，消费者的知情权实现主要通过两种途径，一是经营者尽一定的说明或告知义务，二是消费者主动咨询和了解商品或服务的真实情况。由于电子商务通过网络的远距离订货，消费者没有实地查验货物或者更没有主动询问卖主的机会，因此，如在线经营者不提供信息或者提供不完整的非真实信息，在线消费者的知情权就很难实现。

法律的强制性固然重要，但网络环境下买卖双方交易的公平性还必须借助于道德的力量，特别是道德自律。我们仍然遵循以人为本（在这里是以“消费者”为本）的伦理原则，坚守交易公平的伦理规则，在对消费者信息披露或者说消费者知情权伦理问题上，探寻电子商务企业组织第三层级的道德劝告和指令。

关于供应商身份信息披露的道德劝告和指令。你应该告知消费者自己的名称和地址；你应该把自己迅速、直接、有效的联络方式，包括其电子邮件地址告知消费者；如果某项服务内容需经过当局许可，你应该注明有关主管当局的联络方式；涉及规范性管理的行业，你应该注明自己（供应商）所在的专业协会或类似组织的名称，并注明其所获得的专业资格以及授予该资格的成员国的名称；如果你（供应商）从事的营业活动需要缴纳增值税，则应该注明其所注册的增值税号。

关于供应商所售产品和服务信息披露的道德劝告和指令。在任何远程合同订立之前，你应该及时向消费者提供以下方面的信息：产品或服务的主要特点；产品或服务的价格，包括所有税款；产品或服务的送货或交付费用；使用远程通信方式提供产品或服务的额外费用；报价或价格的有效期。

关于合同本身信息披露的道德劝告和指令。你应该向消费者披露订立合同的各项技术性步骤；合同订立后必须存档备案并可以查阅；你应该告知消费者在订购承诺正式做出之前对数据处理过程出现的错误进行识别和纠正的方法；你必须说明订立合同可以使用的语言文种；有关合同的信息及合同的商业意图必须予以清楚的说明。上述信息的提供必须通过适用于远程订立合同特点的远程通讯方式，并以一种清晰、易于理解的形式进行；你尤其应该遵守有关商业交易中诚信的原则，并且要保护未成年人等无法进行独立意思表示的人群。

二、电子商务企业信息流安全伦理

信息伦理指在信息开发、信息传播、信息加工分析、信息管理和利用等方面的伦理要求、伦理准则、伦理规范，以及在此基础上形成的新型的伦理关系。信息伦理最早源于计算机伦理研究，主要研究信息技术对社会伦理问题产生的影响。90年代以来，与信息领域有关的伦理研究范围不断扩大，从计算机伦理、网络伦理、媒体伦理直至范围更加广泛的信息开发利用活动的伦理学研究，皆为信息伦理。电子商务的信息流动既具有网络信息流动的共性，又具有自身的显著特性：信息的开放性；信息的多源性；信息的完整性；信息的保密性；信息的鉴别性。然而，目前参与电子商务的各方还难以适应和满足这些特点的要求，因而使电子商务的安全性和完整性受到极大的威胁。电子商务信息伦理问题，主要表现在三个方面：电子商务信息存储安全伦理问题；电子商务信息流动安全伦理问题；电子商务交易双方信息安全伦理问题[148]。

中国互联网络信息中心《2013 年中国网民信息安全状况研究报告》（第 21 页）显示，因电脑网上购物发生安全问题的网民数占整体电脑上网人数的 4.0%，影响人口达 2010.6 万人。电脑网上购物发生安全事故较多的是遇到欺诈信息，在网购安全事故发生人群中的发生比例达 75.0%；其次为假冒网站/诈骗网站，比例为 60.7%；其他方面，个人信息泄露比例达 42.9%、账号密码被盗比例达 23.8%、中病毒和木马的情况为 22.6%。网购时发生这些安全事件，给购物者造成损失的同时，也扰乱了网上购物秩序，影响网络购物行业的健康发展。

（1）电子商务信息存储安全伦理问题及道德劝告和指令：

信息存储的安全性问题是指电子商务信息在静态存放中应该处于一种安全状态。其信息安全危机包括：非授权调用信息和篡改信息内容。企业 Intranet 与 Internet 连接后，电子商务的信息存储安全面临着内部和外部两方面的安全隐患。

内部隐患。主要是企业 Intranet 的用户故意或无意地非授权调用电子商务信息或未经许可随意增加、删除、修改电子商务信息。

外部隐患。主要是因为软件配置的不当，造成外部人员私自闯入企业 Intranet，并对电子商务信息故意或无意地非授权调用或增加、删除、修改。

（2）电子商务信息存储安全性的道德劝告和指令：

企业 Intranet 的用户不应该故意或无意地非授权调用电子商务信息或未经许可随意增加、删除、修改电子商务信息；

你应该保障企业软件配置的科学性、安全性，而使得部人员无法私自闯入企业 Intranet，并对电子商务信息故意或无意地非授权调用或增加、删除、修改。

（3）电子商务的信息流动安全伦理问题及道德劝告和指令：

信息流动安全是指电子商务运行过程中，物流、资金流汇成信息流后动态传输过程中的安全。其安全危机主要包括：窃取商业机密；攻击商务网站；实施商务诈骗；侵犯他人权利；传播不良信息（表现为：不法商人为推销自己的产品，在电子商务信息中夹带宣扬色情、暴力、迷信等不良图文信息）以及否认发出信息。基于各种原因，用户和商家可能会对自己发出的电子商务信息进行恶意地或无可奈何地否认。

(4)电子商务的信息流动安全的道德劝告和指令：

你不应当以传播计算机病毒、发送电子邮件炸弹、攻破他人电子商务网站防火墙等手段，损坏其计算机软硬件，修改、删除、增加受害者的商务信息内容，使其无法正常营业；

你不应该通过因特网发布虚假广告信息而骗取钱财；

你不应当通过因特网截取商务订单；

你不应该抢注他人域名，侵犯其无形资产；

你不应当为推销自己的产品，在电子商务信息中夹带宣扬色情、暴力、迷信等不良图文信息；

对自己发出的电子商务信息，你不应该进行而已或无可奈何的否认。

(5)电子商务交易双方信息安全伦理问题及道德劝告和指令：

传统商务活动是面对面进行的，交易双方易建立信任感、安全感；而电子商务是买卖双方通过 Internet 的信息流动来实现商品交换的，这使得电子商务的交易双方在安全感和信任程度等方面都存在着疑虑。电子商务的交易双方都面临着信息安全的威胁。

商家的信息安全隐患。主要表现为：①不法之徒假冒合法用户名义改变商务信息内容，致使电子商务活动中断，造成商家名誉和用户利益等方面的受损。②恶意竞争者冒名订购商品或侵入网络内部以获取营销信息和客户信息。③信息间谍通过技术手段窃取商业秘密。④大量虚假订单的生成挤占了信息系统资源，无法从事正常的业务运营。

用户的信息安全隐患。主要有：①用户身份证明信息被拦截窃用，以致被要求付账或返还商品。②域名信息被监听和扩散，被迫接收许多无用信息甚至个人隐私被泄露。③发送的商务信息不完整或被篡改，用户无法收到商品。④受虚假广告信息误导购买假冒伪劣商品或被骗钱财。⑤遭受黑客暗算致使计算机设备被毁坏且信息丢失。

(6)电子商务交易双方信息安全的道德劝告和指令：

你应该保证用户身份证明信息的安全性；

你应当保证发送的商务信息具有完整性，使用户可以按时受到所订购商品；

你不应当以虚假广告引导消费者购买假冒伪劣商品或被骗钱财。

三、基于电子商务企业系统而考察的信息技术人员伦理

电子商务系统分为四个层级子系统和两个支撑条件，如图 4－1 所示[149]。自下而上，从最基本的技术层到电子商务应用层，依次为：网络层；消息/信息发布、传

输层;一般业务服务层;全面电子商务应用层。各层级系统间发生关联的支柱条件为各种技术标准和国家宏观层面的政策、法律等。四个层级系统表示电子商务得以实施的各级技术及应用层次,两个支柱是电子商务顺利实施的保障条件。三个层级系统之间相互影响、相互作用,构成一个电子商务技术及技术应用系统,最终实现系统的整体功能,即全面电子商务应用,包括:在线营销与广告;在线购物;采购和购买;远程金融服务;供应链管理;其他应用(如网上娱乐、有偿信息服务等)。

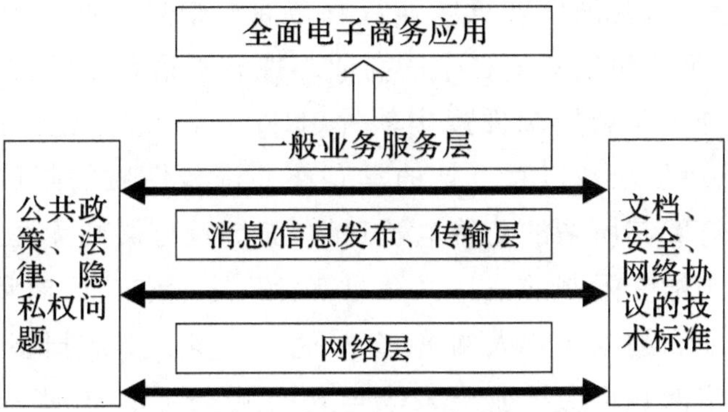

图 4-1　电子商务系统框架

(1)电子商务系统面临的信息伦理挑战表现在:

第一,信息传输层伦理问题。

信息的截获与窃取。计算机网络由分布各处的计算机通过线缆连在一起进行通信,而计算机中的信息是以电子形式进行传播的,因此存在电磁泄露等问题。攻击者可以通过电子窃听设备检测从线路上发身出来的电磁辐射来窃取所需要的信号,或者通过对业务流量等的分析,推出有用的信息,如:账户的账号、密码等。

信息的篡改与丢失。攻击者可以通过各种技术方法和手段进入交易系统,对传输中的信息进行修改,破坏信息的完整性。如,更改某件商品的送货地点,使该商品落入他人之手,在某合同中删除或插入一些内容,给客户造成重大损失。

信息的假冒。假冒者通过伪造具有身份鉴别特征的证件(CA 证书),冒充合法用户以欺骗其他用户,设法获得他们的信任以实现其非法的经济利益目的。如:假冒网站管理员骗取客户的商业机密。

第二,服务层及电子商务应用层中的交易双方信息伦理挑战。

销售者面临的虚假信息伦理挑战。不诚实的人以合法身份进入交易系统后,发布虚假的需求信息,以骗取商家的货物或以虚假的名字向销售商订购昂贵的商品,然后观察销售商的行动,获取销售商的机密数据。

消费者面临的信息伦理挑战。一是,机密信息丧失带来的威胁。消费者有可能将个人的一些机密性数据发送给假冒的销售商，或在传输这类信息时被窃取盗用等等。二是，销售商发布或者传播虚假信息。这包括虚假承诺和在在网站上的以讹传讹。例如，营销企业在进行直接的市场调查过程中，为了调动公众参与的积极性，一般会承诺给接受调查的人员赠送小礼品，或者有机会通过抽奖得到惊喜，但是，这些承诺在比较多的时候是不予兑现的。另例，为了吸引消费者来访问网站，企业在网站上转载一些哗众取宠的小道消息，而对这些消息的真实性并没有做出任何保证。三是，违背消费者意愿强行发布商业信息。此类行为最典型的事例是发布垃圾邮件，主要包括不请自来的商业邮件和不请自来的群发邮件，从而滋扰邮件接受者。部分企业利用邮件搜集软件（Harvester）大规模的搜集散步在网络上的邮件地址，然后发出数以百万计的具有商业广告性质的邮件。另外一些企业诱导网站访问者订阅其所谓的免费电子刊物，而一旦订阅则无法退订。四是，不分对象地发布或者传播受限制的信息。暴力、色情、迷信和违反通常道德法则的信息一旦被缺乏鉴别能力的未成年人阅读，会对他们的身心造成损害，富有赌博色彩可以使人上瘾的网络游戏也应该避免未成年人接触。例如，有些网站为了获得广告收入或者为了给自己的网站带来流量，不惜在自己的站点上放置成人网站或者赌博网站的旗帜广告。五是，滥用客户跟踪和信息记录技术。网站广泛采用的客户跟踪和信息记录技术（如 Cookies）使访问者的隐私受到威胁。美国电子隐私信息中心曾经对 100 家知名电子商务网站作了调查，结果发现，没有一家网站到达了《公平信息指南》（美国政府颁布的旨在保护消费者隐私的文件）要求的标准[150]。

第三，网络管理层（信息技术管理层）信息伦理挑战。

该挑战主要表现在电子商务的基础技术层次，即网络层次。而问题的主体在于电子商务企业组织中的网络管理人员身上。近年来，我国计算机犯罪大都表现在内部犯罪的趋势，追究其主要原因在于工作人员职业道德素养不高或者欠缺。而且企业的一些竞争对手以经济手段收买网络交易管理人员，窃取企业的商业机密。

基于本文伦理体系研究的主体，我们将继续探讨电子商务企业组织中信息技术人员伦理，这一探讨仍然是从伦理体系的第三个层级上进行的。微观角度分析包括三个方面：信息技术开发者伦理指令；信息技术使用者伦理指令；信息系统管理者伦理指令。

（2）信息技术开发者道德劝告和指令：

你应该在所开发产品的安全性与方便性关系上，应将安全性置于方便性之上；

你不应该以加速开发或降低产品成本为由而牺牲信息的安全性；在研制信息

产品的过程中，

你应该应尽力避免信息产品自身的安全性漏洞。

(3)信息技术使用者道德劝告和指令：

你不应该非法干扰他人信息系统的正常运转；

你不应该利用信息技术非法获取他人商业机密、智力成果、窃取钱财；

你不应该未经许可随意使用他人的信息资源。

(4)信息系统管理者道德劝告和指令：

你应该确保向授权用户准时无误地开放信息系统；

你应该谨慎细致地管理和维护信息系统；

你应该及时更新信息系统的安全软件。

第五章

电子商务企业品德伦理：基于内外因视域

第一节 电子商务企业伦理问题发生的原因分析

一、主观原因:认识上的误区

(1)对电子商务本质理解的片面化。人们普遍的认识是:电子商务是“在网上进行买卖活动”、“将传统的商务活动移到网上进行”等。其实,电子商务涉及整个价值链的“网络化”,从产品概念、产品创新到产品生产、制造、销售和最终的消费。其终极是所有的人和物都将网络化。因此,在发展电子商务时,不仅要关注技术、物流等硬件因素,社会的伦理道德文化等软件因素同样不能忽视。而对电子商务本质把握的缺失又与“信息崇拜”、“技术至上论”的观念有着密切的关系。每当人们谈及电子商务、网络安全、黑客行为的时候,人们往往关注的是如何强化网络技术、如何改进网络技术,而忽视了我们的生存方式、价值观念、行为规范等对网络的影响。这种无视其他社会因素而把技术作为解决电子商务活动中存在问题的唯一方式的科技至上论,必然会挫伤人们对网络和电子商务的信心,同时也强化了伦理与技术的时滞。正如一位美国学者理查德. A. 斯皮内洛所指出的那样:“技术常常比伦理学理论发展得快,而这方面的滞后效应往往会给我们带来相当大的危害”。可见,电子商务具有深刻的伦理道德底蕴。在伦理道德文化存在时滞的今天,努力寻找两者的平衡点,以使二者之间保持必要的张力是十分重要的。

(2)与传统的商业思维相比较,电子商务活动中蕴涵着的是系统的思维方式。现实是,人们往往以一种孤立、封闭的形而上学思维方式去面对和认识电子商务,并以这种思维方式去电子商务实施过程中存在的问题。电子商务是一个庞大复杂的社会经济、技术系统。它的健康运行如一般的系统一样必须有一个运行环境问题。从理论上讲,电子商务系统由基础电子商务系统和电子商务的社会环境构成[151]。国家信息中心副主任、中经网总经理胡小明认为:“电子商务需要一个系统环境。而系统环境的生成比单个技术生成要慢得多。人们老是用技术的成熟度来代替系统的可行度。这是一个很大的偏差。”电子商务系统健康、快速的运行必须有一个良好的社会环境:经济环境、政策法规环境、伦理道德文化环境。

二、电子商务的本质特性决定了道德问题的产生

(1)营利性。电子商务的营利性问题是电子商务最为本质的问题之一,也是电子商务经营者存在的目的和追求的价值目标。电子商务作为一种新形式的经济活动,与传统形式的经济活动一样都是以营利性为主要目标的。因此,虽然电子商务

是在传统商务和先进技术的结合中诞生的，但并不改变电子商务从传统商务母体中继承来的营利性本质。

（2）虚拟性。虚拟性是电子商务的另一个本质特性。传统商务中，一手交钱，一手交货。但在电子商务中，我们通过各种技术使原来分离的信息、资金和商品进行转移。因此，虚拟市场有如下三种表现。一是虚拟货币的使用。虚拟货币是网上交易的主要结算方式，并由相关的银行信用转账体系完成交易结算的功能。例如，电子钱包、电子货币、信用卡等。二是虚拟产品的生产和消费。网络经济创造了传统市场无法实现的虚拟空间或虚拟产品，例如，虚拟图书馆、虚拟赛场、网络游戏等。三是虚拟财富的存在形式。在网络经济中，财富的形式更加多样化，除了有形资产、无形资产还有虚拟财富的存在形式。例如：网络的节点数、上网人数、眼球注意力等等。

电子商务的营利性价值目标以及这种商务存在和运行的虚拟性特征需要道德规范的软性约束。作为观念上层建筑的道德生来就是为了调节经济关系、经济利益的。

三、客观原因：（网络）技术特性和伦理滞后

（1）技术特性使伦理问题凸现。信息技术，特别是计算机技术和网络技术的发展大大促进了信息交换和信息共享，并为电子商务的发展奠定了良好的技术条件，但与此同时，电子商务中的伦理问题也日益突出了。

基于因特网的电子商务，利用数字信号传送商务信息，与传统商务相比较，从"面对面"到"虚拟化"。商务活动主体之间的交往是以各种符号和编码为媒介的，使得人与人之间在现实中的直接的面对面的接触减少，而是表现为人机交流、人网交流。此时人的存在以虚拟的"网络人"面目出现。网络使得人们之间的交往范围无限扩大，交往更具随机性和不确定性，进而交往中的伦理道德问题也更加冲突、明显。如果个人再不能很好的以道德自律自身行为，就会做出许多现实中不敢做或不可能做的事情，表现出与现实社会生活伦理道德规范相冲突的行为。总之，网络虚拟性的特点，使得商务主体自律性行为减弱。

（2）技术的发展与伦理的滞后。当技术的发展速度远远超过伦理发展的时候，伦理障碍（滞后）就产生了，这一障碍的基础最初来源于技术和文化本身所具有的不同本性。技术的前进性和绝对命令是：能发展的就发展和完善。立足于成本角度的单向考虑，从而使得技术的发展遵循单一角度的规律。相反，文化，包括伦理，其发展是比较缓慢的，发展规律受多个因素的影响。伦理的本性是审慎和理性的，

其发展是一个非常耗时的过程。文化力量的控制和技术发展相比是一个复杂和困难的过程。所以,这一发展过程是缓慢的。由于伦理的发展伴随着利益的附着,所以,伦理的变化和发展是缓慢前行的。电子商务是市场经济、世界经济全球化和科技发展的必然产物,而社会经济的发展必然导致观念领域的更新,但两者之间也并不完全同步。电子商务交换模式的一个重要特征就是由传统验货付款的"直接交换"转变为以信用工具和信用体系为中心的"间接交换",这种转变带来了一系列新的情况:第一,电子商务活动的周期缩短,对瞬息万变的商业信息的交流与保密要求提高,进而出现新的伦理道德要求。第二,电子商务活动范围突破地域的限制,使地域性很强的传统商务伦理在现实的电子商务活动中产生文化冲突,出现伦理冲撞和混乱。第三,传统商务伦理对电子商务主体的约束力减弱,而适应电子商务的新的伦理规范尚未形成,产生了伦理真空地带。总之,中国传统的以血缘、地缘为纽带的信用、习俗是适应商品经济初期发展阶段而形成的伦理规范,现已经无法适应电子商务时代市场经济和经济全球化的客观要求。伦理(和法律)的发展滞后于技术引发的经济发展。

(3)网络商业信息的不对称性。信息不对称是信息不完全的一种情况,即一些人比另一些人具有更多、更及时的有关信息,并形成一种信息分布或信息获得的不公平性。根据信息不对称原理,当大量模糊、虚假、无效等低质量的信息充斥市场后,平均信息质量就下降,这样一来清晰、真实、有效的高质量的信息就会退出市场,市场上充满了低质量,而消费者的利益显然会受到损害。与传统商务相比,电子商务市场的信息不对称性更加严重。主要表现在如下三个方面:首先,在传统商务商务活动中,"规模"是一个很有效的道德信号,一般认为规模大的企业会比个人或者是规模小的企业更可靠。但在电子商务市场上,"规模"似乎与质量和真实性没有必然的联系,在制作十分精美的网站的背后却鱼龙混杂,甚至有伪装成大企业的网站,企图鱼目混珠。其次,在于电子商务市场信用评价体系的特殊性。电子商务市场中用身份验证和信用评级作为网上供应商的资信衡量的标准,而消费者往往只能看到表面的结果,对这种结果的甄别缺乏足够的能力,因此,有些供应商就会利用这种信息不对称和网站信用评价体系的漏洞,进行信用炒作。第三,网上供应商对电子商务系统的操作更为熟悉,往往也导致利用这些技巧达到哄抬物价的目的。

(4)(现代)技术是双刃剑。首先,电子商务的技术带来了低成本,低成本也意味着低准入。低准入是好事也是坏事,它让更多的企业和个人能够进入电子商务市场;同时,低准入也带来一定的弊端。这种弊端一方面表现在商业伦理行为的实施是需要一定的道德成本的，例如：员工管理和教育成本，而小企业通常希望把交易成本控制在比较小的范围内，这就可能侵蚀了部分道德成本。另一方面，按照市场规律，低准入也意味着低的退出壁垒。电子商务小企业或个人一旦遇到发展阻碍就退出市场，这种不负责任的行为可能会给它的用户来损失。

其次，电子商务的技术只可能有少数人掌握，这种技术掌握的不对称性使得技术人员和非技术人员之间出现了不公平性。技术人员可以利用掌握的技术做出利于他们的道德选择，例如：掌握用户信息的数据库管理员可以把用户档案泄露出去，并不留任何证据。相反，消费者却一边看着信用评价，一边拍着已经被抬价的商品。

(5)技术进步与电子商务。由电子商务所带来的最大的道德问题是技术的发展导致营销商与消费者之间的关系性质问题的改变(Mike Healy 和 Jennifer Lles，2001)，而且，由互联网技术及电子商务所带来的道德问题是最为严重的。任何商业关系都是建立在某种互动方式的基础上的。随着电子商务技术的出现，新的商业互动关系产生，从而改变了消费者与商家的关系，而这种改变使我们对电子商务伦理问题有了新的认识。以网络技术而产生的消费者与商家之间的关系可以做如下深刻的理解，首先，由于互联网及计算机技术而产生的技术上的进步是以一个空前的速度在发展着的，而我们的社会并没有时间意识到这一空前的改变。其次，一般消费者很难掌握这些网络技术，即便使意识到这些手段的存在消费者也很难去控制。最后，则是技术极大减轻了企业的成本负担。

四、电子商务企业伦理的哲学意义：个人及其权利与公共规则

由于技术使得商务活动中商家和消费者的关系发生了实质性的变化。Mike Healy 和 Jennifer Lles 认为，电子商务技术改变了关系的类别——商家对消费者引导方面能做的更多，以及我们原本对这些问题的理解。我们应当注意许多人已经看到电子商务牵涉到许多关于个人隐私的问题，尽管我们所要理解的需要更加深刻，这意味着，我们将原本关于个人隐私的理解沿用到电子商务中已经不能令人满意了，真正需要认真思考的是网络技术所带来的性质上的变化以及由于电子商务的出现所引起的各种关系重要性的变化。由这点来看，我们需要注意关于个人及隐私的概念并不是本来就存在的，这些概念就单个存在的人来说是没有意义的。而就社会角度而言，他们是从我们的社会结构中离析出来的东西。但是，社会结构的变化，导致对私人空间和财产权的改变。在西方法律和传统道德中隐私权和财产权是非常重要的。这些概念由西方人对自我的理解而形成的。个人自发性的概

念就意味着人们有权利去自主决定他们与商家的互动关系。但个人隐私不能轻易地套用在的电子商务世界及网络世界中，电子商务技术对于消费者购买行为需要新的界定，电子商务所倚赖的网络技术使得商家与消费者无须面对面就可进行交易，由此对个人隐私的概念和权利需要重新界定。商家与消费者交易的是网络世界而非真实的世界，不是现实存在的商店、卖场的形式。原由关于私人、财产以及相关的概念都已经不再适应，如 Bennetr 所说，因特网创造一种新的生活，有着它特有的社会关系及其活动。由于网络技术所带来的新的社会关系主要被界定为获取信息的渠道并非是真实的面对面的接触，我们需要面对由电子商务自身所建立起来的新关系。

因此，我们也有必要对这种改变做哲学层面的认识。在这种关系中有一个重要的概念需要界界定，这就是个人概念。关于西方人对于个人概念的界定，就如 Mike Healy 和 Jennifer Lles 所认为的，个人概念界定的重点应转移为限制别人的行为上。关于商家对消费者营销手段的限制对于普通的消费者来说是很难实现的。例如，在网络世界中，广告的发送可完全不依靠面对面的真实接触而是不透明的。但是，在过去(传统商务世界)，即在假设一个人能够掌握自我信息不被侵犯而去接受这些广告，每个人在各自独立的现实空间中，个体之间的限制也是显而易见的。由于电子商务世界中新的营销关系的改变，从而引发了道德关系、道德观念的改变。

在电子商务世界中，各种关系的存在意味着商家能以各种方式去营销，并且是低成本的。所以，现在的营销不需要像以前那样面对面的方式得到对方的许可。我们现在所需做的就是重新限制和界定新的关系。尽管一种新型的商业关系有很多的优点，但他们仍然需要我们去界定和完善。例如，我们对人权理解中个人隐私的保护需要均衡，这就意味着我们必须找出控制商人与消费者接触的方式，至少要保证消费者具有这种接触限度的权利。在传统商务中，这种规范和限制是在人与人之间的，同时是在物理空间的基础上的；而现在，隐私权和财产权已经发生了巨大的变化，是在电子商务中，在数字化空间下，access(通道)是虚拟通道，是包含我们自身信息而不包含物理空间因。因此，真正需要的是确保个人能对 access(通道)的控制与其他人是一样的。为此，需要关注两个重要的因素：一是加强商人与消费者之间的透明度问题。在电子商务中，消费者与商人之间的联系方式与传统商务中是不同的，隐藏在消费者活动表面之后，消费者很难了解他们正在被确认、他们是如何被找出、或者如何被控制的。如果他们并没有意识到 access(通道)的本质和目的，透明度的加强则需要加大个人接触他们的控制的可能性。在电子商务道德实践中，商家应努力做到与消费者接触方式的透明化，不管是 E-mail，Cookies 等，只有这样，消费者才会同意他们与商家之间所产生的商业关系。二是公共规则的许可以及使用的重要性。在电子商务世界中，应有很大程度独立控制的需要确保技术的恰当使用，因为，电子商务的技术并未准备完全透明化，是普通消费者不能充分把握的，所以就需要第三方的参与介入。在现实世界中，消费者可以轻易掌控商家的消费方式，但在电子商务世界中却是不可能的。在电子商务世界中，因此，就需要公共法规的介入去帮助消费者提供一些商家接触他们方式的安全保证，并且尽量使这样的关系透明化。许多商家也希望有这样的法规能保障他们的利益，如提供音乐下载的服务商家。对于交易各方来说，这样的法规都有助于买卖双方行为的透明化。

第二节　构建电子商务企业品德伦理的理论基础：企业的道德性理论

一、西方经济学关于企业理论中的人性关怀[152]

(1)企业经济行为的公正性。在很长的一段时间，西方主流经济学对企业行为的社会意义不予重视，认为企业行为原则是以自利性为终极尺度的，至于外部非经济性问题无可厚非。20 世纪初，帕累托提出了帕累托最优定律(Pareto optimality，一种资源配置状态，在这种状态下，一个企业或一部分人通过资源配置使自身处境变好，且并不使别的企业或别人的处境变坏。)这一定律不仅成为经济学界衡量社会整体经济行为公正与否的原则，也是衡量企业经济运行的公正标准。

(2)企业经济行为的外部非经济问题。是指一个经济主体的活动对其他经济主体造成的损失。1991 诺贝尔奖获得者科斯提出，通过产权杠杆，让具有外部非经济性可能的选择成为不经济的选择，从而促使企业自觉选择内部与外部的利益均衡。

(3)企业经济活动中不道德行为产生条件分析。是什么原因使企业的不道德行为存在？冯·诺伊曼和奥斯卡·摩根斯坦的博弈论(Game theory)，以及信息经济学学家施蒂格列兹和莫里斯、格雷斯曼的认为：人类行为中普遍存在着信息不对称问题，这恰是不道德行为存在的根本原因。经济学家们认为，要减少或消除不道德行为，既需要道德教化的力量，同时也需要设置科学的信息沟通与监督机制，以减少信息的阻塞和扭曲。另外，还要设置健全的奖惩机制使败德行为变的得不偿失。

(4)企业是运行着的制度,而道德是制度的有机组成部分。诺思的制度变迁理论认为,人与人之间的关系是一种交易关系,企业本质上是交易关系的集合体。人们为了减少交易成本而制定了各种各样的制度,这些制度既包括法律、政府法令、公司章程、商业合同等正式制度,也包括习俗、传统、伦理道德等非正式制度。制度对于企业和社会的经济增长影响巨大。诺思否定了西方主流经济学对伦理的忽视。

(5)企业的协作本质。曼瑟尔·奥尔森在《集体行动的逻辑》一书中,从交易成本和交易博弈的角度对集体利益进行了深刻的分析,指出传统经济学中的经济人假设和理性人假设的不足。研究表明:具有自利性倾向的人组合而成的企业并不一定排斥共同行动;只要有共同行动的愿望,共同行为就能发生。他在产权理论的基础上,提出了"相容性集团"和"排他性集团"的概念,并建议采用"有选择的激励",实现个人利益与集体利益相一致的最佳模式。另外,阿尔钦和登姆塞茨的"和约理论"从不同的侧面揭示了企业的协作本质以及伦理道德对企业行为制约与调节作用。

(6)企业发展追求的精神价值目标。企业是市场经济的主体,大多数企业一旦成立就会寻求其发展。发展经济学和福利经济学很早就开始探讨经济发展的价值。诺贝尔奖获得者罗斯托认为,经济发展不仅要满足人的物质需要,而且更需要关注人的精神需求和伦理追求,强调经济发展只有满足了人的精神幸福才具有德性。他的这个观点在经济增长的单纯经济指标中注入了对人的全面发展的伦理关怀。

二、管理学中对企业道德本质的理论揭示[153]

(1)人及人性是管理学产生的基点和发展的动力。管理学从诞生之日起,经历了科学管理、行为管理和当代管理丛林三个阶段,对人性的不同理解是管理学发展阶段性的差异所在。克服人性恶、提高劳动效率是泰勒开创科学管理理论的动因。20 世纪 70 年代,美国管理学家威廉·大内以著名的 Z 理论将管理学中的人性命题拓展到了一个具有鲜明伦理化特征的新管理理论。Z 理论认为,"人道化的工作条件不仅提高劳动生产率并为公司增加利润,也使雇员感到自尊。心情舒畅能使每一个人作为人而更好地进行工作。"在 Z 理论的指导下,20 世纪 90 年代,工业人道主义发展到了一个新阶段——不是站在资方的立场上围绕如何提高企业的劳动生产率倡导人道主义,而是站在如何提升员工个体的工作价值的角度倡导对人的尊重。

(2)关于企业作为责任主体的内涵探讨。1970年前后,美国上下对企业责任展开了一场大的讨论。以M·弗里德曼为代表的利润学派主张利润先于伦理,也就是说企业的责任就是增加利润;以P·弗兰奇为代表的伦理学派主张伦理先于利润,即企业在具有独立法人地位的同时也具有独立的道德人格,应该承担经济责任以外的其他责任,如道德责任。而以S·塞迪为代表的调和派主张企业的权利和义务概念中应该同时包含利润目标和伦理目标。20世纪80年代,对这个问题西方学者进行了进一步的探讨,认为:企业的责任应该包括经济责任、社会责任和道德责任。

(3)关于企业行为原则与规范的理论。协作的团体主义是近代管理理论的一个重要观点。沿着梅奥的"工业人道主义"的轨迹,玛丽·福莱特从她的政治哲学的观点出发提出了一套企业行为协作的理论。认为,无论在正式组织之中还是在非正式组织之中,集体行为的目标统一性、意志的共同性和人群的合作性应该成为团体行为的原则。20世纪70年代,劳伦斯·米勒在《美国企业精神——未来企业经营的八大原则》中所确定的企业行为原则为:目标原则、共识原则、卓越原则、一体原则、亲密原则等,将近代管理理论的协作团体主义落到实处。20世纪70年代到80年代,围绕着对企业经理人员的伦理道德现象和企业的伦理现状,研究者们进行了大量的调查。经过调查和研究,宽容、友善、守信、良心、公正、正直、忠诚、勤奋等被看做企业领导人应当具备的道德品质。

(4)管理过程实质上是道德原则的实践过程。管理学的发展始终围绕着人性的管理和管理的人性这一红线展开,没有什么管理能够摆脱伦理道德的约束。我们可以这样认为,管理的过程是一个依据某种伦理原则不断作出判断和选择的过程,而管理原则实际上就是某种伦理原则的具体体现。在企业中如何依据以人道主义为核心的道德原则进行人道管理,已经成为管理学研究的重要课题。对于企业如何实践企业伦理原则的问题,哈罗德·孔茨在《管理学》中提出了以下几条建议:第一,伦理制度化。第二,在企业和高等院校中进行伦理学和价值观的教育。第三,增加决策的公开性,提高对不道德行为的公开揭露。第四,成立正式的委员会负责管理落实伦理准则。

三、伦理学视角下的企业道德本性理论[154]

(1)企业是一个利益集合体。马克思在《资本论》中指出,企业是一种为了节约生产成本,由资本所有者和劳动者所结成的协作性组织。在企业内部,"劳动者在有计划地同别人共同工作中,摆脱了他的个人局限,并发挥出他的种属能力",不仅提高了劳动生产率，更重要的是实现了个体无法从事的生产经营活动，创造出了一种生产力，“这种生产力本身就是集体力”，使资本所有者或股东、经理人员和工人都能够获得独立生产所不能得到的利益，实现了每个企业人员以自己富有的资源投入获取自己所缺少的资源收益、以最小的投入获得较大的收益的愿望。在企业外部，在企业与国家的利益关系中，企业是社会资源的消费者，企业需要不断地从国家获得社会资源的消费利益；在企业与消费者的关系中，企业是消费品的创造者和提供者，企业必须不断地生产出消费者满意的产品和服务，不断地在为“他人”的前提下实现自身的利益；在企业与企业的利益关系中，企业既是消费者又是供应者，企业不仅需要从相关企业那里获得资源利益，还需要不断地从其他企业那里获得行业利益。

企业的利益关系决定了相关的利益行为者必须实现各种各样的交易，才能实现利益的互置和转换。交易的双方为了保证自己的投入不会被对方毫无回报地使用掉，需要通过契约的方式明确各自的责任与权利，以确保他们的共同利益能够实现。企业的契约关系是法权关系的一种，其建立的基础必定是伦理的保证，这就是信任，它是一种伦理信用。契约实行的过程本质上是签约各方所持道德原则的实践，反映的是签约各方的道德水准。

为了保证利益相关者的利益互置平等地实现，人们选择了契约来界定契约双方的责任与权利，但是，受信息不对称以及企业内外部市场中不确定性的制约，在签订各种契约的过程中往往暗含着许多缺陷，同时。履约过程是不断变化的，会给已定的契约造成更多的不完善，使通过契约所确定的责任和权利的边界变得模糊，造成“契约失灵”。契约中的任何一方有可能采取“搭便车”来缩小自己的责任而扩大自己的权利，以最小的投入获得最大的收益，使对方的利益流失。因此，仅仅通过契约来界定权利与责任是远远不够的，还需要诉诸人的义务感和良心，使企业与内外公众、企业与社会、企业与生态环境之间建立一种积极互动的责任关系。

总之，企业作为一个由利益关系、契约关系和责任关系所构成的经济关系统一体，实际上是受一定的道德意识、道德原则和规范支配的，以利益互置的运动方式而存在的相对稳定的道德关系实体。这包括：企业与外部利益相关者之间的关系（企业与政府、社区、消费者、相关企业之间的关系）；企业与内部利益相关者之间的关系（企业与员工、股东、员工家属、管理者与被管理者之间的关系）；企业与生态环境之间的道德关系（企业与区域性的微观生态环境之间的关系和企业与全球性的宏观生态环境的关系）。

（2）企业是一个责任实体。工业文明对于经济增长的无节制追求，导致了严重的生态问题。作为经济生产的组织者——企业对此有着不可推卸的责任。企业不仅要承担产品生产、产品使用过程中的环境保护责任,还要承担产品回收过程中的环保责任;不仅要使生产经营活动不对环境产生破坏作用,还要使生产经营活动对自然环境产生优化作用。可以说,在经济全球化的过程中,企业既要承担经济生产责任,还要承担保护人类经济生产赖以继续的生态责任。

经济的全球化以信息的全球化为基础。企业组织发布的任何信息不仅具有经济意义,还代表着企业对社会、对公众的态度,代表着企业的形象,具有社会意义。可以说,信息时代的企业既是经济的生产者,又是信息的生产者;既要对创造有形的经济效益负责,又要对产生无形的社会效益负责。

四、企业经营的两个道德性假设

管理行为是由管理假设决定的。1962 年,道格拉斯. 麦格雷戈(Douglas McGregor)在其《企业的人事方面》一书中,提出了著名的人性假设:X 理论和 Y 理论,对人性和人的行为进行了新的阐述,对管理思想产生了革命性的影响。在企业中,还存在着与人性假设同等重要的假设——企业经营道德性假设。它是企业及其管理者持有的(或隐或显)关于企业经营与伦理道德关系的假设,或者说关于有效地处理企业与利益相关者关系的假设。企业利益相关者(Stakoholders)是指受企业行为影响或可影响企业行为的任何个人、群体和组织,通常包括顾客、供应者、竞争者、政府、社区、所有者、员工等。企业与利益相关者的关系是客观存在的,没有了这种关系,企业也就不复存在了。所以怎样处理与利益相关者的关系是一个无法回避的问题。在怎样看待企业经营与伦理道德的关系或怎样处理与利益相关者的关系上,存在着两个对立的假设:非道德经营假设和道德经营假设。

非道德经营假设的基本特征:

①企业目的是使所有者利益最大化,不必考虑经营活动对他人、社会可能产生的影响;②经营活动与社会的伦理规范无关,不能以社会的伦理规范来评价经营活动;③法律,而且是字面上的法律,就是企业的伦理规范,只要不违法,什么都行。

支持非道德经营假设的主要理由是:第一,企业活动是特殊的活动,需要有特殊的伦理,社会伦理规范不适用;第二,借助于市场机制,企业追求利润最大化的同时,社会能得到最大的好处;第三,法律足以调节企业经营行为;第四,履行企业道德责任会破坏对利润的追求。

道德经营以社会为前提。①企业通过对社会作出贡献的方式谋求利润的最大化,企业在满足所有者利益的同时,还要考虑其他利益相关者的利益;②企业经营活动与社会的伦理规范有关,可以用社会的伦理规范来评价企业经营活动;③法律是最低限度的道德标准,企业应按照高于法律要求的伦理规范从事经营活动。

持道德经营假设的主要理由是:

①企业是社会的一分子,是社会资源的受托管理者,因而在谋求自身利益的同时;②应为增加社会的福利作出贡献,而且,企业对社会有巨大的影响力,根据权责相符的原则,企业必须承担与此相称的社会责任。

第一,企业与利益相关者存在着休戚与共的关系,只有考虑了利益相关者的利益,企业的利益才能得到保障。

第二,由于不完全竞争、外部效果和信息不对称的存在,所有者利益最大化不一定能给社会带来最大的好处,以空气污染为例,当一家工厂喷出的有害气体损害当地居民的健康和财产,而该企业又不为此支付任何费用时,实际上等于把成本转嫁给了他人和社会。

第三,法律是人们必须共同遵守的最起码的行为规范,它只能对触犯了"最起码的行为规范"的行为予以追究,对一般不道德行为并不追究,法律只规定什么是不应该的、禁止的,而没有指明什么是应该的、鼓励的。然而,除了禁止的,并非都是受鼓励,中间还有既不禁止也不鼓励的行为:法律反映的是昨天的道德准则,不一定符合今天和明天的社会期望,法律的产生是数年一创,而社会是在不断发展变化的,因此,难免会出现法律滞后于现实的情形:仅仅守法不大可能激发员工的责任感、使命感,不大可能赢得顾客、供应者、政府、社区、公众的信赖、支持,因而,也就不大可能取得卓越的成就。

第四,利润与道德既有对立的一面,但更有相辅相成的一面,利润与道德是可以兼得的。企业经营道德性假设是客观存在的,尽管管理者不一定考虑过这一问题,但事实上,他们的每一项决策、每一个行为都总是受特定的道德性假设支配的。道格拉斯.麦格雷戈视人性假设为管理的理论假设,同样,企业经营道德性假设也是一种管理理论假设,因为所持假设不同,管理实践将随之大不一样。

五、电子商务伦理问题的道德性分析

(1)C2C 模式下的电子商务参与者之间的关系。这种模式是通过 C2C 商务网站所提供的网络平台完成的在线交易。个人供应商可以将商品信息发布在网站上,让消费者来选择,并与之协商达成资金流和物流的方式。一部分商务网站还充当交易中间人的角色,网站要求对买卖双方的交易进行信用评价,有的还会收取交易费用。可见,真正参与交易是三方:消费者、个人供应商和商务网站。这三者的矛盾主要表现在以下几个方面：第一，由于个人供应商的经济实力有限，在交易产生问题时往往难以应付，比较容易产生为了保护自身利益而伤害消费者利益的事情。同时，由于其商品渠道比较单一、本身又缺乏质量检验的设备，因此，他们所提供的商品质量往往好坏不一。其二，个人供应商所出售的商品一般不开具发票，如果出现质量问题，消费者将无法向有关部门投诉。其三，目前，大部分网站允许非实名注册的会员进行网上交易，因此使消费者、个人供应商身份无法确认。这种虚拟性也是造成款到不发货、货到不付款甚至无法交易的主要原因。其四，目前只有少数商务网站设立信用评级和投诉机制，而且商务网站没有仲裁的权利，只能对责任方提出警告，无法对其采取真正的行动。

在这三者的关系中，交易的达成还是靠消费者和个人供应商的沟通，二者总体交易风险相差不多，而商务网站实际上承担了交易管理的责任。因网络的虚拟性和社会的个人信用评价体系的不完善，交易模式可能是道德问题最易产生的环节。

(2)B2C模式下的电子商务参与者之间的关系。本模式是商业机构对消费者的电子商务。这种形式的电子商务一般以网络零售业为主，主要是在线销售活动。亚马逊则属于这种站点。可见，参与交易的是消费者和商务网站两方。消费者和商务网站的矛盾主要集中在这样几个方面：第一，商务网站为了便于管理和及时了消费者的对商品的偏好，往往要求消费者降低其浏览器中隐私保护的级别。其二，大多数的商务网站都没有隐私权条款，可见，这些网站将不对它的消费者注册信息的使用进行自我约束。这是网站推卸责任的表现，同时也是消费者个人信息安全的重大隐患。其三，一些商务网站还有偿或无偿的提供音像及图文资料的下载，但这种服务往往会牵涉到版权的纠纷，网站在侵权的同时，消费者由于享受了其所提供的服务也造成了侵权。

B2C模式中的交易关系和水泥加砖块的买卖双方的交易关系并无多大差别，但由于商务网站掌握更多的技术优势，因此在与消费者的交易关系中占有主动权，相比之下，消费者则处于劣势的地位，从而需要承担更多的风险。

第三节　电子商务企业品德伦理：内外因视域之外在社会化伦理规范转化为企业内在优良品质

在第三、四章我们探讨了电子商务企业的经营和管理伦理(具体的道德劝告和指令)体系，那么，这些社会化的外在道德规范如何能够内化于企业并成为其优良的道德品质呢？我们基于辩证法的内外因视角选择相关的道德方法论。

一、伦理学美德论:企业应该成为什么样的企业;人应该成为什么样的人

美德论亦称德性论。美德论关注的是“是什么”(being)而不是“做什么”(doing)的问题,或者说它重点回答行为主体应该成为什么样的人的问题,即考察一个人的道德品质,特别是道德品质是否展示了美德或邪恶。所以,在道德推理的过程中,应该考虑到美德和邪恶。

从美德的概念看,它是后天习得性的、体现在个人行为习惯中的、构成道德高尚的人的特征的一种品质。从其本质上看,它是道德主体情感、欲望、气质的优秀状态。也就是说,获得美德实际上是我们情感、欲望等生命中的感性部分与理智相互融合、渗透而形成的一种新的心灵品质。有了美德,我们的情感状态、欲望性质、意志倾向都内含着一种普遍性的素质,而这种普遍性的心灵品质去除了它们在未受教养状态时的个别性的、任性的、专注于一己之私的特点,并具备了社会意识、他人意识,即与他人情理相通的精神向度,能够从“任何一个他人的角度”来感受行为的正当与否,获得一种道德敏感性。这并非是单纯理性的推理,而是一种融理于情的道德感受性。它是对本真的心灵状态的一种提升,因此具有更高的价值。同时,美德作为一种道德品质,是心灵中的欲望、情感和理智的一种融合化通,从而达到心灵的内在统一性,而不是让心灵中的各种成分仍然处于相互牵制的状态——这样的心灵状态不能达到人格的统一性,而是相互削弱从而不能表现出自己的精神力量。这就是美德为什么是心灵品质的优秀状态的原因[155]。

美德有哪些呢?古希腊哲学家亚里士多德认为:美德是习惯与品性;美德是中庸之道;美德处于自愿;美德处于正当理性的指导;美德表现在履行道德义务的行为中。亚里士多德把美德的形成视为一个过程,这个过程是一个逐渐养成道德习惯的过程,也就是说美德是从日常生活中依据理性的指导,反复践行而得来的。美德论则是从品质评价的角度来讨论的。美德论除了告诉我们能成为什么样的人,在某种意义上,也告诉我们应该怎么做。其对行为的指导原则如下:如果某种行为的实施能使行为主体实践、展示和培育高尚的品德,那么,此行为则是道德的;如果某种行为的实施,行为主体实践、展示和助长了邪恶,那么,该行为则是不道德的。

对于企业主体而言,美德论则关注的是企业美好的道德品质,探讨的是一个企业应该成为什么样的企业的问题。美德论对于激发企业员工的敬业精神、提高他们的职业道德素养都有着重要的意义;美德论追求卓越,是经济发展的伦理动力源泉;美德论注重企业内在道德品质的培养,使企业对道德原则、规则的实施从“外在的强制性”转变为“内在的自觉性”。

二、品德理论：社会化的外在道德规范内在化理论

道德，只有由外在的社会规范转化为人们的内在品德，才算真正得到了实现[156]。所谓“品德”，是指一个人的道德人格；而人格是一个人的心理自我（思想自我），是他（或她）稳定、持久、整体的心理状态。一个人的品德是他的行为长期遵守或违背道德所得到的结果。品德是道德由社会外在规范向个人内在心理的转化，是转化为个人人格的道德规范，是道德规范在个人伦理行为中的实现，也就是说，所谓道德人格就是已经转化为人格的道德（品德与道德不过是存在于不同场合的同一东西而已）。总之，品德（或德性、道德品质、道德德性）是一个人的道德人格，是一个人长期的道德行为所形成和表现出来的稳定的心理状态和心理自我。

品德（美德和恶德）的境界有两类，美德自律境界和美德他律境界。当人们处于美德自律境界的时候，道德才能真正被遵从。品德从其结构上来说分为三种成为：道德认识、道德情感和道德意志。品德的变化发展遵循着四大规律：品德——经济律、品德——政治律、品德——道德律、品德——科教律。品德的结构和规律表明，一个人的道德认识是可以提高的；道德情感是可以陶冶的；道德意志是可以锻炼的。因此，由它们所构成的品德是可以培养的。通过培养品德，可以提高人的品德，从而既可以使人从美德他律境界进入美德自律境界而不至于坠入恶德境界，也可以由恶德境界皈依美德境界。那么，如何依据品德结构和规律而进行品德培养呢？提高人们品德的基本方法分为四种：发展经济；清明政治；优良道德；繁荣科技。具体方法有：道德教育方法（外在方法）和道德修养方法（内在方法）。道德教育方法是社会对个人的品德培养，是社会将外在的道德规范转化为个人的内在品德，从而使人们自觉遵守道德规范的方法（他人对自己和自己对他人的品德培养）。道德修养是个人的自我品德培养，是自己对自己的品德培养，是个人将社会道德规范转化为自己内在品德从而自觉遵守道德规范的方法[157]。道德教育方法有：言教、奖惩、身教和榜样；道德修养的方法有：学习、立志、躬行和自省。

三、良心与名誉：两种道德评价（或遵从）方法

良心与名誉是两种相反的道德评价。名誉，是外在的呼声，是人们相互的、外部的道德评价，是自己对他人和他人对自己行为的道德评价；良心，是内在的心声，是每个人自身内部的道德评价，是自己对自己行为的道德评价。

良心具有使人遵守道德规范的作用。良心一方面通过产生自豪感和良心满足的快乐，推动行为者遵守道德，以便（再度）享受这种快乐；另一方面，则通过产生内

疚感、罪恶感和良心谴责的痛苦，阻止行为者违背道德，以便从这种痛苦中解脱出来。良心具有使人遵守道德的巨大作用，从对道德事件的处理程序上看：事前，它通过做一个好人的需要和目的而推动每个人的遵守道德；事后，通过良心满足的快乐和良心谴责的痛苦使人继续遵守道德或改过迁善、归依道德。良心强弱与遵守道德以及利害人己的关系有一个正比例定律，这就是：一个人的良心越强，他遵守道德所带来的自豪感和良心满足的快乐便越大，他违背道德所产生的内疚感、罪恶感和良心强则的痛苦便越深重，他便越能够克服违背道德的欲望而遵守道德，他的品质便越高尚，他便越有利于社会和他人，从长远角度看，他自己从中所得到的利益也就越多；反之，他的良心越弱，他遵守道德所带来的自豪感和良心满足的快乐便越弱小，他违背道德所产生的内疚感、罪恶感和良心谴责的痛苦便越浅薄，他便容易顺从不道德的欲望而违背道德，他的品质便越卑鄙，他便越可能有害于社会和他人，从长远的角度看，他自己从中所遭受的损害也就越多[158]。

名誉有正反两个方面——荣誉和舆论谴责，这两个方面通过给予行为者以巨大的快乐和痛苦，而极有成效地推动他遵守道德、阻止他违背道德。与良心相比，名誉使人遵从道德的力量往往强大于良心。但是，良心是一种使人遵守道德的无副作用的力量，而名誉则是一种使人遵从道德有副作用的力量。这表现在两个方面：一方面，良心是每个人自身的内在力量，因而是无可逃避的：它总是使人真诚地遵守道德。反之，名誉却是人们相互的外部力量，是可以逃避的：它既可能使人真诚地遵守道德，也可能使人假装遵守道德。另一方面，良心是自己对自己行为的意识，因而总是与自己事实如何相符；而名誉是对别人行为的认识，因而很容易发生错误。

总之，名誉是人的外在名声，因而是使人遵守道德的外在力量；良心是人的内在信念，因而是使人遵守道德的内在力量。但是，良心使人遵守道德的力量是纯粹的、无副作用的，它只会使人遵守道德而不会使人违背道德。反之，名誉使人遵守道德的力量不是纯粹的、有副作用的，它使人遵守道德往往以使人陷于恶德（假仁假义和自我异化）为代价。名誉的副作用几乎是不可避免的，因而只有依靠良心来消解：如果一个人遭受了不该得的谴责，如果他因为追求自由、创新、自我实现而遭受轻视，他的良心便应该自豪，从而化解这种错误评价的压力；如果他得到了不该获得的荣誉，如果他因为屈己从众，追赶时髦而赢得赞誉，他的良心便应该惭愧，而去追求自由、创新、实现自我。概而言之，当每个人的名誉与良心发生冲突的时候，应该牺牲名誉而服从良心。如果他服从名誉，必定陷入虚荣而背离道德；如果他服从良心，那么必定抛弃虚荣而遵从道德[159]。

良心与名誉的评价标准是什么？这就是各种道德原则、道德规则和道德劝告与指令。因此，良心与名誉的评价过程，就是自己或他人的行为与道德规范的比较过程。如果说道德规范是良心与名誉的评价标准，那么，自己或他人的行为则是良心与名誉的评价对象。

四、电子商务企业品德伦理：外在规范内化为企业品质或企业美德

1. 在企业与利益相关者的关系中，电子商务企业组织应该具备诚信的伦理品质

（1）诚信是市场经济的基础。

“诚信”是中华民族几千年来一直崇尚的美德。中华民族深受儒家传统文化的影响，以及古训“言必行，行必果”的约束，绝大多数社会成员重情讲义，并普遍认为失信的成本巨大。中国古代的诚信思想与我们现代市场经济的发展需要是具有一致性的。中国古代经济伦理的核心内容：“人无信而不立”，一个人（或企业以及任何一种方式的组织）如果没有信用，那么其生存的根基也就不存在了。在当今经济社会中，在社会主义市场经济的条件下，这一信念仍然持续不断地发挥着它的影响作用。

从市场的角度分析，诚信是指多元市场主体，包括政府、企业和个人在社会经济活动中表现出来的一方或多方诚实，而另一方或多方信赖的经济范畴和社会现象[160]。它是市场主体之间理性的承诺与约期履行相结合的经济行为。同时，它也广泛地存在于电子商务活动中，电子商务也离不开信用的保障。在电子商务的发展过程中，社会的经济形态、经济活动的模式以及人们的交往、思维方式都发生了很大的变化，诚实守信、负责任、有效率更是电子商务时代的重要伦理原则，是一个非常重要的经济资源和精神文化资源。为此，在电子商务经济活动中，努力建立社会诚信机制，对逐步建立起我国新型的经济秩序和社会关系，以促进经济与社会的良性运转有着重要意义[161]。

当代西方经济学的大师们论证，现代市场经济不同于古典自由经济的区别之一就是信用风险性的大大增长，对经济活动的影响也越来越大。要完成一项经济交易和买卖活动，都要付出诸如市场调查、信息获取、防伪识伪、质量检验、合同签订等方面的各种费用。如果受骗上当，其交易费用就会急剧增加，当企业之间的这种交易费用大于企业内部的组织成本时，企业将不堪重负，市场就不能够正常运转。总之，市场经济是一种诚信经济，资金流、人力流、信息流都要以诚信为前提。经济学家们比较一致地认为：一个高效率的市场，必定是一个信用良好的市场；一

个缺少诚信的市在以市场为基础对社会资源进行配置的过程中所形成的物质流场将导致交易费用的提高，甚至中断交易链，导致经济衰退[162]。

(2)电子商务企业信用问题产生原因的分析。

在前述电子商务活动中存在的诸多伦理问题中，信用问题始终是企业电子商务活动中的一个核心的问题。2001年，是我国网络企业运作模式的转轨年。从电子信箱的收费开始，引发了一系列网络免费服务转变为收费服务的大行动。网络企业将各种先前承诺的免费服务单方面改为收费服务，或缩小服务范围。在网络信任问题上令人雪上加霜的是：中国电子商务的形象大使my8848网站突然崩溃。2001年10月，12315消费者投诉中心一周内接到数十起投诉，反映8848在收取消费者的货款后不给予发货；其欠供应商近千万的货款也未归还。究其原因，主要在于：第一，基于网络的商务活动使交易主体的道德自律减弱，交易主体之间的信任发生危机。由于网络中的诸多行为具有匿名性、虚拟性，网络交易主体普遍缺乏自我角色意识和道德自律性，致使网络言行的确定性模糊化。企业与消费者之间缺乏足够的信任，难以形成有效的伦理约束空间；彼此的行为失范，更无法产生有效的社会监督机制。第二，电子商务信用工具的缺乏和不完善。信用工具和信用体系是市场经济成熟与否的标志。由于网络经济发展的时间不长，电子商务赖以生存的信用工具的缺乏和不完善，信用体系的不成熟和不安全，相应的电子商务法律、法规的滞后，所有这些，对企业主体的约束力非常弱化。

(3)电子商务活动本质对诚信的内生需求。

电子商务是信息技术发展到一定阶段并应用于各种商务活动中的产物。电子商务是指交易当事人利用计算机技术、网络技术等现代信息技术所构成的电子网络环境所进行的各种商务活动。从贸易角度分析，最完整的、最高级的电子商务是指利用Internet网络所能够进行的全部贸易活动，即在网上将信息流、商流、资金流和部分的物流完整地实现。可见，电子商务主要是人们在信息技术构建的互联网电子平台上从事着的各种商务活动。然而，在互联网虚拟世界中，电子商务以其特有的方式打破了以往企业、个人的时空界限，使商务活动具有明显的全球性特征。商务交易的完成不需要人们面对面的交流、谈判，不是面对面的“一手交钱，一手交货”，物流和资金流同时完成的传统商品交易模式，而是通过互联网进行交流、谈判、签订合同。电子商务在增加商务交易方便性、快捷性和自由度的同时，却使人们无法确定对方的真实身份，从而产生一种虚无缥缈的不踏实感觉。电子商务作为一种商业活动，信用是其存在和发展的基础。而且，电子商务所具有的远程性、记录的可更改性、主体的复杂性等特征，就决定其信用问题更加突出。因此，电子商务呼唤诚信，更需要建立完善的信用体系。如果没有一整套完善的网上信用保证制度，电子商务可能成为某些不法之徒手中的欺诈工具。正是网络这个虚拟世界缺乏诚信，使电子商务的发展受到了严重阻碍[163]。

关于电子商务的困境原因的分析，有诸多的说法，例如：未能找到合适的电子商务模式；基础设施滞后；“三座大山”(上网价格高、速度慢、人员少；网上结算体系不成熟、信用制度不完善；商品配套体系不健全)之说。李伦，郭建国认为(2002年)，上述都是电子商务发展的主要障碍，但是，我们不能忽视影响电子商务发展的社会伦理文化因素。如果说三座大山说是硬环境，那么社会的伦理文化则是软环境。并认为，网络信任危机是伦理文化根源的一个重要的方面[164]。因此，企业文化建设中诚信伦理文化必须给予重视。

(4)诚信是电子商务持续性运作的基本保障。

电子商务(EC)是指实现整个贸易活动的电子化，交易各方以电子交易方式，而不是通过当面交换或直接面谈方式进行的任何形式的商业交易。这种电子商务活动从其产生之时起到现在的不长时间内，正在改变着人们长期以来惯用的各种传统贸易活动的内容和形式。从 1999 年开始，中国的电子商务终于进入到实质性的发展阶段。电子商务这种新型的商务交易方式，为诚信危机提供了生长和滋养的网络空间，道德约束的缺失已成为电子商务发展的重大缺陷，制约着我国电子商务进一步发展。特别是进入 2000 年，电子商务遭遇冬天，纳斯达克高科技股市大跌；以美国为首的发达国家电子商务企业纷纷陷入困境。在这一趋势的背景下，中国主要的电子商务网站也纷纷陷入困境，这使得电子商务的运营商们不得不反思，如何才能真正使中国电子商务健康快速的向前发展。我们认为，中国电子商务的发展障碍，除了主要体现在技术层面上的缺陷外，社会经济环境是一个不容忽视的制约因素。与西方发达国家不同，在中国，银行对于买卖双方的交易不承担任何责任和风险。对于卖方能否收到买方提供的相应汇票的金额，或者买方能否按时、按质得到合同中规定的货物，银行不做任何的信用担保或监督。在商业交易活动中只有“买”和“卖”两个要素。尤其在电子商务这种利用计算机网络、信息技术进行商务活动的“买”、“卖”双方不谋面的商业交易活动中，对依托一种以诚信为基础的企业信用机制的需要就显得更为迫切了。尽管计算机专家从各个角度开发了诸多的电子商务交易安全技术保障措施，但仍难以完全保障电子商务交易安全问题。面对这种情况，相应的法律保障措施以及伦理道德体系的构建是必不可少的。

总而言之，我们从诚信是市场经济的基础、电子商务企业信用问题产生原因、电子商务活动本质对诚信的内生需求的梳理以及电子商务发展困境分析，我们认为，诚信是电子商务健康而持续性运作的基本保障，因此，企业电子商务组织核心而又首要的伦理道德品质就是诚信。

关于诚信，人们有各自不同的理解，主要包含以下几个方面：第一，诚信是一种基本道德准则，是人立身处世之本，是社会交往的基本要求。第二，诚信是经济活动的基本要求，是现代市场交易的一个必备的要素和条件。诚信为本是市场经济的基本准则，信用是市场经济的基础和生命线。第三，诚信作为一种法律制度，在社会与经济活动中，当事人违反诚信义务的，应当承担相应的法律责任。

在电子商务领域，企业、消费者、银行等任何一方缺乏诚信都不能顺利实施交易。电子商务的诚信问题，不仅是电子商务网站是否可以相信的问题，更主要的是电子商务参与者是否把诚信作为各自的社会生活与经济生活的准则、是否建立适合电子商务特征的信用制度。本文的研究对象主要为电子商务企业组织及其经济活动，所以，我们主要关注如下诚信内涵：

电子商务企业组织或者网站的诚信。电子商务企业组织必须把诚信渗透到企业经营、管理的各个环节，深入到企业文化的核心。同时，电子商务企业组织在处理与各个利益相关者关系（企业与内部利益相关者之间，即与股东、员工、员工家属之间的诚信；企业与外部利益相关者之间，即与消费者、相关企业、社区、政府之间的诚信）的过程中，必须表现出电子商务企业组织所应该具有的诚信品格。

电子商务交易双方的诚信。电子商务交易主体的双方，一方是企业，另一方是消费者。企业与消费者的诚信问题是一个社会性问题，需要政府、企业、社会各界的共同努力。特别是在网络经济的发展过程中，信用是进入国际市场的通行证，没有诚信的企业与个人在社会上将无法立足。

电子商务本质上仍是一种商业活动，是商业活动就离不开合同。以电子合同为例看诚实信用伦理原则在建设诚信商业环境中的作用，并从微观角度寻找在电子签约过程中具体的道德规范和指令。我国新《合同法》已将电子商务合同纳为自己的调整对象，诚实信用原则对电子商务合同签订的各个阶段都发挥着重要的作用，它要求电子商务双方当事人相互约定，以诚实不欺、遵守信用的方式和态度签订和履行合同。道德的底线表现为法律，诚信既是法律范畴，同时也是一个重要的道德规范，法律中的诚信是从道德上的诚信发展而来的。我们从伦理规范上审视其在电子合同签订过程中所具体表现的具体道德劝告和指令。

电子商务合同订立阶段的道德劝告和指令：你不应该假借订立合同而进行恶意磋商；你不应该故意隐瞒与订立合同有关的重要事实或者提供虚假情况；你不应该有其他违背诚实信用原则的行为；你应该保障在合同订立过程中所获悉的对方

的商业秘密（无论合同是否确立的条件下），都不能泄露或不正当地使用；你在订立合同时，对一些必要的信息必须告诉当事人，否则将承担缔约过失责任。

电子商务合同履行阶段的道德劝告和指令：你应该遵循诚实信用原则，根据合同的性质、目的和交易习惯而履行通知、协助、保密等义务，或者表示为，你应该按照生效的合同作为当事人之间的约定必然要求彼此诚实信用地按照合同内容履行各自的权利与义务。

电子商务合同在解释过程中的道德劝告和指令：当你对合同条款的理解有争议的时候，你应该按照合同所使用的词句、合同的有关条款、合同的目的、交易习惯以及诚实信用原则，确定该条款的真实意思；你应该客观、诚实、守信，在电子商务合同解释的过程中，力求在在不同文本上的解释上寻求统一。

电子商务合同终止后的道德劝告和指令：在合同的权利义务终止后，你应当遵循诚实信用原则，根据交易习惯履行通知、协助、保密等义务。

中国电子商务协会 2007 会员代表大会于 4 月 18 日在北京召开。年初，全国整顿和规范市场经济秩序领导小组办公室、国务院国有资产监督管理委员会将中国电子商务协会列为首批行业信用评价试点单位，下发了《关于加强行业信用评价试点管理工作的通知》(整规办发〔2007〕3 号)，根据要求，起草了《中国电子商务协会企业信用等级评价实施办法》。中国电子商务协会宋玲理事长在会上介绍了中国电子商务协会开展企业信用等级评价工作的历程和思路，号召大家集中智慧和力量共同参与企业信用等级评价工作，积极推进行业信用体系建设，改善电子商务发展环境。在《2006 - 2020 年国家信息化战略》电子商务行动计划文件精神的指引下，由中国电子商务协会与中国工商银行联合发起，中国电子商务协会信息服务推广办公室承办的“中国企业电子商务万里行”系列活动在全国重点城市、重点区域开始逐步推进。此次活动得到了国务院信息化领导小组工作办公室的指导与支持[165]。“中国企业电子商务万里行”系列活动以“诚信、和谐、品牌”为主题。旨在落实《2006 - 2020 年国家信息化工作战略》电子商务行动计划，着重宣传中国电子商务协会推进行业自律，推广企业信用等级评价相关议题，同时宣传推广安全电子支付消费理念与普及电子支付应用；活动宣传推介贯彻电子商务诚实守信与积极开展电子支付的优秀企业品牌。

中国电子商务协会标准推广应用中心陈震秘书长就《中国企业信用等级评价实施办法》做了主题报告，中国电子商务协会自成立之初就致力于信用体系建设。2007 年 2 月 28 日，中国电子商务协会成为全国整规办、国务院国资委联合颁发的三号文中宣布的首批行业信用等级评价试点单位。中国电子商务协会将在全国整规办、国务院国资委文件精神指引下，按照“公平、公正、公开”的原则，竭诚为企业开展“企业信用等级评价”工作，为提升企业核心竞争力，创品牌发展提供有利保证。在会上，电子商务成功示范企业，海尔集团介绍了其坚持用户至上、诚信为本的经营方针，创新开展多种模式电子商务应用，满足更多用户需求，创造更大市场需求的成功经验。6月15日，第十届中国国际电子商务大会在京举行，商务部廖晓淇副部长在会上表示，商务部高度重视商务领域信用体系建设，并透露商务部今年还将出台商务领域信用信息管理办法，争取在第三季度开通试运行商务领域信用信息系统。商务部廖晓淇副部长在会上表示，商务部历来高度重视商务领域的信用体系建设，在2003年商务部组建之初，就成立了商务部信用体系建设领导小组。2004年制订了商务领域信用建设工作安排，2005、2006年在商务领域开展了一系列诚信经商的主题活动，并于2006年中央电视台3.15晚会上开通了中国反商业欺诈网。以此为切入点，推动建立部门间信息共享和失信惩戒机制[166]。

2. 在企业与其利用网络资源的关系中，电子商务企业组织应该具有维护和发展可持续的绿色网络生态资源的道德品格

对这一问题的分析是借助于自然辩证法中马克思主义关于人与自然和谐一的理论，这一理论也是自然辩证法的核心理论。其基本观点包括如下几个方面：第一，生产劳动是沟通主体和客体的桥梁(实践是人和自然对象性关系纽带)。人类从自然界分化出来之后，从而有了主体和客体之分，两者互为对象性的存在，即相互依存、相互制约。第二，人的实践活动是能动性和受动性的统一。一方面，能动性以受动性为基础，受动性对能动性是一种制约。人在实践过程中表现出来的任何一能动性都是以受动性为基础。另一方面，能动性又是受动性的指导，人通过自觉的活动来完善、发展自己，提高对受动性的认识和对受动性的控制能力，人和自然的对象性关系就是在这个统一中得到了充分体现的。第三，人与自然协调发展的条件和途径。人与自然的协调发展是，在人与自然的对象性关系中，实现既有利于人类，同时，又有利于自然的合理的物质、能量和信息的交换。人不是自然的主人，自然界也并非是人的异化的力量，两者是共存共生、和睦相处的。要实现这种融合的状态需要一个漫长的过程和艰苦的量的积累过程。它必须以人们的观念更新、认识能力的提高、社会制度的变革等为前提前提条件的。总之，完全取决于人类文明发展的实际程度。

在以网络为核心的信息技术的条件下，企业对资源的利用不仅仅是自然资源，当我们迈进信息技术时代的时候，网络资源则表现的更为重要和突出。我们运用马克思主义关于人与自然关系和谐统一的理论来分析企业与网络资源如何统一的

问题。

随着国际互联网的飞速发展，网络对社会政治、经济、文化的影响日益广泛、深刻。网络空间环境的好坏，关系到人类生存质量的高低。因此，："我们必须有意识地塑造一个安全的数字化环境"[167]。网络经济、电子商务、网上购物等在全球范围内一浪高过一浪。然而，在这股热潮的背后，开始出现一股浊流污染人类的"第二生存空间"，其污染程度甚至可以称之为"网络生态危机"。它影响人们参与电子商务，发展网络经济的信心，并阻碍着全球网络化、经济全球化的进程。所谓网络生态危机，是指运用生态学的原理和方法，把网络看作一个生态系统，对其中出现的各种问题从系统生态危机的角度进行思考。这些问题，是由于人们对网络的滥用、误用而导致的网络生态系统失衡的外在表现。这些现象的存在严重影响了网络正常功能的发挥，并威胁着网络健康而又可持续的发展，人与网络资源之间的关系出现了不和谐的状态，迫切需要人们进行调控，以维持生态系统存在的各个要素之间和谐统一的常态。具体而言，网络生态危机表现在以下的几个方面[168]：

第一，网络安全危机。网络病毒、骇客及骇客行为、网络犯罪等对网络安全已构成威胁，严重危及网络环境的安宁。

网络病毒。自 1987 年 10 月发现第一例计算机病毒以来，计算机病毒增长速度已远远超过计算机本身的发展速度。计算机病毒一旦与网络联姻，其传播速度更快、范围更广，危害就更大。"电子珍珠港事件"——莫里斯蠕虫案、CIH 病毒以及刚刚出现的"爱虫"病毒对互联网的侵袭，使人们达到了谈毒色变的程度。网络病毒犹如比特原子弹悬在网络空中对网络环境构成巨大的威胁，成为人类第二生存空间的"核威胁"。

骇客及骇客行为。骇客是由早期黑客演变而来，也有人认为他们是破坏性最强、最黑的黑客。黑客也许是人类社会最让人难以捉摸的一群人，他们有时扮演网络侠客的角色，有时扮演网络流氓、网络罪犯的角色。今天，黑客中的许多人背离了早期黑客的哲学，成为所谓的"骇客"。他们在网络空间乱砍滥伐——"劈"，在著名网站乱涂乱画——"黑"，已经发展到故意进行数字破坏的程度，成为网络环境中的"偷猎者"。

网络犯罪。网络犯罪已成为一大社会公害，是最严重的破坏网络环境的行为。网络犯罪主要包括网络盗窃、网络诈骗、数字破坏、网络教唆等形式。网络犯罪率正呈逐年上升趋势，应引起高度重视。网络犯罪并不是一种具体的犯罪行为，而是泛指某一类的犯罪。它包括行为人在网络上制造电脑病毒、窃取机密情报、进行走私诈骗和贩毒、制造各种恐怖活动等等。它是一种危害极大、破坏性极强的高科技犯罪。每年因此而造成的直接或间接经济损失高达几十亿甚至上百亿美元。

第二，网络信息污染。垃圾邮件、网络色情、网络谣言、网络虚假信息等严重污染网络环境，已经成为网络空间的公害。这不仅有碍网络环境的纯洁，对人们的生活和青少年的成长构成威胁，而且这些有害、虚假信息占用大量宝贵的网络资源，大大降低了网络运行的效率，也使市场经济的"帝王法则"——诚实信用原则经受前所未有的挑战。

第三，信息膨胀与信息资源短缺。信息是网络之水，网络之源。人们对信息的崇拜造成"信息爆炸"。虚假信息、无用信息、过时信息、垃圾邮件的激增致使信息交通拥挤，信道阻塞。信息高速公路越修越宽，但依然赶不上信息膨胀的速度。另一方面，在"我快被数据淹死了"的呼声中，又难以觅得真正需要的有用信息，信息资源短缺成了网络时代的又一大难题。

第四，隐私危机。"网络私人空间"危机奔腾Ⅲ芯片中的远程识别序列号和Windows 98系统的"后门"使隐私问题又一次成为人们关注的焦点。网络并不是"无人之境"，人们在网络中的一举一动都会在网上留下一串串数字脚印，很容易被跟踪。个人隐私是数字经济中的新型货币，具有极高的商业价值，成为一些商家追逐的目标。网络使人们获得个人隐私变得更为容易，因此互联网成了隐私泄露、隐私侵犯最合适的温床。往日宁静的生活开始被打破，从而危及人们早已习惯的私人空间，成为网络生态危机的重要表现。互联网这一隐私侵犯最合适的温床，这使得人们在电子商务的门前不禁驻足观望。人们渴望获得电子商务快捷方便、高效低成本带来的好处，但又担心自己的隐私被无端泄露，在不知不觉中已被人剥得一丝不挂。

第五，网络虚拟性导致的认知危机。在网络虚拟空间中，一个生命可以无数次的复活，如果人们把这种生命生长过程与现实世界中的生命生长化等号，那则是一种伪知识。人类在地球上几十亿年艰难演化的生命，在虚拟世界中通过轻点一下鼠标就可以实现，这使人太难以理解了。这种虚拟生命可以使得许多人无法认同和接受[169]。

第六，文化多样性的危机。在网络社会中信息传播具有跨越国界的全球性特点，但是，信息的内容却具有区域性特征。信息在不同背景下的国与国之间传播，必将引起不同伦理文化的碰撞。目前，这种信息的交流是不平等的。西方发达国家利用互联网络把自己的文化、社会意识形态（包括伦理）强加于落后的国家和民族，这样就会产生知识霸权及文化多样性危机。这不仅引起了发展中国家的抱怨，也引起了一些发达国家的密切关注。可是，如生物多样性是维持生态平衡的重要因素一样，文化多样性也是保护世界文化遗产、维持文化生态平衡的关键。没有文化多样性，就失去了资源共享的前提；没有资源共享的需求，最终将导致网络的萎缩，危及网络文化生态的平衡。

网络生态危机的形成原因是多方面的，与网络尚处于初级发展阶段有关、与网络技术不完善、法制建设滞后等因素有关。同时，也与人们在网络化进程中，对于现实空间与虚拟空间的价值观念、思维方式的兼容、调适和转换等伦理文化方面有关。揭示网络生态危机的伦理文化等因素，无疑有助于更深刻地认识和把握网络生态危机的实质。导致网络生态危机的伦理文化因素主要包括"信息崇拜"的负效应、黑客哲学的泛化、网络生存空间观念的淡漠、对网络虚拟性的曲解以及网络环境问题的复杂性等方面[170]。

"信息崇拜"的负效应。信息崇拜容易导致信息自由主义，造成对信息的滥用和误用，造成网络信息污染，导致信息膨胀、信息高速公路的拥挤和阻塞。在这种观念的影响下，对网络环境的破坏程度越大，人们越认为他对信息的操纵能力强、技术水平高，"信息崇拜"者使这些行为反而成了英雄壮举。

黑客哲学的泛化。黑客是一个很难定位的特殊群体，他们并非铁板一块，有不同的类型：如骇客、侠客、飞客、红客等，但他们都分享共同的黑客伦理或黑客哲学。不管如何刻画黑客哲学，其要旨是崇尚信息自由共享，反对信息垄断，蔑视权威。这些信念观念的极端化使黑客运用其得意手段——"劈"(hacking)，在网络中"乱砍滥伐"，大量制造信息垃圾，污染网络环境，阻塞网络交通，破坏网络生态平衡。

网络空间观念的误区。这主要表现在网络生存空间观念的淡漠和对网络虚拟性的曲解等方面。人们对第一生存空间环境问题的重视已达到空前的高度，其重视的核心原因在于："地球是人类赖以生存的环境"这一观念的自觉。目前，尽管"数字化生存"这一术语已家喻户晓，但人们对网络的认识尚未达到这样的高度，还没有真正把网络视为人类的生存空间，许多人还停留在仅仅把网络理解为一种技术、一种"媒体"的层面上。因此，灌水、"劈"、"飞"(phreaking)等污染、破坏网络环境的行为，并不像污染破坏自然环境那样遭到同样程度的谴责。网络空间具有不同于现实空间的特质，具有虚拟性，但并非虚幻空间，它是真真切切存在的。由于人们对这种虚拟性存在误解，把虚拟性混同于虚幻性，因此对"虚幻空间"的重视程度远远低于现实空间，导致人们对网络生态危机问题的不同态度。

网络生态问题的复杂性。网络是一个充满悖论和二律背反的空间，例如：网络要不要监管？如果放任自流，就会出现许多肆无忌惮、为所欲为等无政府主义行为；但如果管得太多，就可能扼杀掉网络的内质，使网络丧失其本色——自由、共享。很难想象各自割据、互相封锁的网络还是网络。因此，对网络的监管就成为一个世界性的棘手的问题。

当我们列举了诸多网络生态危机的表现之后，转换分析的视角，运用生态学的原理和方法，把上述表现作一归总，这样，网络生态系统中的生态危机主要表现为：网络生态结构（资源分布因素）失衡、网络生态环境中物质（技术因素）循环受阻、信息资源环境面临困境、网络生态系统所需能量（法律法规）短缺、网络生态系统物种（文化因素）多样性丧失[171]。

网络生态危机问题的出现，与网络世界自身的特征、不同利益主体的利益差异性关、社会历史条件（政治、经济和文化条件）以及网络法律法规的滞后有关。网络生态危机加快了网络生态伦理的提出，并且网络生态危机使人们更清楚地认识到，良好的网络道德环境对于网络的重要意，这就要求我们树立一种网络生态伦理观。但是，网络生态伦理的提出不仅仅是因为网络生态危机的出现，准确地说，网络生态伦理的提出更主要地源于人与网络资源的内在统一的要求。要保持一种整体意义上的、结构性的动态平衡。要保持这种平衡，除了技术和法律外，网络生态伦理也是必需的。在这方面，我们认为关键的一环就是应树立网络生态伦理意识，把网络看做是人类的"第二生存空间"。保护网络生态实质上就是保护人类的生存空间，应该像保护大自然一样，保护人类的网络家园，像对待自然环境危机一样对待网络生态危机；像善待地球一样，"善待网络"。

但是，人是网络生态系统的核心要素，因此，我们必须从自身寻找原因。网络生态系统作为一人工系统，其构建、运行、维护、使用都是通过人的双手完成的。而人的行为却由其世界观、人生观、道德观决定的。因此，我们可以说，网络生态危机问题的出现，在更大程度上与人们的伦理道德因素相关。在这里，我们基于本文研究的要求，主要探讨企业（电子商务）组织在利用网络资源进行商务活动的过程中所应该具备的道德品质。

电子商务是基于网络的经济活动，我们要构建电子商务企业伦理必须首先建立网络生态伦理，两者关系是一种特殊与一般的关系。网络生态伦理或者网络绿色伦理的建立要遵循如下基本原则：

加强网络绿色伦理的理论研究，把握网络绿色伦理的特点和基本原则。基本内容有：第一，加大伦理学对网络技术的关注。第二，把握网络绿色伦理与一般物理空间伦理的异同。第三，制定网络绿色伦理基本原则。无害、公正、兼容、互惠、自由和可持续的基本原则。另外，加强网络绿色规范的可操作性研究，提高网络主体的公德意识和规则意识。加强网络绿色伦理与其他应用伦理之间的关系[172]。

我们认为，网络绿色伦理的第一层级为基本原则："提高人类生存质量，减少对人类生存环境污染为伦理目的"；第二层级是在上述原则指导下的道德标准和规则，包括：无害、公正、兼容、互惠、自由和可持续的规则；第三层级为具体的道德劝告和指令。也就是本文要研究的企业电子商务组织在处理与网络资源的关系中应该遵循的道德劝告和指令，这是我们研究的重心。

我们以第二层级的规则为指导，并且把处理人与自然关系过程中所产生的可持续概念运用到处理企业电子商务组织与网络资源的关系上（进行伦理学和科技哲学理论的融合），构建第三层级的道德劝告和指令，认为：

电子商务企业组织在利用网络资源进行商务活动的过程中，应该具有维护和发展可持续的绿色网络生态资源的道德品质。这一品质的培养，与电子商务企业组织构建网络生态文明的伦理文化有着直接的关系。具体而言：

你不应该传播网络病毒；

你不应该在网络空间随意乱砍滥伐；

你不应该利用垃圾邮件、网络色情、网络谣言、网络虚假信息等严重污染网络环境；

你不应该用虚假信息、无用信息、过时信息、垃圾邮件等等，从而致使信息交通拥挤、信道阻塞；

你应该尊重个人或其他主体在开放性的网络空间中的隐私；

你应该对网络虚拟性有一个正确的认识；

你应该正确认识网络多样性和统一性的关系。

从精神层面来看，网络生态文明要求企业组织抛弃人类中心主义的观念，反对把处理人与自然关系过程中产生的人类中心论的思想移植到对网络资源的使用过程中。应该构建"善待网络"、"爱护网络"、"尊重网络"、"人、企业与网络为伙伴共同体"的伦理文化，实现人与网络的和谐发展。

第六章

电子商务企业伦理规范的实施方案

第一节　电子商务企业伦理实施方案构建的伦理学原理

本章我们将对伦理实施从宏观与微观两个层面进行研究。所谓宏观即为一般理论层面的研究，第五章已经做了阐述。因此，本章把伦理实施的重点放在微观的具体可操作性层面上，即前述伦理体系中的道德劝告和指令在电商企业中的实施问题。

第二节　（电子商务）企业组织伦理遵循计划

一、企业伦理遵循计划制定的必要性

(1)电子商务企业伦理问题突出及电子商务企业组织对伦理问题的漠视。

与传统企业相比，电子商务企业组织由于其商务活动所借助的互联网平台以及网络行为所具有的匿名性、虚拟性甚至某种程度的无政府性，从而使得企业组织的伦理问题升级：在企业组织的电子商务活动中产生了传统商务难以遭遇的新的道德问题(特别是网络技术引发的道德问题)；或者使得传统商务中已经存在的某些道德问题变的更为严重。而伦理问题又是企业组织需要首先关注的问题[173]。因此，企业伦理计划制定的必要性就变得突出了。

在开展伦理政策方面，大多数互联网公司没有其他类别的公司先进，他们当中很少有公司聘请顾问或内部伦理官、监察、计划，以达到遵从法律，发扬伦理标准的目的。最近，美国在线(American Online)雇佣了一个伦理官，但是，大多数在线公司更注重生存问题而不是伦理，“他们或许没有认识到”，据伦理顾问 W·迈克尔·霍夫曼(W. Michael. Hoffman)说，“消费者倾向于认为有伦理义务责任的公司更有道德感——这能给有明确政策的公司带来明显的竞争优势。”[174]可见，在目前，互联网企业(电子商务企业组织)对伦理道德的重视程度远不如传统企业。大多数企业组织里存在着不正当行为，当从事不道德活动的机会增多的时候，由于企业组织没有制定伦理计划而员工不知如何做出正确的选择，那么，这些企业不仅仅在伦理问题上十分脆弱，也非常容易受到违法行为的伤害。那么，原本是不需要诉诸法律的伦理问题却由于伦理计划的缺失使灰色区域(或临界线上)的伦理争执最终演变成了法律争端。我们从电子商务企业组织对伦理政策的漠视看到了企业组织伦理计划的必要。

(2)企业组织的伦理计划有助于其减少受惩罚的机会，并能够获得良好的企业声誉。

由于企业员工来自不同的行业、不同的家庭、有着不同的文化背景，甚至于来自于不同的国家，其道德观和价值观存在着很大的差异。因此，当他们进入某一企业或岗位时，对于什么样的行为是合理的、是企业所要求的；什么样的行为是不合理的，是企业所禁止的，似乎很难以做出选择。所以，一个企业必须有一个有效的伦理计划才能确保所有员工很好地理解企业的价值观和道德观，并遵守企业政策和行为规范，营造良好的企业道德环境。

在美国，针对企业组织所提出的基本伦理方针是：联邦判决指导方针，这一方针的核心是胡萝卜(奖励)加大棒(惩罚)的奖惩制度。对于采取措施防止企业不良行为发生的公司可受到奖励，并在万一违规时免受惩罚；反之，就要判企业组织罚金，乃至给予监督。这种监督涉及委派咨询师实地监督观察这一企业在遵守道德方面的努力，并向美国判决委员会汇报此企业在防止不正当行为中的进步状况[175]。也就是说，如果企业组织不遵守联邦判决指导方针而助长不道德行为，那么企业就会受到惩罚，并失去公众的信任。在被宣判犯有四种罪名(欺诈、有毒物污染环境犯罪、其他污染物环境犯罪和反托拉斯)的企业组织罚款中，与电子拍卖相关的网络诈骗问题最为严重。“联邦贸易委员会去年收到了107000起关于互联网拍卖的投诉，而2年前只有107起，联邦贸易委员会收到的所有关于互联网的投诉中，拍卖诈骗占50%以上。”[176]

针对企业组织的联邦判决方针要求联邦法官对长期纵容不道德行为的企业组织追加罚金，而对拥有完备的道德守则，致力于遵守法律和道德标准的企业给予减免。客观而言，一个企业不能仅仅依靠法律的力量对不道德行为进行约束，企业高层管理者必须发展伦理标准，并作为对非法行为抵制的屏障。所有这些，有赖于企业的伦理文化建设。现代企业的伦理遵循计划如果达到了严格的标准，那么，企业就会获得良好的声誉[177]。对于企业组织的伦理计划，美国联邦判决指导方针提出了伦理计划的最低要求[178]，可供国内企业包括电子商务企业借鉴。伦理遵循计划的最低要求为：

第一，标准与程度。例如，可足够检测与预防企业不正当行为的道德准则。

第二，负责伦理遵循计划的高级职员。

第三，对有不正当行为倾向的人，不应该授予过大的自主权。

第四，通过伦理培训活动有效地传达各种标准与程序。

第五，建立监督、审计和汇报不正当行为的系统。

第六，协调一致地推行各种标准、准则和惩治措施。

第七，不断地改进伦理遵循计划。

二、(电子商务)企业组织伦理遵循计划中的伦理规范与遵循标准

确立企业组织的行为标准有利于企业的伦理行为，而这些标准多采用道德准则的方式。一套行为准则应该足够细致、并考虑到多种可能的伦理境遇，才有可能预防企业的不道德行为。本研究在第三章、第四章电子商务企业组织经营、管理伦理中也是立足于这一观点，从伦理体系的第三层级——具体的道德指令层面进行了详细的探讨和研究。例如，在电子商务企业经营伦理中，关于消费者与电子商务企业组织中的道德劝告和指令：

你不应该利用 Cookies 等技术搜集消费者的个人信息，并在其不知情的情况下卖给其他人。

你不应该大量而无节制地向用户的 E-mail 发送广告信息，特别是对用户无用的信息。

你不应该在网站上设置大量的插件广告而诱导消费者的购买选择，从而侵犯其购买主动权。

你应该保证其网站商品所有信息的真实、可靠。

你应该保证网上消费者退货、换货的权利。

你应该保证与消费者双方网络交易地位的平等性。

这些详细、具体的行为准则为企业员工提供了合理与非合理行为的伦理依据以及可遵守的规章。在美国洛克希德马丁公司的企业网站上我们也可以看到这样具体的伦理准则，另外，还可以看到一些精细的伦理“警语”[179]，例如：

“好吧，仅仅就这一次”；

“不会有任何人知道的”；

“只要完成了，就不要管它是怎样完成的”；

“大家都这么做的”；

“我在其中能得到什么?”；

“我们没有谈过这个问题”；

“这将会破坏竞争”

……

第三节　电子商务企业组织伦理遵循计划的实施

一、企业道德审计理论概览

在企业如何进行道德审计方面，国外有些企业已经进行了道德审计的实践活动，企业伦理领域的研究学者们也进行了深入的探讨和研究，其中主要有以下几种类型的研究和实践，这包括：利益相关者导向的道德审计、伦理问题导向的道德审计和多因素综合的道德审计。

(1)利益相关者导向的审计。The Body Shop 公司在 1995 年主要从利益相关者的角度，从十一个方面对公司进行道德审计，具体表现如下[180]。

公司价值观和使命：公司的目标、对有社会责任的商业活动的支持程度等；

与股东的关系：财务状况、信息披露的真实性和及时性等；

与顾客的关系：产品的质量、产品的价格、顾客投诉的处理等；

与雇员的关系：工资和福利、人力资源政策、工作环境、妇女待遇等；

与经销商的关系：授权的条款、对经销商抱怨的处理等；

与供应商的关系：合同的条款、付款的及时性等；

与其他团体的商业关系：合作项目的目的、内容和结果等等；

与生态环境的关系：污染的处理、能源的消费等等；

与当地社区的关系、公共关系：沟通渠道的准确性、公开性、对批评的反应等等；

对社会发展的贡献：动物的保护、环境的改善和人权的尊重等等。

(2)伦理问题导向的审计[181]。

环境问题：为保护环境所做的管理措施、自愿活动及其结果等；

妇女问题：妇女员工的报酬、发展机会等等；

少数民族问题：少数民族员工的待遇、报酬、融合等等；

可称赞的供给方面：长期和短期的投资、公司项目的重点等等；

与当地社区的关系：为社区发展提供的项目合作、自愿的努力及其相关措施等等；

家庭福利方面：员工家人的医疗保证、基于家庭原因的弹性工作制度等等；

工作环境方面：工作安全、工作场所的设施等等；

社会公开方面：自愿主动地向公众提供相关信息等；

动物保护：是否为医学目的或非医学目的利用动物；

武器条约：是否合法为国内或国外提供武器生产或其他服务；

同性恋问题：是否存在同性恋的员工及对他们的措施和待遇。

(3)多因素模型。1998年，MuelKaptein提出应从六个方面进行道德审计，这六个方面包括：道德素质评价、行为审查、利益相关者审查、公司道德管理制度和措施审查、解决道德困境方式审查、员工个人品质和所处环境的评估[182]。

MuelKaptein首先建立了一个关于企业道德素质评价的模型，此模型分三个维度(个人与组织之间维度、组织内部之间维度、组织与利益相关者之间维度)和七个准则(清晰度、一致性、惩罚性、支持力度、有效性、可见性、讨论性)对企业道德素质进行审计，从而得出该企业道德素质状况的评价。

行为审查也从三个维度(个人与组织之间维度、组织内部之间维度、组织与利益相关者之间维度)来审查企业曾经有哪些不道德的行为。

利益相关者审查主要是审查企业在实现企业利益相关者的合法要求和利益过程中，出现了哪些道德和不道德的行为，这首先要确定利益相关者的要求有哪些，哪些又是合法的以及与企业相关的要求。其次，企业以何种手段来满足利益相关者的这些要求。

公司道德管理制度和措施审查。主要是审查企业进行了哪些活动、制定了哪些规章制度来保护和提高企业的道德状况，也从个人与组织之间维度、组织内部之间维度、组织与利益相关者之间维度三个维度来进行。

解决道德困境方式审查是指审查企业员工遇到道德困境进行选择的时候，他所遵循的标准和企业对此类问题所做的处理规定和程序。

员工个人品质和所处环境的评估，主要是测试员工个人的道德品质及其形成的背景，一般都在员工雇佣前进行测试，包括各种能力测试、品质测试等等，采用笔试、情景测试、测谎仪测试等形式。

由于企业的发展阶段不同，因此企业的道德水准和追求道德要求的层级方面都会存在着差异，因此，在这里就有一个企业道德定位和道德实践的问题，对此，西方学者的观点为：哈佛大学教授Lynn Sharp Paine(1999)把企业道德策略分为服从导向策略(compliance-oriented strategies)和正直导向策略(integrity-oriented strategies)。服从导向策略是指将道德主要视为法律服从，并奉行“只要合法就是讲究道德”的格言，主要借助法律来制定行为标准，特别强调避免非法行为；正直导向策略倾向于将道德生动地描述为一套用以指导行为的观念，而不是约束行为的价值观念。其首要重点不是预防不道德行为，而是支持和鼓励责任行为[183]。

我国学者周祖诚教授(2003)把企业道德管理策略概括为以下三种：自利导向

策略、守法导向策略和正直导向策略。自利导向策略，是指企业在经营过程中，是否讲道德、是否守法取决于是否有利于获得利益，如果讲道德有利于获得利益，就讲道德，否则，就不讲；如果遵守法律有利于获得利益，就遵守法律，否则就不遵守。守法导向策略，是指企业在经营过程中，把法律，尤其是字面上的法律，视为必须无条件遵守的准则，违法的事，即使能带来利益也不能去做，只要不违法，做什么、怎么做都行。正直导向策略，是指企业在经营过程中，不仅要遵守字面上的法律，还要遵守法律的精神，要进行伦理思考并遵守企业伦理规范，哪怕自身利益受损，也要努力去做合乎道德的事情[184]。

根据企业道德定位的不同，应采取不同的道德审计实践。

第一，如果企业道德定位于自利导向和守法导向（或称为服从导向）的道德审计实践，那么此类企业需要设立外部的审计机构对之进行强制的道德审计，道德审计的内容和标准均为法律要求和现行国际规则要求。

第二，如果企业道德定位于正直导向的道德审计实践，此类企业的道德水平较高，已往的道德表现一贯良好，充分地履行了自己的社会责任而且在社会上也具有较高的企业形象，因此，对于此类企业只需企业本身进行自我道德审计，把审计结果定期向管理机构报告就行，不需要外部的审计机构进行强制的道德审计。对于此类企业，政府应该通过一定的方式进行奖励，使之成为行业或者社会的履行社会责任的模范企业，从而带动其他企业的道德追求[185]。

二、企业良心（企业对自身道德行为的评价）：伦理遵循的审计

企业良心是指企业对自己应负的社会责任和社会义务的一种主观内省认识、道德情感和道德评价。企业良心的作用在于，它以企业组织的伦理规则为标准，对企业的生产、经营和管理行为进行道德自律。如果企业遵循了道德规则，我们可以说企业具有良心；否则，该企业组织则无良心。企业伦理遵循的审计是对企业组织伦理计划及其效力进行评估的系统，是企业对自身行为道德与否或良心状况进行自我检测的一种具体措施。

伦理遵循审计可以为企业的投资者判断企业是否遵守了自身的伦理行为标准提供了证据材料；能使企业对自身责任状况有一个清晰的认识，并使企业有可能在负面影响的宣传和昂贵的诉讼费用之前而解决存在的问题（例如，审核会披露电子商务企业组织在网络生态资源的保护过程中存在的问题、网络消费者受到的不公正待遇问题以及网络交易的信用问题等等）；（把审计概念借用到伦理遵循的检测中）伦理遵循审计与财政审计运用了同样的程序，可以得到一个客观的（与财政审

核不同的)关于企业组织的伦理成绩对企业内部与外部影响的一个报告。

企业开展伦理遵循审核的具体步骤如下：

第一，任命一个伦理委员会指导企业组织伦理遵循计划审计工作。

第二，任命一个审计小组检验企业的伦理表现。

第三，对企业伦理文化进行诊断，并对企业与员工关系、企业与(网络)消费者关系、企业与网络环境关系等进行调查。

第四，分析伦理宗旨和宣言，并查找与现实伦理表现的一致与否。

第五，利用企业网站，调查利益相关者对企业组织的伦理表现和社会责任表现的看法。

第六，将企业伦理表现的内部与外部数据进行比较分析。

第七，撰写电子商务企业组织伦理计划遵循的终审报告，并力争获得外界对该报告的评估。

企业组织伦理遵循计划审计的具体实施机制为[186]：

企业是否有一套可以防止不正当行为的伦理规范？

是否有企业的高层管理者负责伦理遵循计划？

对有不正当行为趋向的人企业是否有制约计划？

在对企业员工的伦理培训过程中，是否有效地传达了伦理标准与程序？

企业组织是否向供应商、消费者、重要他人等利益相关者传达了其伦理标准？

公司的手册与指导性文件中是否包含有关于企业伦理行为(得体行为)的信息？

被视为可接受的程序和活动，企业组织内部对此是否有正式与非正式的传达？

企业高层管理者是否有一套调查员工、消费者(顾客)、社区和社会的机制？

企业组织是否有一套员工举报不道德行为的机制？

企业组织是否贯彻和执行了各种伦理标准及惩罚措施？

企业组织是否有处理伦理问题的伦理委员会、部门、小组等相关机构？

企业是否不断改良和发展伦理计划？

上述内容并没有明确规定企业组织标准化的伦理行为，但却描述了企业组织伦理遵循计划审计的机制问题。这是传统企业和电子商务企业组织可以共同遵循的审核规律(传统企业与电子商务企业组织在伦理审核上的普遍性或共同性)。

电子商务企业组织伦理遵循审核的具体问题有(在审核的具体问题上表现出的差异性特征)：

电子商务企业组织在处理与在线消费者、竞争者、投资者及所有利益相关者的关系过程中是否遵循了企业的经营伦理规范？

电子商务企业组织在E-HR、网络财务管理及网络交易信息管理的过程中是否遵守了企业的管理伦理规范？

电子商务企业组织在处理与网络资源的关系中是否遵循了生态伦理规范？

电子商务企业组织是否把诚信作为自身首要的道德品质？

上述伦理遵循的审核是立足于企业角度并把企业作为一个整体进行研究的，员工层面的考察也是这一审核的内容之一。我们将员工的表现与企业组织的伦理准则进行比较，通过对员工的观察以及他们处理伦理问题的表现来进行衡量。具体措施有：

员工内部举报机制。企业可以设置伦理问题咨询与举报热线，为员工提供一个解决伦理困惑和反映伦理问题的平台。波音公司的伦理热线向企业员工、准员工以及外界关心人士开放。

借助于网络手段（例如，网络问卷调查——企业伦理问题调查、BBS企业伦理区域、企业组织伦理博客等）来调查员工对企业、高层管理者、工作伙伴以及他们自身的伦理看法，还可以调查企业内部道德行为或不道德事件的比例。这些调查数据就会成为企业组织伦理审核的基准数据，并依此为基础而调整企业的伦理培训计划。

对于员工行为的正当与不正当性（道德与不道德），企业组织应该采取相应的奖惩措施。在对员工的考核中把伦理遵循表现作为一项考核内容。当员工遵守了企业组织的伦理规则，他们的行为将会受到认同与奖励（奖金、升职等）；当员工背离了企业组织的伦理规则，他们的行为就会受到相应的惩罚（调职、扣薪、停职乃至解雇等）。

三、企业声誉（社会或他人对企业道德行为的评价）：网誉伦理评价和企业组织信用等级评定

（1）网誉伦理评价。

2000年6月，美联储主席格林斯潘在哈佛大学演讲时说道：如果竞争是市场经济的引擎，那么声誉就是使之运行的燃料。管理学者Hall在1992年进行的调查中发现，英国的经理们把声誉作为十三种无形资产中最重要的一种。

根据Fombrun和Rindova(1996)所下的定义：企业声誉是企业过去一切行为及结果的综合体现，这些行为及结果反映了企业向各类利益相关者提供有价值的产出的能力。企业声誉可用来衡量一个企业在与内部员工及外部利益相关者的关

系中所处的相对地位，以及企业的竞争环境和制度环境。

从1999年起始，Fombrun领导下的声誉研究所借助市场调查公司Harris Interactive发达的信息网进行企业誉商(corporate reputation quotient，简称RQ)测评，评比美国声誉最佳的企业，RQ测评结果在《华尔街》杂志上公布。誉商测评的依据是Fombrun-Harris框架，分六个大类指标：企业感召力(对企业的良好感觉、对企业的尊重、对企业的信任)；产品与服务(产品与服务背后的立场、提供高质量的产品与服务、开发新颖的产品与服务、提供高品位的产品与服务)；愿景与领导力(非凡的领导力、对未来有热切的愿景、善于识别和利用市场机遇)；工作环境(管理有序、看似一个值得效力的好企业、看似拥有高素质的员工)；财务业绩(营利记录、投资风险低、可预见的强劲的增长势头、(财务)表现往往超过竞争者；社会责任感(支持正当权益、对环境负责、善待他人)[187]。剑桥大学的Arlo Brady指出构成企业声誉的七个要素分别为：知识与技能，情感联系，领导力、愿景与需求，质量，财务信誉，社会信誉，环境信誉。从大类指标看，与Fombrunn Harris框架有不同之处，但Brady的研究尚未公布细化指标，因此还不能够进行全面比较(2002)。

企业经济活动及其组织的变革，使人们对企业声誉的道德评价出现了新的情况和特点。

基于因特网的电子商务使人类的交易方式发生了革命性的变革，企业组织也随之演进为一种新的电子商务企业组织。然而，网络固有的虚拟性却导致了电子商务存在着极大的信用风险和信息风险，成为电子商务企业活动进一步发展的最大瓶颈。1997年，AICPA(美国注册会计师协会)和CICA(加拿大注册会计师协会)联合提出了一种旨在树立网站浏览者对网站的信任，帮助隐私保护，认证网站安全和减低网络交易欺诈的新的互联网网站认证业务——网誉认证(Web Trust)。由注册会计师实施的第三方社会化网誉认证，或者说，网誉伦理审核(或评价)是指对电子商务网站(B2C，B2B，ISP，ASP和CA)进行审查，以验证其在消费者信息保护(在线隐私)、经营与交易诚信、安全性、履行交易的可靠性、保密性、应用保证、认证机构等多个方面是否符合AICPA和CICA联合开发的网誉认证准则与规范。2010年5月13日，中国注册会计师协会颁布了《注册会计师业务指导目录(2010)》，对其业务进行了重新界定，将网誉认证列为指导目录的"其他签证业务"中的之一种。

这是一种新的审计业务，从某种意义上讲，也是一种对电子商务企业组织的信誉进行社会性的道德评价的方式之一。网誉认证所要确认和评判的是企业组织的电子商务网站的信誉度(或诚信度)、安全性及信息的管理保护问题；而不是以网站的财务状况、经营业绩为审核的核心目标。而企业的诚信问题、网络交易的安全性问题以及信息的管理保护问题同时也是伦理问题或也涉及伦理问题。可以说网誉认证是一种全新的审计概念——不仅仅是传统意义的审核，也包含着伦理层面的审核含义。我们认为，电子商务企业的网誉伦理评价应该包括如下具体内容：

第一，电子商务企业组织的经营活动是否与其网络广告宣称的内容基本一致？是否遵循了诚信的伦理规则？

第二，在线顾客的购买和支付过程是否具有安全性？

第三，在线顾客是否能准时收到自己所期待的货物？

第四，对通过网络渠道销售实物商品的企业，要实地考察企业能否提供货物、考察其生产基地和跨地域的连锁店；如果企业是外包生产，你必须对外包生产商进行客观地考察；对以提供服务为主的网上企业，你必须对其服务过程进行穿行测试。

第五，考察企业组织的送货环节，并进行实地取证或函证。

第六，通过网上银行获取认证回函或获 CA 认证系统发放的电子证书对网上支付的安全性进行确证。

第七，注册会计师必须采用实地取证方法，以保证认证结果的客观性和真实性；也可采取函证来辅助审核或评价工作，但电子形式的回函能否成为有效的证据必须有网络技术的支持和法律法规的支撑。

第八，经过完整的网誉认证程序后（评价委托风险——接受委托并获得管理当局的声明书——系统管理控制评价——符合测试与实质测试——完成认证工作并出具报告——申请给予网络信誉认证徽计）企业网站所获取的徽记每 3 个月必须进行复核测试，以保证网站信誉的持久性。

作为第三方的会计师事务所对企业网站的信誉评估，从一定的角度上讲，实际上是对其声誉的伦理评价，以社会舆论的软性手段促使企业组织更好地遵循其社会性的伦理准则。

（2）企业组织的网站信用等级评定——网站伦理层级评价。

如前所述，在诸多的电子商务伦理问题中，诚信伦理是核心的问题，也是制约中国电子商务发展的关键因素。传统道德中，诚信被视为“立人之道”、“立业之基”、“立政之本”。作为一种道德规范，诚信是一切道德的基础和根本。诚信不仅是一种品行，更是一种责任；不仅是一种道义，更是一种准则；不仅是一种声誉，更是一种资源。电子商务领域也是如此，诚信决定中国电子商务发展的速度和质量，关乎中国电子商务的前途未来[188]。

然而，在蓬勃发展的电子商务背后，却隐藏着网络交易的信用危机。2013 年《中国网民信息安全状况研究报告(第 21 页)》显示，电脑网上购物发生安全事故较多的是遇到欺诈信息，在网购安全事故发生人群中的发生比例达 75.0%；其次为假冒网站/诈骗网站，比例为 60.7%；其他方面为：个人信息泄露比例达 42.9%、账号密码被盗比例达 23.8%、中病毒和木马的情况为 22.6%。可见，电子商务诚信依然是当前网上交易存在的突出问题。

当我们在积极采用技术手段来解决此类问题的时候，其他社会化的手段也不可忽视。强化政府对电子商务企业的信用监管；探索电子商务信用体系的相关立法；积极开展对电子商务企业，包括电子商务平台服务商、信息服务类网站、电子商务交易商等的征信和评级工作，制定和实施电子商务企业信用标识证制度等。例如，建立企业和个人的信用评价与监管机构。采用电子商务模式进行商品交易和提供服务与利用其他贸易方式一样，进行交易或涉及交易行为的各方参与者会遇到下列风险：交易各方的资信风险、产品风险，包括产品质量是否可靠、产品品牌、产品是否假冒伪劣等问题；物权转移中的风险，包括先付款还是货到付款问题，产品如果委托第三方物流企业配送还涉及物流企业的信用问题；支付风险，这里不是指网上支付过程中的支付安全性风险，而是指交易中付款方是否付款的问题；售后服务和技术支持风险，在交易完成后，售后服务和技术支持提供方能否履行其义务的问题等。这些风险不仅仅在电子商务模式中出现，在任何一种贸易方式中都会存在。要防范这些风险，必须建立起以政府为背景跨部门的，包括银行、工商管理、公安、税务等部门协同的企业和个人的信用评价与监管体系，实现跨部门、跨行业、跨地区的信用信息互联互通[189]。

另一个例子是企业网站的信用等级评定。据了解，上海市工商局浦东新区分局已经开始试行针对网站交易的分类管理[190]。依据宽严有度、突出重点的管理原则，将现有网站分为四类：AA 类——经营管理规范、ICP 证和营业执照网络版齐全的企业网站；A 类——管理基本规范、无违法记录，但 ICP 证和营业执照网络版欠缺的企业网站；B 类——有轻微违法记录，但及时改正的网站；C 类——有行政处罚记录或者未按照《网上工商行政管理建议书》整改的网站、问题较为集中和消费者反映强烈的电子商务类网站。

从上述四类不同的网站分级标准来看，我们可以说，工商管理部门的这种信用等级划分，也是一种对企业网站的伦理层级划分。通过公布电子商务网站的分类等级，消费者可以选择信用度较高的企业电子商务网站进行交易；同时，借助于社会化的道德评价(道德层级评定)手段，促使网络交易企业能够更好地遵循其伦理规则、积极主动地实现其伦理遵循计划。

另外，我们从“中国电子商务诚信联盟”的成立及其规范可以看出业界对诚信的推崇。2004年12月，“中国电子商务诚信联盟”成立。电子商务网站eBay易趣、搜易得、云网、淘宝、一拍、北斗手机网、卓越、七彩谷；门户网站新浪；游戏网站盛大、第九城市、光通通信、泰康；第三方机构《电子商务世界》杂志、中国电子商务法律网、中国金融认证中心、金诚信用。他们获得了第一批“诚信牌”。在“诚信牌”的背后还有一系列的条约和规范需要企业去遵守，即所谓的“诚信公约”。违反了其中条例的联盟成员是要受到“处罚”的，不符合条例要求的企业也不能够进来，这也是对用户的承诺。据悉，此次得到“诚信牌”的这十几家发起单位都经过了严格审核，其审核标准分为四方面：第一个是诚信联盟公约共八条；第二个是产品类电子商务网站服务规范，共八条；第三个是服务类电子商务网站服务规范，也是八条；另有交易平台类网站规范，有32条。第一方面是原则性条款，后三条是详细规则，一共56条，构成了中国电子商务诚信联盟的基本行为规范。此规范对于电子商务网络企业的运营等各个环节做到量化的要求。

联盟标志以鼎来寓意。红色为底衬托黄色铜鼎，取其“古朴、庄重”之意，表示联盟成员以每一颗火红的心向消费者与社会“一言九鼎”庄严的承诺：诚信经营、诚信交易[191]。

2013年3月，中国电子商务诚信评价中心推出了业界第一个电子商务企业诚信搜索引擎诚名录(www.trustbook.cn)。其中收录了业内上万家涉及电子商务的企业的诚信信息。这不仅展示了企业的信用信息，还含有第三方权威机构的认证信息，以及投诉处理、评论信息等等。这对于购买方而言可以判断出一家电商企业的真伪以及可信度，同时增加了诚信企业的成交机会。

四、企业品德的培养(企业道德教育方法与员工的道德修养方法)：社会化的道德规范转化为企业品德的方法

如前所论述：道德，只有由外在的社会规范转化为人们的内在品德，才算真正得到了实现。当主体是企业的时候，同样遵守这一理论。企业组织伦理遵循计划的真正实现，必须借助于企业品德教育与员工的道德修养培育措施，才能实现这一内化过程，而进入企业组织伦理的自律阶段。当企业处于美德自律境界的时候，道德才能真正被遵从。

(1)企业道德教育。我们从美国著名企业家、IBM总裁小托马斯·沃森的一段话中就可以看到企业道德信仰和道德教育的重要性。我认为一个企业成功和失

败之间的差距经常可以归咎于这样一个问题，即这个组织是否完全调动了其员工的聪明才智和工作激情。它做了什么来让员工找到共同的目标事业？在经历了一次次的变动时，它是如何长期保持这一共同的目标和方向感呢？分析任何一家存在了多年的大企业，我相信你都会发现它的适应性不是归功于组织形式或管理技巧，而是归功于我们称之为"信条"的及它们所产生的对员工的巨大凝聚力。这就是我的理论：我坚持认为，为了生存和取得成功，任何一个企业首先要建立一套完整的信条作为政策和行为的前提；接下来，我认为，企业取得成功的最重要的单一因素就是要忠诚地拥护这些信条；最后，我认为，为了面对世界变化所带来的挑战，企业要做好准备，调整除了这些信条以外的任何东西，但对这些信条则要终其一生地坚持。换言之，比起技术或经济资源、组织结构、创新和调配来说，一个公司的基本生活观，精神活力和驱动力与它的成功有着密切的关系。技术等因素对成功也起很大的作用，但我认为，公司员工如何坚决拥护和忠诚执行公司的基本信条要比它们都更重要[192]。

而企业道德教育有四种相关联的方法：言教、奖惩、身教和榜样。言教，使受教育者知道为什么应该做一个合乎道德的人，是提高道德认识的教育方法。奖惩，使受教育者树立做一个合乎道德的人的愿望，是陶冶道德感情的教育方法。身教，使受教育者实际成为一个合乎道德的人，是锻炼道德意志的教育方法。榜样，使受教育者品德接近榜样的品德，是品德教育的综合方法。

伦理培训（言教）是比较常用的企业组织道德教育方法。（内容上）在伦理计划培训中，需要教授员工有关基本的伦理原理和知识，以及在伦理理论指导下分析商业伦理案例，从而使员工在伦理知识的指导下而不是在情绪的左右下做出伦理决策。

伦理培训计划的目标有：提高员工对伦理问题的理解程度与识别能力；通告员工关于企业组织的伦理规则程序。例如，波音公司的伦理计划的目的如下：

向员工传播企业组织的价值观和合乎伦理的经商标准。

向员工通告企业合乎伦理的商业政策与程序。

在企业的内部运行机制实施过程中，给员工提供指导，帮助他们解决有关遵守企业行为标准和价值观的问题。

在企业组织确立统一伦理标准，以便于伦理教育，更好地协调对伦理遵守的各项监督工作[193]。

为了保证员工伦理水平的不断提高，企业的伦理培训应该具有一种持续性：企业组织应该每年对员工进行伦理培训。网络企业（电子商务企业组织）可以借助于企业网站的功能进行各种伦理培训、讨论、咨询和测试。例如,在企业网站上开辟"伦理挑战"栏目,企业员工可以从诸多不同的伦理困境中进行挑选,并从几个可能的答案中进行选择,点机他们认为最佳的伦理答案后,他们便可以得到企业组织反馈的意见以及各种选项(每个答案)的解释。

总之,如果伦理培训设计的全面而又合理,那么,则能够确保企业组织中的每一个人认清涉及伦理决策的情景、理解企业组织以价值观为核心的企业文化、正确估计伦理决策对企业组织的影响。那么,要使企业道德教育真正对企业竞争力的提升起到积极的作用,就必须建立一套科学的企业道德教育机制。

其一,建立伦理化的企业决策机制。管理就是决策,而决策就是选择,选择和权衡的依据就是道德因素的价值观。企业不仅仅是经济实体,同时是道德实体,企业的任何一项决策都蕴涵着伦理的意义和道德教育的意义。因此,伦理化的决策机制应该具备这样的特点:把道德追问融入到决策过程中,对每一项决策进行伦理属性的评价。追问企业组织在每一项重大的企业决策过程中是如何处理与各个利益相关者之间的利益关系的。例如,是否有利于提高员工、网络消费者和电子商务企业组织股东的满意度?是否和谐地处理电子商务企业组织与网络环境资源的关系?是否有利于提高电子商务企业组织的网誉?是否有利于企业伦理规范的贯彻和实施等。如果在决策中没有道德考量和评价,那么,企业的道德教育就不可能落在实处。在本研究第七章,详细阐述了电子商务企业组织的伦理化决策机制,提出了伦理化决策的理论模型。

其二,持续而系统化的伦理培训。就企业道德教育而言,道德教育的内容有:职业道德、公共道德和家庭道德。没有对道德准则的理解,员工的道德水平就难以真正提高。道德教育的核心内容是道德准则,同时,通过多种形式的教育而培养人们的道德思维也是十分重要的。多样化的道德教育方式有:新员工的培训与旧员工的培训;普通员工的培训与管理者、投资者的培训;课堂专题报告方式的培训与企业案例式培训;专职讲授的培训与员工体验式培训等等。无论哪种方式的伦理培训都必须立足于企业面临的实际道德问题,结合企业成员现实的伦理认识水准和伦理实践能力。

(2)员工的道德修养。员工道德修养培养和锻炼可以分为四种基本的方法:学习、立志、躬行(慎独为其一方法)和自省。

在员工的道德修养培养方面,对传统文化的继承是一个重要的学习方式和方法。"己所不欲,勿施于人"的道德金律。在构建网络伦理的讨论中,学者们提出了在某些伦理观念上的最底伦理限度,并把他们称为"底性伦理"。"己所不欲,勿施于人"是不同国家的学者所共同接受的伦理准则,并且认为是道德金律。这是孔子提出来的做人的基本道理。电子商务主体作为经济主体也不例外,也应该遵循这一基本的"底性伦理"。它之所以作为道德的道德金律,就是因为在这个观念中包含着自己和他人的对等关系,不能把自己的要求强加于人,更不能把不希望加之于自己的加之于别人。"己所不欲,勿施于人"由于是任何国家不可或缺的底性网络伦理,因而也最容易进入全球信息通道并为不同国家的网络主体所普遍接受,特别容易被中国的网络主体包括电子商务主体所接受(由于"己所不欲,勿施于人"是中国的传统文化)。尽管这一"底性伦理"对于主体的约束还远远不够,但就全球性的网络交往而言,有了这样的一种最低限度的伦理要求,至少为全球性网络活动的基本秩序和网络伦理难题的解决提供了最起码的道德保障。

电子商务活动中的约束弱性或者说监督弱性特征使主体的道德良心约束机制显得尤其重要,而社会舆论的力量比较无力。互联网的监督弱性是由自身的结构及其技术模式所决定的。在互联网上所有的信息都被数字化了,即被简化为一连串的"0"和"1",或者是打包的"0"和"1"。主体的形象、身份、行为等等,全部以数字化的形式表现出来。舆论监督失去了确定的目标,在这样的情况下,基于因特网的电子商务活动中道德问题的解决向主体的道德良心和道德自律倾斜。调节电子商务活动的道德规范,只有内化为电子商务主体的道德素质、道德品质,凭借良心的内在监督以及自省的道德修养方法,才能在电子商务活动中起到应有的作用。

以网络为基础的企业组织的商务活动的上述特征,使得躬行方法中的慎独显得十分重要。依据伦理学原理,躬行有两种主要的形式:一是在自己和他人都知道的情况下,也就是说自己与他人共处、有人监督的情况下,按照道德规范做事;另一种情况是在他人不知而自己独知的情况下,即在自己独处、无人监督的情况下,仍旧可以按照道德规范做事。而要使慎独成为一种惯常的道德行为,企业员工对中国传统文化的继承和学习是一种重要的措施。中国人历来重视"慎独"的道德功能,甚至称之为"入德之方"[194]。

慎独是中国伦理思想史上一个特有的范畴。它是以一定的道德情感、道德信念为基础的道德修养方法和道德境界。道德境界是指道德主体在道德生活实践中所形成达到的道德觉悟程度、思想品质状况和精神情操水平了,其最高的道德境界就是中国古代哲人所提出来的"慎独"。其本意是指一个人独立活动,在无人监督可做做各种坏事的可能时,仍能自觉地依据道德规范行事,保持节操。慎独最早见于儒家经典《中庸》《大学》两书。《中庸》和《大学》中讲慎独的角度虽然不一样,但都强调道德主体修养的自觉性,视慎独为一种道德修养方法和很高的道德境界。

总之，慎独是一种时时、处处、事事都存在的道德自觉。慎独作为道德修养方法与道德境界的统一，其最基本的特征就是注重道德主体在修养实践中的自觉性。这里着重强调三点：一是强调道德主体要有坚定的道德信念。道德信念在道德修养的实践中起着重要的作用。道德主体只有在坚定的道德信念支配下，才能自觉地用道德规范扼杀来自内心的诸种杂念，不让坏的、恶的、等念头自由发展而形成气候。二是道德主体要在隐微之处下工夫。道德主体要达到慎独的境界，除具有坚定的道德信念外，还必须在隐蔽和微小之处下工夫。因为，最隐蔽的东西最能看出人的品质，最微小的地方最能显示人的灵魂。三是道德主体要重视提高道德境界。道德修养是一个动态的实践过程。道德主体在其修养的培养过程中，必须首先确立道德追求的目标，以决定自己可能成为什么样的人。慎独是极高的道德境界，道德主体确定慎独为其道德追求的目标，就能不断地用这一目标激发自身，并在实践中逐步升华个人的道德品质，以达到道德上的至善境界[195]。

在网络社会中，借助于网络的电子商务是在一人一机的环境下进行的，人与人之间的关系是间接的，他们以数字化的信息为其中介，没有面对面的交道，没有传统社会人际关系圈子对人行为的约束，只有依靠上升到道德习惯和道德信念层面上来、使之形成一定的道德自觉和自律，靠一个人在无外部压力的场合下也能凭借道德的力量而达到对自身行为的自我控制，从而成为电子商务伦理得以实施的主要方式，并以这种自律方式有效规范电子商务企业主体的经济行为。

关于员工的个人道德修养与企业文化的关系可以用“烂苹果”理论给予解释。烂苹果理论：一种不道德行为归咎于少数人不正当的观点，也就是说，道德不道德取决于员工个人的道德修养，同时意味着企业组织对伦理行为无能为力。按照这一理论，那么企业组织就应该尽力鉴别出不道德的人，避免雇佣他们或将他们从企业中驱逐出去[196]。

至于企业文化对个人道德修养的影响，我们可以从“烂桶”理论中得出答案——圆桶中一些东西毒害了其他的好苹果，即消极的企业文化影响了其他遵守道德的人(人本身无所谓道德不道德，只是受其所处的企业文化氛围的影响)。

拥有高度道德觉悟和修养的人，其行为更趋向于遵循伦理规则，因此，企业组织应该雇佣道德修养较高的人，这可以加强企业组织的伦理基础，并改善日常的伦理决策。企业组织想要培养德行的企业，不仅仅要雇佣较高伦理修养的员工，同时需要发扬企业组织的伦理文化。无论对于传统企业，还是电子商务企业组织都是如此。如果苹果与桶都是好的，那么，企业组织的道德品格将处于最佳状态。

第七章

电子商务企业伦理案例实证分析

第一节　电子商务企业伦理个案分析——DoubleClick 公司的网上隐私权之争

一、DoubleClick 公司网络隐私权事件：DoubleClick 兼并案件

1999 年 6 月 14 日，DoubleClick(全球性网络广告解决方案供应商，网址为：http://www.doubleclick.com)。公司宣布，公司将按 10 亿美元的价格、以换股方式兼并另一家市场调查公司 Abacus Direct(网址：http://www.abacusonline.com)公司。据兼并协议上的条款，DoubleClick 公司扩展网上的电子商务站点，并能将网上用户的姓名、地址与 Abacus 公司网上用户的购买习惯数据库连接起来。新生成的数据库拥有数十亿的消费者个人信息，并可以将用户姓名、地址等个人信息与个人网上购物清单、购物习惯连接起来。DoubleClick 发布这一并购消息后，遭到了国内外消费者和隐私权拥护者们的强烈反对。在这一事件中隐含的伦理道德乃至法律(道德的底线则上升为法律——作者注释)问题使得 Double Click 公司成为公众关注的焦点。

Cookies 技术使 DoubleClick 公司及其他网上广告公司能够收集到网上消费者的个人信息，并利用这些信息来发送个性化的定制广告邮件。利用这一技术，广告公司可以通过跟踪用户的鼠标点击行为来记录用户的网上活动，从而准确掌握用户所浏览的网页类型及浏览顺序等个人消费的偏好信息。

在 1996 年之前，DoubleClick 公司经营一个广告网站，上面有 1300 多个网址。公司的"飞镖"系统用 Cookies 来跟踪用户的网上冲浪习惯，并根据用户的浏览习惯在公司网络上投放个性化的定制广告。然而，DoubleClick 公司贴在公司网站上的隐私政策却宣称：公司承诺不收集任何有关识别用户身份的个人信息。其承诺原文是：DoubleClick 公司并不知道任何浏览 DoubleClick 网站的用户姓名、电子邮件、电话等个人信息。所有收到 DoubleClick 公司技术系统投递的广告单的用户全部是匿名的。既然我们不拥有用户的姓名、地址等个人信息，我们也就无从将这些信息出租或出售给第三方。正是考虑到要努力保护用户的个人信息，DoubleClick 公司技术系统所掌握的这些个人信息只有通过本公司的网站才有用的，而且只有在筛选广告内容的时候才是有用的[197]。1999 年 6 月 14 日，DoubleClick 公司宣布兼并另一家市场调查公司 Abacus Direct 公司。通过此次兼并，DoubleClick 公司广告网上的电子商务网址就能将网上用户的姓名和地址与 Abacus 联盟网上的用户购物习惯数据库连接起来，该数据库包含了从 20 多亿条用户购买的商品条

目中整理出来的用户信息。Abacus 联盟诞生后，如果网络用户将个人信息告知 Abacus 联盟的某位成员，DoubleClick 就能获取用户的更多信息，并可根据这些信息建议那些在公司网站上做广告的公司向用户投递有针对性的网上产品广告而不是笼统一律的产品目录。在 DoubleClick 宣布这项兼并案的数月内，各种消费者组织和隐私权拥护者强烈反对两家公司的合并，他们担心 DoubleClick 将用户的个人信息与其 1 亿个 Cookies 连接起来，这可以生成一个包含大量个人信息的数据库，从而威胁消费者在网上的隐私权。

二、DoubleClick 公司各利益相关者对合并的反应

(1)合作伙伴的反应。2000 年 3 月起，为了避免卷入 DoubleClick 的隐私纠纷，公司合作伙伴开始纷纷与其解除合作关系。首先是 Alta Vista 公司——美国著名的搜索引擎公司决定有限度地向 DoubleClick 提供其用户信息。随后，提供网络配送服务的 Kozmo 公司也提出将终止与 DoubleClick 的合作关系。另外，drkoop. com 网站也重新评估了与 DoubleClick 的关系，并决定将公司的广告从其网站上撤除。

(2)竞争者的反应。1999 年 9 月，DoubleClick 的竞争对手 AdForce 公司刊登了一系列标题为“你的信息已经被 DoubleClick 公司收集”的广告，并声称 DoubleClick 曾经向 AdForce 的竞争对手提供过用户的隐私信息。DoubleClick 就该广告向法院提起诉讼，对此，AdForce 对广告词语做了修改，但仍然继续在媒体上刊登这则广告。不使用 Cookies 跟踪技术的 OrbDigital 公司在《华尔街日报》上刊登了一个整版广告，题目为“不要去碰 Cookie 魔坛!”。DoubleClick 的竞争对手们都把自身定位为“隐私友好型公司”，目的在于有别于 DoubleClick 公司而扩大自己的市场份额。

(3)技术服务公司的反应。2000 年 2 月 8 日，马萨诸塞州的 Braintree 公司宣布开发了 AdSubtract SE 程序，该程序专门过滤 DoubleClick 公司发送的广告 Cookeis。公司总裁埃德·英格利希(Ed English)称，公司之所以开发专门针对 DoubleClick 的过滤程序，是因为“DoubleClick 对个人隐私的侵犯性最大”。另外，还有一些公司研制了一些过滤装置，其中包括用于过滤广告电子邮件的 Junkbusters 和 Seimans 的 WebWaster 程序。

(4)各种消费者组织和隐私权维护组织的反应。隐私权拥护组织 Junkbusters 公司主席贾松·卡特利特认为，“这次兼并是自英特尔处理器解码事件以来对网上匿名制度最具威慑力的一次侵犯。将 Cookeis 与来自电子邮件、电子注册和电子

商务交易中的姓名、地址信息配合起来，合并后的公司将拥有一个强大的监控数据库。”[198]1999 年 6 月 21 日，隐私权拥护者向 DoubleClick 首席执行官凯文·奥康纳先生以及 Abacus 公司的首席执行官发出了一封公开信，要求他们放弃这一标价十亿美元的合作之举。信中写到，“鉴于此次合作严重损害了互联网用户的隐私权，我们写信敦促你们放弃合作之举。”[199]消费者维权组织于 1999 年 6 月 29 日向 Abacus 公司的股东们发出了第二封信，考虑到此次合作可能破坏有关国际隐私保护法，请股东们否决此次合并提案。1999 年 7 月，隐私权拥护者联盟向 FTC 起草了一份请愿书，督促国会立法保护网络用户的基本隐私权，并确保其网上个人信息的安全。作为回应，FTC 的四人委员会发布了一篇报告，报告中向国会提议目前不需要针对网络隐私权问题设立新的法律。报告指出，“考虑到网络和计算机技术进步速度的特点，自律是确保信息公正使用的最有效的办法，也是将信息滥用降至最低的办法。”[200]作为阻止这两家公司合并的最后努力，11 月份，消费者维权组织又向一些家喻户晓的基金组织发信请求他们抛售这两家公司的股票。“请尽快抛售 DoubleClick 和 Abacus 公司的股票。根据社会标准，尤其考虑到不尊重人权的行为，应该将这两家公司的股票从股票池中剔除，并列为被排除的投资对象。”[201]

(5)政府机构的反应。由于网上隐私备受望网络消费者和媒体的关注，FTC(美国联邦商务委员会)于 1999 年 10 月 20 日通过了《儿童网络隐私保护法》，这也是第一部保护网络用户隐私权的法律。该法律规定，在未经父母书面同意之前，网络广告商不得收集 13 岁以下儿童网民的个人信息。但毕竟该法的保护对象是有限的。2000 年 2 月 10 日，国会议院罗伯特·托里拆利提出了一项提案，要求公司在网上收集用户个人信息之前必须征得用户同意。其提案是针对网络广告商利用 Cookies 收集用户信息的行为。他说，“即使在信息时代，也不能牺牲用户保护个人隐私的基本权利。”[202]2000 年 2 月 14 日，电子隐私信息中心向 FTC 呈文，指控 DoubleClick 从事不正当的、欺诈性的贸易行为。其要求 DoubleClick 公司在未经用户书面同意之前，不得使用 Cookies 收集用户个人信息。同时，并要求，FTC 对 DoubleClick 公司处以高达公司收入一半的民事赔偿。2000 年 2 月 17 日，密歇根州检查长珍尼弗·格兰霍恩还起诉了 DoubleClick 违背了密歇根州的消费者保护法。同一天，纽约州检察长埃里奥特·斯皮策也对 DoubleClick 的行为正式立案调查。这场官司导致 DoubleClick 的股票价格下跌到 91.75 美元，跌了 15.75 美元，公司最高股票价格曾达到 135 美元。

(6)DoubleClick/Abacus Direct 公司的反应。面对消费者组织对 DoubleClick 和 Abacus Direct 合并的批判，DoubleClick 首席执行官凯文·奥康纳说，公司将继

续保护用户的隐私权，用户可选择将个人信息从公司的数据库中撤走。根据DoubleClick公司主席凯文·瑞安所言，只有极少数用户提出了公司收集其个人信息需要事先征得同意的要求。在每个月浏览DoubleClick公司网上广告的1500万用户中，大约30%的个人选择删除其电脑中的DoubleClick公司的Cookies。

2000年1月，DoubleClick公司不顾其先前提出的隐私政策，宣布将创建一个网址数据网以便跟踪网络用户的购物习惯和个人数据信息。根据公司新的隐私政策，公司将利用这些收集到的信息建立起一个有关用户特征的数据库，数据库信息包含用户姓名、邮箱地址、购买行为、商品目录、网上购物史及出生日期、年龄、性别和病历史等人口统计学数据，公司此举恰恰证实了消费者维护隐私权利组织的担心。为了应对来自消费者维权组织的批评和反对，DoubleClick公司2000年2月14日宣布了一系列恢复公司声誉的行动策略。首先公司建立了一个教育网站，网络地址为：http://www.privacychoices.org，该网站主要向用户提供隐私培训，并简化公司的选择退出程序。另外，公司还将聘请外部审计师来监督公司遵守其隐私标准的状况。尽管如此，隐私权拥护组织仍然认为DoubleClick所做的工作还是不够的。

三、DoubleClick公司网络隐私权之伦理分析

我们基于权利论对DoubleClick公司对网络用户隐私权侵犯事件做如下之伦理分析。

权利论的道德原则是：当行为人有道德权利从事某一行为，或从事某一行为没有侵害他人的道德权利，或从事某一行为增进了他人的道德权利，则该行为是道德的。一般认为，基于权利的道义论是由德国哲学家康德（Immanuel Kant）提出来的，康德的理论是建立在他的绝对命令（或无条件命令）的道德原则基础上的。他的第一条绝对命令可以表述为：当且仅当一个人愿意把自己在特定条件下从事某一行为的理由作为每个人在相同条件下的行为理由，该行为才是道德的。这一绝对命令包含两个特征：一是普遍性，即一个人的行为理由必须能够成为每个人的行动理由；二是可逆性，即一个人的行为理由必须是他愿意其他人也遵循这样的理由反过来对待他。康德主张，我们每一个人都有尊严，都必须得到尊重，进而提出了第二条绝对命令：理性人应该永远同时把人看作目的，而永远不要把人看作实现目的的手段。这一绝对命令可以表述为如下伦理原则：当且仅当一个人从事某一行为时，不把他人仅仅作为实现自身利益的工具，而是尊重并发展他人自由选择的能力时，该行为才是道德的。

DoubleClick公司在没有征得网络用户书面同意的条件下，对其个人信息进行随意处置的行为侵犯了消费者的隐私权，其行为是不道德的。在康德绝对命令第一条之下的分析：(普遍性)DoubleClick公司对网络用户信息随意处置的行为理由并不是每个电子商务企业组织所奉行的行为理由，例如，不使用Cookies跟踪技术的OrbDigital公司；(可逆性)如果网络用户对DoubleClick公司的商业信息在没有征得其同意的情况下进行随意处置(随意散布或销售给第三方等)DoubleClick公司会同意吗？在康德绝对命令第二条之下的分析：DoubleClick公司利用Cookies技术而对网络个人信息进行收集的方法(手段：把网络用户作为手段)是为了实现自身的营销利益的。这种做法违背了理性人应该永远把人作为目的而不是手段的第二条命令，因而是不道德的。

我们把电子商务与传统商务相比较，发现消费者对自身隐私权的维护更为困难。这就是网上用户不懂得网络技术的内涵，因此，从这一角度讲，网络用户的维权显得更为困难。尽管DoubleClick公司以及其他网上广告商宣称在使用Cookies收集用户信息的时候，用户有权利拒绝。但是，许多用户并不明白其中的技术含义。结果，当用户从DoubleClick公司的网站上购买商品的时候，许多人并没有意识到其个人信息已经被存入了DoubleClick公司庞大的数据库中并被人所共享。尤其值得研究的是使用第三方Cookies的合理性和道德性问题。大多数用户并不知道从第三方广告商处收到的广告条中可能包含了诸如DoubleClick之类公司的Cookies。尽管某家公司会在公司的网站上贴出一个非常精妙的隐私保护政策，但该政策并没有说明第三方是否会使用Cookies收集网站浏览者的信息以及如果使用Cookies后的对策问题。可见，网络用户隐私的侵权问题是一个复杂的道德因果链条。不仅有直接的侵害者，还有间接的侵害者，其行为都是不道德的。

DoubleClick公司应该采取哪些措施来保护用户的隐私权利？制定详细而又切实可行的隐私伦理规范，使伦理规范的实施真正落实而不是流于形式或口号。具体步骤为：制定隐私伦理——对员工和用户进行在线隐私伦理培训——聘请外部审计师监督公司行为，看其是否遵循了隐私伦理规范。

第二节　电子商务企业伦理决策模型

一、企业伦理决策的含义、企业伦理决策评价理论

从某种意义上讲，决策也就是管理。企业决策是否合伦理化是决策科学化的一个重要标准，对于这一点人们的认识比较欠缺，至于从伦理的角度来分析决策的

成功或失误就更少了。一个正确的决策除了必须建立在决策过程的科学化、信息化、知识化的基础之上，伦理因素在企业决策中的重要性也日趋突出，它不仅是企业发展的一种外在制约因素，同时，也是企业系统内部一种不可或缺的内在因素，如同资本、技术、人才、信息一样的功能和作用。道德信任及正当规范有助于节省企业运行所需的交易费用，同时还将大大减少企业经营者决策失误所带来的损失。

尽管人们在决策科学方面取得了一定乃至可以说很大的成就，但由于对企业伦理没有引起足够的重视，因而在传统决策理论中不可避免地存在一些缺陷和不足：把企业活动看作是一种"纯企业行为"，决策所考虑的仅仅是企业自身利益，而对员工、顾客、供应者、国家、社区、公众以及整个社会等利益相关者的利益考虑甚少；无论是"最优解"还是"最满意解"，衡量的基本上都是经济绩效，而对社会绩效考虑不够；决策分析充其量包括经济、技术、法律三者的分析，而缺少必要的伦理分析。

决策的伦理分析含义为：从伦理的角度来分析评价可供选择的方案，帮助管理者做出正确的抉择，具体包括利益相关者分析和伦理核查。企业利益相关者是指受企业行为影响或可影响企业行为的任何人、群体和组织。企业的所有决策，不仅会给企业本身带来利益或损失，而且还会对利益相关者产生正面或负面的影响。因此，企业在决策时进行利益相关者分析，是为了创造一种双赢的结局，即企业在实现追求利润最大化目标的同时，要从只注重目标、战略、结构、制度到强调企业价值观、能否合乎伦理地对待利益相关者的转向，使他们的需要也能得到满足。西方主要的企业决策伦理评价思想如下：

1. 基于基本伦理原则的评价

在西方，功利主义原则、权利原则、正义原则、美德原则得到广泛的认可，并被应用于企业决策的伦理评价之中。

功利主义原则根据行为结果评判行为道德与否，简而言之，就是"最大多数人的最大利益"。功利主义原则的好处在于促使人们思考整体利益，而不只是关心个体利益，其不足在于它忽视了行为本身，而且总体利益最大的方案未必都符合权利原则、正义原则。功利主义原则在企业决策方案评价中的应用总结为一句话，那就是：该方案能给我们自己及利益相关者带来最大的好处吗？

道义论划分为两种，基于权利的道义论和基于正义的道义论。

权利原则认为，不能因为总效用大而藐视人的权利，只有当有更重要的权利需要保护时，才可以不顾某种次要的处于冲突中的权利。问题是，人有哪些权利？哪些及谁的权利应优先得到保护？如果只是说人的法定权利，这个问题不难回答，因为法律有规定。但谈到道德权利，就不是很好回答了。康德的"绝对命令"被认为能较好地回答这个问题：第一，在同类情形中我或我们愿意别人也作出这样的决策对待我或我们吗？第二，在任何时候都应该把人看做是目的，永远不能只看作手段。

基于正义的道义论原则通常包括：分配公正，即公正地分配社会利益和负担；惩罚公正，即有不公正行为的人得到应有的惩罚；补偿公正，即对由于受到不公正对待而遭受损失的人予以应得的补偿。根据正义原则，决策者在方案评价时需要自问的是：如果我或我们处在该决策所涉及的任何一个利益相关者的位置，我或我们还会认为该决策是公正的吗？

美德原则(美德论)它要回答的是"我应该成为什么样的人"，而不像功利主义原则、权利原则、正义原则及注意原则回答的是"我应该怎么做"。但实际上，美德论也可以引申出指导行为的准则，这就是：当道德主体在实施某项行为的过程中，实践和弘扬了某种美德，则该行为是道德的；如果道德主体在实施某项行为的过程中，实践和发展了某种邪恶，则该行为是不道德的。故决策者需要思考的问题是，该方案的实施是否实践、展现和弘扬了某种美德？或是否实践、展现和发展了某种邪恶？但是，这些道德原则比较复杂，而且相互之间不可避免地存在着对立和冲突，对于企业管理者实际应用也带来了不便与困难。

2. 布来查德和皮尔的三个伦理核查项目

基于伦理原则的伦理评价过于复杂，于是，简单明了、具有较强的可操作性的伦理核查方法便应运而生了，比较典型的是肯尼斯·布来查德(Kenneth Blanchard)和诺曼·V·皮尔(Norman V. Peale)在《道德管理的力量》一书中提出的三个伦理核查项目最为著名，它们是：

(1)这合法吗？即行为会违反法律和公司的方针吗？

(2)长、短期利益平衡吗？即决策是否兼顾了短期利益和长远利益？

(3)自我感觉如何？我的行为是否将使我感到骄傲？假如我的决定曝光给公众(如在报上登出来)，我会感觉很好吗？假如我的亲人知道了，我会感觉很好吗？

这三个伦理核查项目最大的优点是简单实用，无需掌握在不少人看来比较抽象的伦理原则，便可做出大致符合伦理的决策。表面上看，这三个项目好像没有直接谈到伦理，但实际上皆与伦理有关。依靠自我感觉来核查的假设是：决策者实际上是知道伦理规范的，他们有时做出违反伦理的举动，是环境压力或利益诱惑所致。"自我感觉如何"就是要唤醒决策者本身已拥有的伦理意识。

对于上述三个核查项目，周祖城(2001)提出了其局限性，并在此基础上，阐述了自己的两层次评价模型。

局限性主要表现在:第一,任何一个核查项目都是有漏洞的。法律往往是滞后于现实的,尤其在我国,改革尚在进行之中,社会主义市场经济也远没有成熟,所制定的法律有这样那样的缺陷是不足为奇的。仅仅遵守字面上的法律不足以避免不道德的决策,虽然不道德行为最终会损害企业利益,但有时这一过程很长,可能需要几年、十几年、甚至几十年才能反映出来。那么,多长的利益才算是长远利益呢?一般地说,我们知道什么是道德的、什么是不道德的,但也不尽然。有些问题很复杂,仅凭自己对道德不道德的认识,而没有系统的伦理分析,是无法获得比较清晰的答案的。第二,仅仅以是否合法来衡量决策方案,所追求的伦理层次不高。这三个核查项目是用来避免明显的或严重的不道德行为的,而不是激发企业及员工的道德意识而追求道德高标准的。

西方的伦理评价一般都只是区分道德与不道德,但对同样是道德的行为不再划分层次,这种做法有所欠缺的。首先,道德是有层次之分的。比如,尊重人是一种美德,受到尊重也是人的权利,但比较尊重和非常尊重都是尊重,程度显然不同,存在着量的差异。对顾客负责是合乎伦理的行为,但负责的程度同样是有区别的。其次,企业所追求的道德层次也不同。虽然追求道德高标准的企业更应该得到社会的肯定、鼓励,但满足于道德低标准(没有不道德)的企业也应该允许存在。显然,这两类企业所需的伦理评价决策准则是不同的。换句话说,企业需要不同层次的伦理评价准则。

对决策方案的评价一般可以划分成三个层次:不能接受的;可以接受的;满意的。同理,伦理评价也可分为这三个层次。从人己利益关系看,这三个层次是:损人害己、损人不利己、损人利己、损公肥私是不道德的,是不能接受的;为己利人、利人利己、公私兼顾是道德的,属于可以接受的,但道德层次不高;先人后己、先公后私、无私奉献是高尚的道德,是鼓励的。

3.周祖城(2001)两层次伦理评价模型

(1)可以接受层次准则。

所谓伦理上可以接受的方案,是指达到了基本伦理要求,在一般情况下,已不至于因受到道德的谴责而使决策不可行或给企业带来不良后果的方案。为己利人、利人利己是可以接受的,从概念上说很清楚,但作为具体决策依据,显得操作性不强,但可从如下两个方面得到具体阐释。一是合法,二是伦理上为利益相关者所接受。若这两个条件同时满足,应能达到在伦理上可以接受的层次。

(2)满意层次的准则。

所谓伦理上满意的方案,是指在伦理上达到了较高或很高的水准,其行为不仅不会受到舆论的谴责,相反会得到舆论的赞扬、鼓励,能给企业带来良好声誉的方案。

第一,符合社会整体利益。道德的发展史表明,道德一开始就是一种调整个人利益与社会集体利益的行为规范,道德原本的用意在于维护社会共同利益的尊严。当集体利益与个人利益发生矛盾时,只要集体利益是正当的,个人就应当自觉地把社会整体利益置于优先的地位,即自觉地使个人利益服从集体利益,为了社会集体利益而放弃或牺牲个人的利益则是崇高的道德行为。

第二,公正。明显不公正的方案,一般在可接受层次核查时就通不过。这里所要做的是,在符合可接受层次准则的前提下,再进一步对方案的公正性做一评价。

第三,弘扬美德。尊重人、诚实、守信用、公平竞争、保护环境、积极进取、创新、勇气、毅力等都是美德。一个在伦理上满意的方案不仅不应违背美德,而且应能弘扬美德。

第四,与利益相关者双赢。双赢必然是能为利益相关者接受的,但能为利益相关者接受的未必都能达到双赢。所以"与利益相关者双赢"比"能为利益相关者接受"要高一个层次。

第五,符合企业长远经济利益。虽然效益是经济评价的内容,但长远经济效益同时也可作为伦理评价的一个指标。因为,一方面,如果利益相关者受到了不公正的对待,其正当利益受到了损害,在一个较长的时间内有足够的时间进行报复。另一方面,企业对利益相关者负责,从而带来良好的声誉、较高的顾客满意度和员工忠诚度等,进而对经济效益产生影响也需要一定的时间。所以,越是符合企业长远经济利益的方案,在伦理上出问题的可能性越小,达到伦理上满意的可能性越大。

二、功利论、道义论和美德论三者辩证统一的(电子商务)企业组织决策的理论模型

我们在 Mark J. Roselli 等的 RADAR 模型基础上提出了电子商务企业伦理决策模型,以帮助企业解决正在面临和将要面临的诸多伦理困境问题。

1. Roselli, Mark J. 和 Singer,Joe 的 RADAR 模型[201]

Mark J. Roselli 等的 RADAR 模型分为五个步骤:Refine(提炼问题)、Analyze(分析可能的解决方法)、Decide(决定实施哪种方法)、Act(采取适当的行动实施方法)和 Reflect(反思整个过程)。

模型的第一步是提炼问题(Refine)。当问题发生时,企业往往是针对现象实施解决问题的方法,而不是问题本身。没有做一个根本原因的分析以界定问题是什么,我们常常看到的是好的解决问题的方法却针对的是错误的问题。在伦理情况下,一个人必须首先鉴别真实的伦理问题。一种方法是确定什么是(利益)冲突,另一种途径是询问这个问题是如何产生的。其次,在做出决策之前,我们应该确定什么信息是可用的。最后,确定我们的个人、专业人员及组织目标。

模型的第二步是分析可能的解决方法(Analyze)。在这一步,对于我们面临的问题我们需要思考几种可能地解决问题的方法。首先,对于多种可能的方法进行现实主义的思考使其数量减少,也就是非现实主义方法被清除的过程。其次,各种方法可能的结果是什么?列出各种方法的成本和收益表,同时询问什么伦理原则支持或妨碍了各种方法。最后,我们应该问我们自己各种方法与我们第一步设计的目标关系如何?

第三步是决定实施哪种方法(Decide)。当我们选择了一种切实可行的方法的时候,我们首先要问是否这种方法与我们基本的伦理原则是否一致?是否与主要的伦理行为理论(目的论和道义论的各种理论)相一致?其次,决策者应该问问自己是否这是一个最好的、理性的、诚实的决策?最后,当你在电视上向整个世界解释你的决策的时候,你是心安理得的吗?

模型的第四步是采取适当的行动实施解决问题的方法(Act)。实施你选择的方法的第一步是确信所有的利益相关者对你的决策都有一个清醒的意识。第二点需要注意的是方法的实施是始终如一的吗?

模型的第五步是反思整个过程(Reflect)。这一步是最容易被忽视的。在决策制定和方法实施之后,对前面的几个步骤询问几个新的问题是非常有益的。解决问题方法取得了如期的结果吗?目标实现的如何?你对结果满意吗?你们希望的与已经做的有什么差异吗?如何改善和提高整个决策过程呢?

在所能搜集到的关于西方电子商务企业伦理的文献中,Mark J. Roselli 的 RADAR 模型是第一个研究电子商务的伦理决策模型。这一模型上述的五个环节体现出了决策过程的完整和系统性,同时,各个步骤的内容具体、详细,对于企业决策者和伦理行为的实施者而言都具有现实的可操作性。但是,我们认为,作为电子商务企业伦理决策模型必须充分体现电子商务伦理问题及伦理决策的特征,同时,在模型的第三个环节中,伦理行为原则应该体现层级性,即伦理行为原则、规则和道德劝告及指令三个层级。

2. 电子商务企业伦理决策模型

从商务的角度来讲，电子商务企业是指以计算机技术、通讯技术、网络技术为支撑的企业商务活动，其研究对象是企业的商务活动。从组织形态的角度来讲，电子商务企业就是指传统企业通过计算机技术、通讯技术和网络技术三大技术平台来配制资源、进行生产的一种组织形式[204]。这里的电子商务企业是组织意义上的。我们认为，电子商务企业伦理决策模型包括如下几个相关联的环节：提出电子商务企业伦理问题；分析多种解决电子商务伦理问题的可能的方法；以体现功利论、道义论和美德论统一的马克思主义伦理学为指导决定解决电子商务伦理问题的方法；采取适当的行动实施这一方法；反思电子商务企业伦理决策整个过程。其简要图式如图 7－1：

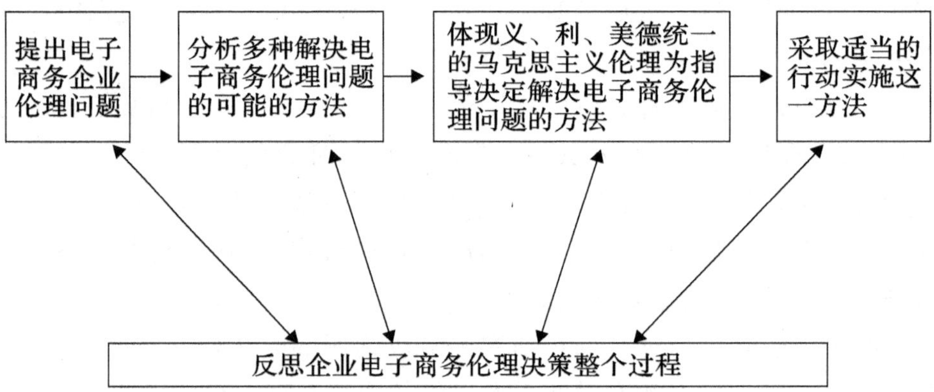

图 7－1　电子商务企业伦理决策模型

模型的第一个环节是：提出电子商务企业伦理问题。电子商务企业伦理问题与水泥加砖块的商务伦理问题有什么不同？什么是电子商务企业伦理问题？电子商务企业组织的目标是什么？如前所述，电子商务核心的伦理问题有：知识产权问题（intellectual property）；隐私和知情权问题（privacy and informed consent）；信息安全问题（security of information）等。上述问题不仅仅局限于电子商务领域，所有这些问题也产生在水泥加砖块商务中。我们认为，不同的不是问题的本身，而是这些问题在电子商务中的表现和范围，或者说，旧问题有了新的表现形式。仍以知识产权问题为例，这是一个在电子商务和水泥加砖块商务中共同存在的问题，然而，在电子商务中，知识产权有一个不同的表现和范围。Naster 论证了这种不同。传统的音乐爱好者是从零售店购买磁带或 CD 唱片的，尽管版权侵犯被视为非法，但许多人仍生产复制的磁带或 CD 唱片，并把这些复制品送给朋友。但是，由于缺乏便宜和有效的销售体系，这种实践是有限的。而且，这种情况被 Naster 彻底改变了！Naster发展了一个基于因特网的音乐网站，能够使个人使用计算机来享受他们购买的音乐、歌曲等。任何一个Naster订阅者都可以搜索完整的Naster网络，以寻找订阅歌曲，然后下载到自己的电脑上，同时保存到CD上。这个网络是非常巨大而流行的，其全盛期大约有超过1.57百万个订阅者。当美国法院宣布了Naster违背了版权法时，他们的侵权范围远远超过了到目前为止水泥加砖块的侵权范围[205]。

模型的第二个环节是分析多种解决电子商务伦理问题的可能的方法。各种方法可能的结果是什么？各种方法的成本和收益如何？什么原则支持或妨碍了各种方法？各种方法实现第一个环节提出的目标如何？

模型的第三个环节是：以功利论、道义论和美德论三者统一的马克思主义伦理原则为指导决定解决电子商务伦理问题的方法。功利论突出效率原则，道义论强调公正原则，美德论则宣扬在实践中如何使人达到至善。功利论的总原则是：当且仅当行为所产生的总效用大于行为主体在当时条件下可能采取的任何其他行为所产生的总效用的时候，该行为才是道德的。道义论（义务论）强调道德义务和责任的神圣性及履行义务和责任的重要性，强调人们的道德动机和义务在道德评价中的地位和作用。较有影响的道义论主要有两种：基于权利的义务论和基于正义的义务论。美德论亦称德性论。许多伦理学家认为，伦理学不仅要关注行为主体应该从事什么样的行为问题，而且还要关注行为主体应该成为什么样的人的问题，前者重点回答人应该如何行事，后者要考察一个人的道德品质，特别是道德品质是否展示了美德或邪恶。所以，在道德推理的时候，应该把美德（如诚实、勇气、正直、同情等）和邪恶（如虚伪、贪婪、怯懦等）考虑进去[206]。美德论对行为的指导原则可以概括为：如果实施某项行为能使行为主体实践、展示和培育高尚的品德，那么，该行为便是道德的；如果某行为的实施展示和发展了邪恶，那么，该行为便是不道德的。功利论、道义论和美德论的辩证统一则是我们在此要遵循的伦理原则。因此，这一环节所涉及的主要问题是：我们所决定的解决电子商务伦理问题的方法与上述基本的伦理行为理论相一致吗？（基于功利论视角：这一决策导致了总效用最大的结果吗？基于道义论视角：这个决策最终体现了利益相关者的权利了吗？这个决策公正地对待所有的利益相关者了吗？基于美德论视角：这一决策对于企业电子商务组织美好品德的形成起到了什么样的作用呢？）这个决策是一个理性和诚实的决策吗？当我们把自己的决策曝光于媒体的时候是心安理得的吗？

模型的第四个环节是：采取适当的行动以实施第三个环节中选择的解决电子商务伦理问题的方法。在企业中，决策是由管理者所决定的，而对员工没有做任何解释。因为员工们不理解如何和为什么制定这一决策，所以常常视这些决策为不公正的，并会偶尔搅乱这一决策的实施。所以，如下问题必须重视：电子商务企业活动中所有的利益相关者对伦理决策有一个清醒的意识吗？伦理决策的实施始终如一吗？

模型的第五个环节是：反思电子商务企业伦理决策整个过程。在决策制定和方法实施之后，对前面的几个步骤询问几个新的问题是非常有益的。解决问题方法取得了如期的结果吗？电子商务企业目标实现的如何？你对结果满意吗？你们希望的与已经做的有什么差异吗？如何改善和提高整个电子商务企业伦理决策过程呢？

三、电子商务企业组织伦理决策程序及道德强度对电子商务企业组织伦理决策影响的实证分析

1. 企业组织伦理决策实证研究现状简述

从 20 世纪 80 年代中期到 90 年代初期，大量理论模型的出现推动了描述性伦理（实证伦理）的发展[207-209]。这些模型大都以 1986 年 Rest 提出的原始框架为基础。Rest 认为，伦理决策包括四个基本构成或步骤：认知道德问题，做出道德判断，形成道德意图，启动道德行为。此后，学者们提出和检验了大量的影响这四个步骤的变量，结论大都支持 Rest 框架的正确性。这些研究包括诸如性别和认知道德发展的个人因素[210][211]、道德准则和道德风气或道德文化的组织因素以及诸如“道德行为影响强度”和“社会对道德行为的一致认可程度”的道德强度[212][213]。

Ford 和 Richardson(1994)[214]发表了关于此前的伦理决策实证研究文献综述，Loe 等(2000)[215]发表了 1996 年之前的实证研究文献综述，Michael J. O’Fallon 和 Kenneth D. Butterfield 在 2005 年发表了一篇关于 1996——2003 年实证研究文献综述。我们对上述综述进行总结性评述：

(1)理论和概念问题。

Michael J. O’Fallon 等(2005)[216]认为，过去 7 年发表的许多文献缺少强有力的理论支持和正规的假设。我们认为，如果描述性伦理研究要向前迈进，就必须更多地关注理论发展。这要求我们发展 Rest 的框架，或者突破这个框架来思考问题，提出和检验更多关于个人、情景以及相关问题的影响因素，同时考虑伦理决策过程的潜在约束因素。

①Rest 框架：Rest 框架在描述性伦理研究中占主导地位，但理论研究的开放性并不影响我们对这个框架提出异议。这四个步骤是否真正揭示了个体伦理决策

过程的本质？在这之前、之中、之后还有其他步骤吗？这些问题的答案可能会在心理学或管理学的文献中的伦理决策模型中找到。有些模型包含着有助于扩充或修改 Rest 基本框架的因素。比如“sensemaking”这个概念，是指人们不断地接受各种相互冲突、但又必须给予关注、理解和遵守的环境、组织信息的轰炸[217][218]。而其中的 Scanning（信息搜寻）概念却不包含在 Rest 模型内。Scanning 的含义为，人们并不一定是信息的被动接受者，却总是主动搜寻对他们有影响的关键环境变化和事件[219][220]。

如果想继续研究 Rest 范例，那么就需要发展和检验模型中三个主要直接关系（即前后步骤间的关系），或检验模型的效度。至今，没有实证研究对 Rest 模型进行整体检验。有一部分很少的研究检验了一个或两个关系，主要集中于检验伦理判断和伦理意图之间的关系[221]。根据 Michael J. O'Fallon 等（2005）综述，我们发现 1996 年以来，只有 1 篇研究此关系的文章，结论是：不打算从事不道德行为的个人不会做出不道德行为。同时，如果对模型四个基本步骤的边界条件进行深入分析，我们发现：伦理认知在何种条件下会引起伦理判断？伦理判断在何种条件下会引起伦理意图？伦理意图又在何种条件下会导致伦理行为？这一系列问题都有待解答。

Michael J. O'Fallon 等（2005）综述中的文献与以前的文献相比，Rest（1986）模型中的每一个步骤所得到的关注都有所增加。Michael J. O'Fallon 等综述收录了 28 篇伦理认知方面的文献，185 篇伦理判断方面的文献，86 篇伦理意图方面的文献。尽管学者主要关注最后三个步骤，但我们期望更多的人关注第一个步骤——伦理认知（道德认知）。下一步的研究，我们可以更多地考虑个人因素、情景因素及相关问题因素对道德认知的不同影响。例如，我们可以检验公司为解决道德问题所采取的行动（如培训、以价值观为导向的行为准则）能否提高雇员认知道德问题的能力。

②伦理决策过程的影响因素。在描述性伦理研究文献中，有很多个人、情景因素及相关问题等变量得到越来越多的关注，它们有可能影响未来的研究趋向，到目前为止，伦理决策研究文献中绝大多数都涉及个人因素的影响作用。Michael J. O'Fallon 等（2005）文献中提到的变量，有 70％都是个人因素。例如，最近得到广泛关注的就是哲学观或价值观，尤其是理想主义和相对主义的区别。

最值得研究的组织层影响因素就是道德风气和道德文化。但奇怪的是，Ford 和 Richardson（1994）的综述中没有此方面的文献，Loe 等（2000）的综述中，也只有 4 篇。1988 年，Victor 和 Cullen 首次提出道德风气，Trevino 在 20 世纪 80 年代中后期发展了道德风气理论。但是,一直没有这方面的文章发表。尽管起步很晚,但对道德气候与伦理决策关系的研究越来越多。我们以为,进一步检验道德文化正式方面和非正式方面之间的关系,有许多重要问题有待解决:非正式方面如何削减或提高正式方面对不道德行为的约束力?正式和非正式方面之间关系的失调如何影响不道德行为?哪个因素能够最有效地约束不道德行为?等等。

Loe 等(2000)的综述中指出,需要对道德强度做出更多的实证研究。Michael J. O'Fallon 等(2005)文献表明,1996 年以来,道德强度受到越来越多的关注(共有 32 篇文献)。自从 1991 年 Jones 首次提出道德强度以后,大部分实证研究都表明,道德强度尤其是"道德行为后果影响强度"和"社会对道德行为的一致认可程度"对伦理决策有着重大的影响。然而,我们还有必要进一步研究其他几个因素的影响以及模型本身的效度。

个人层级一个有研究前途的变量是控制中心,它是指个人把事情起因看作内部因素或外部因素的程度[222]。一些描述性伦理研究文献表明,相信内在控制论的个人,道德认知水平较高[223],道德责任感较强[224],无私或乐于助人,对违背他们自己信念原则的别人的期望、要求和其他的社会压力予以抵制[225]。学者们这方面的研究大都是关于内在论者对因果和责任的看法。在伦理情景中,内在控制论者有可能认为他们能控制情景,承担个人责任。基于此,我们可以预测内在控制论者伦理意图与伦理行为之间的正向关系比外在控制论者要强。

另一个有研究前途的情景控制变量是同级人影响(peer influence)。大部分研究都支持同级人对伦理决策过程有积极影响[226][227]。以前的伦理决策模型都在理论上支持这个观点(如 Trevino,1986),认为个人通过观察或模仿他人行为进行学习的社会学习理论也支持这个观点[228]。因此,我们预计:同级人影响不同,伦理认知、伦理判断、伦理意图和伦理行为之间的相互关系不同。例如,有学者指出:如果个体的同级组织对伦理行为予以规范支持,那么,伦理判断就有可能产生伦理意图。

新出现的约束伦理决策行为的另一个架构是道德想象。Moberg 和 Seabright (2000)[229]预测道德想象和 Rest 模型中的四个组成部分均有着直接的关系。所有这些,都有待于进一步的研究。

(2)伦理决策实证研究方法问题。

我们把 Michael J. O'Fallon 等(2005)综述中包含的从 1996——2003 年实证研究文献和 Ford 和 Richardson、Loe 等综述中提到的文献以及方法论文献相对比[230][231],不仅可以得出理论、概念方面的焦点,还可以得出一些方法论的观点。

这其中包含学生样本的使用、情景模拟法的使用、多元统计的使用、对道德或不道德行为的测量、荟萃分析方法的使用。

①学生样本。Michael J. O'Fallon 等(2005)综述表明,自 1996 年以来,大约有 40%的实证分析使用的是学生样本或学生和其他个体的混合样本(174 篇中有 70 篇),这与以前的报道大体一致(Randall 和 Gibson,1990;Weber,1992)。企业伦理研究学者广泛讨论了使用学生样本的合适度问题,一些学者提出使用学生样本使研究结果没有普遍性,然而也有学者指出:如果学生样本包含了利益集团,或者利益集团和学生样本在相关理论变量方面相似的话,学生样本也是符合企业伦理研究的。我们支持 Weber 的观点(1992)[232]他指出,学者应使用合适的样本,而不应该因为学生样本容易获取而使用学生样本。

②情景模拟方法。情景模拟方法仍然是企业伦理研究评估时最广泛采用的方法。Michael J. O'Fallon 等(2005)综述表明,在它所收录的 174 篇文献中,有 95 篇(55%)在研究方法上使用的均法。使用此方法有诸多好处:Alexandar 和 Becker[233]指出,使用情景模拟方法"有助于标准化不同受访对象的社会影响因素,同时使伦理决策情景更真实"。使用情景模拟方法还可以允许学者在控制环境因素的同时,能够操纵相关变量。但是,情景模拟也存在着不足之处。情景模拟经常包含有封闭成分,使得我们在有些情况下可能得不到受访者的真实反应。还有一些学者指出,太少的情景模拟可能会影响学者控制相关变量的能力,相反会导致反应偏见。另一方面,太多的情景模拟,会增加受访者的负担,从而引起他们的疲劳(Weber,1992)。1997——2003 这 7 年来,只有一小部分研究使用的不是情景模拟方法或问卷方法(其他的方法如仿真法、实验室法)。我们认为,学者们应该仔细考虑研究的目的,正确运用情景模拟方法。

③多元统计方法。Ford 和 Richardson 与 Loe 等的综述表明,1996 年以前大部分的研究使用的是单变量或二元统计分析,很少关注多元统计分析。Michael J. O'Fallon 等(2005)综述中所列举的文献表明,多元统计技术被越来越广泛地使用。24 篇文献使用的是单变量或二元统计分析,剩余 76%运用的是多元统计分析。值得注意的是,统计分析方法没有优劣之分,正如 Randall 和 Gibson[234]指出的那样,"使用何种方法主要取决于理论、研究假设和可获得的数据"。

④测量道德或不道德行为的方法。由于种种原因,对不道德行为的测量是很困难的(Trevino,1992)。Michael J. O'Fallon 等(2005)综述中的文献表明,学者们正在寻找和创新测量道德行为或不道德行为的新方法。如上所述,情景模拟方法是主要的研究方法,Michael J. O'Fallon 等综述中大约 55%的文献使用的是此

方法。尽管这种方法有优点，但是存在着一个潜在的缺陷，即受访者是否真实地测量了行为或其他因素，如意图。为了避免这种困境，一些学者已经开始使用较少采用的谈话测量行为法。要求受访者思考他们在工作环境中遇到的道德困境[235]；要求受访者从他人角度考虑来回答问题[236]；要求受访者衡量自己过去在工作单位的行为[237]；等等。然而，这些方法同样存在着缺陷，但它们确实是测量不道德行为的新尝试，而且为进一步研究提供了更多的方法选择。

克服局限性的另一种途径就是使用别的方法，比如，实验室法、仿真法、现场实验法等(Randall 和 Gibson，1990；Trevino，1992)。这些方法不仅使学者能获得实际行为，而且它们的运用也可以避免过多使用情景模拟法所带来的担忧(Webber，1992)。Michael J. O'Fallon 等(2005)综述中，大约 14%的文献使用了其中的一种方法。

⑤荟萃分析法。荟萃分析能更好地收集数据，获得某一研究领域在统计上的有效结论[238]。虽然 Robertson(1993)[239]再三指出荟萃分析应被广泛地应用于企业伦理研究中，但只有 3 篇文献使用了荟萃分析方是情景模拟方法或情景模拟相关变形方法。我们以为，此方法的使用对加深伦理决策过程的研究意义重大。

(3)电子商务企业组织伦理决策实证研究的现状。在所能收集到的国内外关于电子商务企业组织伦理决策模型研究的文献中，此方面的资料寥寥无几。除上文提到的 Mark J. Roselli 的 RADAR 理论模型之外，此方面的计量模型研究到目前为止没有发现。但有个别的相关研究，例如：Timothy Paul Cronan(2005)[240]等的"在 IT 伦理中伦理感知的重要性和伦理意图的实证研究"。我们可以看出，对传统企业伦理决策的实证研究其文献资料和研究内容是比较丰富的，在上文通过对三个综述的概览进行了总结性评述，并认为，所有的研究在逻辑性和可能性上都可以用于对电子商务企业组织伦理决策的探讨之中。这一逻辑的考量是：电子商务企业组织仅仅是企业组织的一种表现形式，应该具有企业组织的一般属性，服从其普遍的规律性。于是，我们展开下文的计量分析。

2. 电子商务企业组织的伦理决策及道德强度在伦理决策中作用的计量分析

(1)理论基础。

如前所述，依据 1986 年 Rest 提出的框架，企业组织伦理决策包括四个基本构成或步骤：认知伦理问题(伦理感知)、做出伦理判断、形成伦理意图、启动伦理行为。然而，迄今为止，没有实证研究对 Rest 模型进行整体检验。有一部分很少的研究检验了一个或两个关系，主要集中于检验伦理判断和伦理意图之间的关系。在上述研究的基础上，本研究的目标在于：伦理感知与伦理判断之间的关系；伦理感知与伦理意图之间关系;伦理判断与伦理意图之间的关系。

关于影响企业伦理决策的因素研究,Loe 等(2000)的综述中指出,需要对道德强度做出更多的实证研究。自从 1991 年 Jones 首次提出道德强度以后,大部分实证研究都表明,道德强度尤其是“道德行为后果影响强度”和“社会对道德行为的一致认可程度”对伦理决策有着重大的影响。然而,我们还有必要进一步研究其他几个构成因素(道德行为结果出现的概率、道德行为结果临近时间:道德行为与行为后果产生之间时间持续的长短、道德共鸣度、道德行为影响的集中度)对企业组织伦理决策的影响。

(2)本研究的假设。

①电子商务企业组织伦理决策过程的假设。

假设 1(H1):主体的伦理感知越强,越容易做出伦理判断;

假设 2(H2):主体的伦理感知越强,其伦理意图就越强;

假设 3(H3):主体越容易做出伦理判断,其伦理意图就越强。

②道德强度对电子商务企业组织伦理决策的影响假设。

Jones 认为,道德强度有六个构成成分:道德行为影响强度;社会对道德行为的一致认可程度;道德行为结果出现的概率;道德行为结果临近时间(道德行为与行为后果产生之间时间持续的长短);道德共鸣度;道德行为影响的集中度。

假设 1:道德行为影响强度对伦理感知和伦理意图的影响假设。

伦理行为的消极影响越大,主体越容易认识到存在伦理问题(H1A);

伦理行为的消极影响越大,主体的意图就越可能是道德的(H1B)。

假设 2,社会对道德行为的一致认可程度对伦理感知和伦理意图的影响假设。

一个特定的行为越是被整个社会一致认为是有害的,主体就越容易认识到存在着伦理问题(H2A);

一个特定的行为越是被整个社会一致认为是有害的,主体的意图就越具有伦理性(H2B)。

假设 3:道德行为结果出现的概率对伦理感知和伦理意图的影响假设。

伦理行为消极后果出现的可能性越大,主体越容易认识到道德问题的存在(H3A);

伦理行为消极后果出现的可能性越大,主体的意图就越可能是道德的(H3B)。

假设 4:道德行为结果临近时间(道德行为与行为后果产生之间时间持续的长短)对伦理感知和伦理意图的影响假设。

伦理行为到其消极后果出现之间的时间间隔越短,主体就越容易感知到伦理

问题(H4A);

伦理行为到其消极后果出现之间的时间间隔越短,主体的意图就越可能是道德的(H4B)。

假设5:道德共鸣度对伦理感知和伦理意图的影响假设。

主体对受害者的处境越是体恤,越容易认识到伦理问题的存在(H5A);

主体对受害者的处境越是体恤,主体的意图就越可能是道德的(H5B)。

假设6:道德行为影响的集中度对伦理感知和伦理意图的影响假设。

伦理行为消极后果的集中性越大,主体越容易意识到存在着伦理问题(H6A);

伦理行为消极后果的集中性越大,主体的意图就越可能是道德的(H6B)。

3. 研究方法

(1)变量测量(操作化)。

我们采用了情景模拟方法来进行计量研究。情景模拟方法是企业伦理研究评估时最广泛采用的方法。Michael J. O'Fallon 等(2005)综述表明,在它所收录的174篇文献中,有95篇(55%)在研究方法上使用的均是情景模拟方法或情景模拟相关变形方法。使用此方法有诸多好处:Alexandar 和 Becker[241]指出,使用情景模拟方法"有助于标准化不同受访对象的社会影响因素,同时使伦理决策情景更真实"。使用情景模拟方法还可以允许学者在控制环境因素的同时,能够操纵相关变量。

伦理感知、伦理判断、伦理意图及道德强度均采用包含了伦理情景的"伦理小剧本"(ethical scenario)来进行测量。

传统企业伦理决策中常用的伦理小剧本有4个(误导评估人、营销人员的过分行为、隐瞒信息、未履行保修的承诺)。本研究选取了电子商务企业组织活动中四个程度不同的伦理情景,作为获取变量的伦理情景小剧本(详见附录)。在每一个小剧本的后面,我们向被调查者阐述了9个命题(伦理感知、伦理判断、伦理意图及道德强度的各个构成成分共9个问题),并以9级量表(完全不同意为1分,完全同意为9分)分别用以测量被调查者的伦理感知、伦理判断、伦理意图及道德强度各个构成部分。

(2)样本。

本文选取了西安交通大学经济与金融学院工商管理硕士班和非MBA的经济类各专业的硕士研究生作为研究的样本。此次调查我们共发放问卷250份,回收有效问卷为150份,回收率为60%。在这个基础上,针对每一情景进行了第二次筛选，将一些缺失或不恰当的数据排除，得到了各种情景下的样本数。剧本一、剧本二、剧本三和剧本四的样本数分别为：109、129、122和129。

4. 数据分析与假说检验

(1)电子商务企业组织伦理决策过程的数据分析与假说检验。

我们采用 SPSS11. 0 软件，对调查数据进行相关性分析，所得到的皮尔森(pearson)相关系数如下表：

表 7-1　伦理感知、伦理判断和伦理意图之间的相关性分析结果

	伦理感知	伦理判断	伦理意图
剧本 1：误导评估人(n=109)			
伦理感知	1		
伦理判断	0.566*	1	
伦理意图	0.322*	0.226*	1
剧本 2：利用 cookie 技术跟踪网上用户购买行为(n=129)			
伦理感知	1		
伦理判断	0.754*	1	
伦理意图	0.350*	0.279*	1
剧本 3：Naster 公司的音乐网站业务(n=122)			
伦理感知	1		
伦理判断	0.686*	1	
伦理意图	0.626*	0.427*	1
剧本 4：在网站购买的喷墨打印机(n=129)			
伦理感知	1		
伦理判断	0.748*	1	
伦理意图	0.547*	0.538*	1

标*数字表示显著，$p<0.05$

通过以上的相关系数可以看出：伦理感知越强，伦理判断越强(相关系数为正，且值较大)；伦理感知越强，其伦理意图就越强；越容易做出伦理判断，其伦理意图就越强。但是，伦理感知、伦理判断和伦理意图之间的相关性不如伦理感知和伦理判断之间的关系强，说明中国电子商务活动的经济主体虽然认识到某些问题涉及伦理，但在其行为意图的倾向性问题上却采取了相反的伦理意图，从而有可能导致自身行为不道德性的增加。但总的说来，伦理感知、伦理判断、伦理意图作为电子商务企业组织伦理决策过程中的三个组成部分及其相关性关系，在理论和实践上都是可行的。

(2)道德强度对电子商务企业组织伦理决策过程中的伦理感知、伦理意图影响的数据分析与假设检验。

假设检验的结果如表 7-2 所示。在四种被检验的情景中，道德强度的六个构成因素与伦理感知相关联。根据相关系数，相对来讲较好验证的假设是 H1A、H2A、H3A、H5A、H6A。在一定程度上道德强度的第四个构成因素(道德行为结果临近时间)与伦理感知也相关联。所有这些相互关联表明:道德强度与主体的伦理感知有相关。

表 7-2　道德强度与伦理感知、伦理意图的相关性分析结果

道德强度	伦理感知	伦理意图
剧本 1:误导评估人 (n=109)		
道德行为影响强度	0.099	0.213*
社会对道德行为的一致认可程度	0.374*	0.240*
道德行为结果出现的概率	0.215*	0.074
道德行为结果临近时间	0.026	0.059
道德共鸣度	0.339*	0.174
道德行为影响的集中度	0.333*	0.242*
剧本 2:利用 Cookie 技术跟踪网上用户购买行为(n=129)		
道德行为影响强度	0.413*	0.331*
社会对道德行为的一致认可程度	0.212*	0.193*
道德行为结果出现的概率	-0.016	-0.056
道德行为结果临近时间	-0.196*	-0.116
道德共鸣度	0.433*	0.163
道德行为影响的集中度	0.457*	0.202*

续表 7-2

道德强度	伦理感知	伦理意图
剧本 3：Naster 公司的音乐网站业务(n=122)		
道德行为影响强度	0.327*	0.175
社会对道德行为的一致认可程度	0.327*	0.207*
道德行为结果出现的概率	0.334*	0.332*
道德行为结果临近时间	0.335*	0.347*
道德共鸣度	0.343*	0.249*
道德行为影响的集中度	0.450*	0.270*
剧本 4：在网站购买的喷墨打印机(n=129)		
道德行为影响强度	0.325*	0.345*
社会对道德行为的一致认可程度	0.466*	0.352*
道德行为结果出现的概率	0.284*	0.221*
道德行为结果临近时间	-0.117	-0.154
道德共鸣度	0.371*	0.315*
道德行为影响的集中度	0.586*	0.373*

标*数字表示显著，$p<0.05$

同样，在四种被检验的情景中，道德强度的六个构成因素与伦理意图相关联。根据相关系数，相对来讲较好验证的假设是 H1B，H2B，H5B，H6B。在一定程度上道德强度的第三个构成因素(道德行为结果出现的概率)与伦理感知也相关联。这些相互关联表明：道德强度与主体的伦理意图有相关。只是道德强度的第四个构成因素(道德行为结果临近时间)与伦理意图的相关性较弱，仅有剧本 3 通过显著性检验。

5. 讨论

本文在前人对传统企业伦理决策研究的基础上，考察了电子商务企业组织的伦理决策过程，研究结果发现，传统企业关于伦理决策过程的三个关键环节：伦理感知、伦理问题和伦理意图之间的相关性关系，在电子商务企业组织中仍然成立。我们利用实际数据，检验了它们之间的关系，三个假设(H1；H2；H3)都得到了验证。本文没有对传统企业组织与电子商务企业组织的伦理决策过程进行比较分析，对伦理意图与伦理行为的关系也没有进行相关研究，这都有待于我们进一步的研究。同时,我们对目前研究较少的道德强度对企业组织伦理决策的影响问题进行了分析,利用实证数据检验了道德强度的六个构成因素对电子商务企业决策过程中的伦理感知、伦理意图的影响,结果发现:所有这方面的假设绝大多数都是成立的(H1A,H2A,H3A,H4A,H5A,H6A;H1B,H2B,H3B,H5B,H6B;H4B 例外)。

研究结果有着各种不同的实际应用价值。例如,决策者可以根据道德强度中构成因素的标准来帮助他们判断在某一场合是否存在着伦理问题,然后,可以从企业面临的某些伦理问题的角度出发对员工进行一定程度的伦理培训,以使员工对这些问题的认识更加深刻。再比如,虽然有这样的证据显示出:消极后果越严重,人们越容易认识到存在的伦理问题。然而却存在着这样的可能性,无论在什么情况下,决策者都没有意识到问题的存在。这恰是进行伦理培训的意义所在。

我们对电子商务企业组织在网络营销过程中的伦理决策进行了初步的研究,更进一步的研究则是衡量这些研究结果的普遍有效性。例如,样本选择的广泛性和普遍性的问题。我们不仅仅局限于学生样本(MBA 的学生)、电子商务从业者、非 MBA 的经济类学科的学生,还可以把广大的 IT 业从业人员作为样本进行研究。对道德强度进行的研究也可以做更为细致的分析:对六个构成因素做进一步的细化研究,即对每一因素进行多方面纬度的分析,这种研究对每一个构成因素来说是比较完整的。另外,关于道德强度在传统企业与电子商务企业组织决策过程中伦理感知、伦理意图影响的分析需要进行进一步的比较分析研究,以探讨道德强度在不同性质的组织形态中其影响作用的差异性问题。

在研究方法上,对情景小剧本的选择可以进行拓展,选择其他一些典型的电子商务伦理问题作为小剧本。在方法上的另一思考是,实验方法。在一个实验场景下,被调查者被置于一个存在着道德强度或所有构成因素存在的环境之中,在这样的情况下,伦理判断、伦理意图等因变量的差异就会被易于观察到。

第八章

结论与研究展望

随着经济全球化以及信息技术在经济领域的广泛应用，信息时代的经济方式电子商务产生了[242]。电子商务以其智能化、开放性、低成本、高效率和创新性的特点，在新世纪信息产业衰落和国际经济危机的背景下，依然保持高速的增长势头和强劲的发展动力，是全球最具成长潜力的热门行业[243]。作为一种新型的商务运作模式，电子商务使得企业的组织形态也发生了革命性的变革。这一新的经济主体的诞生及经济行为（企业的经营、管理行为）的运作同时也引发了诸多前所未有的伦理问题：例如，网上交易中的信用问题；商业信息传输中的伦理问题；网络管理中的伦理问题等等，我们称之为电子商务伦理问题。本研究以此作为研究的现实基础，基于广义的唯物辩证法为元理论基础，选择集功利论、道义论和美德论辩证统一的马克思主义伦理理论为分析工具，对传统企业伦理与电子商务企业伦理的进行了比较分析，从具体的道德劝告和指令的层面上探讨电子商务企业伦理规范，剖析了企业经济行为的伦理应该和不应该、善与恶的问题，进而提出了相应的伦理规范，以构建电子商务企业伦理体系及伦理实施方案，最终实现电商企业的道德自律，为电子商务企业组织的伦理化经营和管理提供理论和实践的双重参考。

第一节　主要结论

一、电子商务企业组织的经营伦理

以义利辩证统一为伦理原则的电子商务企业组织的经营伦理规范，其具体如下：

（1）消费者与企业电子商务组织关系中的道德劝告和指令。

你不应该利用 Cookies 等技术搜集消费者的个人信息，并在其不知情的情况下卖给其他人。

你不应该大量而无节制地向用户的 E-mail 发送广告信息，特别是对用户无用的信息。

你不应该在网站上设置大量的插件广告而诱导消费者的购买选择，从而侵犯其购买主动权。

你应该保证其网站商品所有信息的真实、可靠。

你应该保证网上消费者退货、换货的权利。

你应该保证与消费者双方网络交易地位的平等性。

（2）竞争者与企业电子商务组织关系中的道德劝告和指令。

你注册域名的目的应该是为了网络交易，而不应该是“赛博盗版”或“赛博潜伙”。

未被授权的超链接属于侵权行为，是道德不应该。

计算机程序应该被视为专利。

你应该保护基于网络的商业模型专利。

(3)投资者与电子商务企业组织关系中的道德劝告和指令。

企业电子商务组织通过各种手段(通过增加顾客的买价；把没有利润的实物交易记入收益等)使自身收益最大化而无视利润的做法是不道德的。

企业电子商务组织的账目清算方法应该既考虑企业自身的利益，同时也要考虑投资者的利益。

二、电子商务企业组织管理伦理

唯物史观主体论基础上的“以人为本”的电子商务企业组织的管理伦理，具体包括：

(1)人力资源管理中的道德劝告和指令。

你应该保证网络招聘广告的真实性、可靠性和准确性；

你应该对网络应聘者提供的个人信息进行严格的核实与考察；

你应该保护网络应聘者的隐私权利(应聘者个人信息不被作为他用)；

在(由通讯技术、微电脑技术、计算机技术、人工智能、网络技术和多媒体技术等所构成的)电子环境中进行的培训和学习，你必须尽量克服技术的非人性化，应该把以人为本的学习作为目标；

你应该保护 E－learning 实施的课件的知识产权；处理好资源的共享性与知识产权的关系问题。

(2)网络财务管理中会计人员的伦理规范。不作假账是传统会计和网络会计共同而又基本的职业道德和行为准则。在基于网络的电子商务企业中，电子记账的道德劝告和指令是：

你应该保证会计信息的及时、完整、真实和相关；

在网络电子记账的过程中，你不应该以任何技术手段修改、伪造和藏匿信息；

对于会计信息的生成和处理，你应该保持与在线交易的同步，等等。

(3)网誉认证过程中审计师应该遵循的伦理规范。

认证业务总目标中的道德劝告和指令：你应该客观评判网络企业的经营活动是否与其网络广告宣称的基本内容具有一致性、在线顾客的购买和支付是否具备安全性、顾客能否准时收到所订购的货物。

认证业务中的道德劝告和指令：第一，对经营内容真实性考察的伦理指令。你应该客观地审查数字化商品的内容，但不得进行拷贝销售；你应该实地考察企业能否提供货物、考察其生产基地和跨地域的连锁店，如果企业是外包生产，你必须对外包生产商进行客观地考察；对以提供服务为主的网上企业，你必须对其服务过程进行穿行测试。第二，你应该对送货环节进行实地取证或函证。第三，你应该通过网上银行获取认证回函或获 CA 认证系统发放的电子证书对网上支付的安全性进行确证。

认证业务的主要方法中的道德劝告和指令：你必须采用实地取证方法，以保证认证结果的客观性和真实性；你也可以采取函证来辅助审计工作，但电子形式的回函能否成为有效的证据必须有网络技术的支持和法律法规的支撑。

(4)企业电子商务组织信息管理中的伦理规范。

企业电子商务组织对网络消费者信息披露中的伦理规范如下：

关于供应商身份信息披露的道德劝告和指令。你应该告知消费者自己的名称和地址；你应该把自己迅速、直接、有效的联络方式，包括其电子邮件地址告知消费者；如果某项服务内容需经过当局许可，你应该注明有关主管当局的联络方式；涉及规范性管理的行业，你应该注明自己（供应商）所在的专业协会或类似组织的名称，并注明其所获得的专业资格以及授予该资格的成员国的名称；如果你（供应商）从事的营业活动需要缴纳增值税，则应该注明其所注册的增值税号。

关于供应商所售产品和服务信息披露的道德劝告和指令。在任何远程合同订立之前，你应该及时向消费者提供以下方面的信息：产品或服务的主要特点；产品或服务的价格，包括所有税款；产品或服务的送货或交付费用；使用远程通信方式提供产品或服务的额外费用；报价或价格的有效期。

关于合同本身信息披露的道德劝告和指令。你应该向消费者披露订立合同的各项技术性步骤；合同订立后必须存档备案并可以查阅；你应该告知消费者在订购承诺正式做出之前对数据处理过程出现的错误进行识别和纠正的方法；你必须说明订立合同可以使用的语言文种；有关合同的信息及合同的商业意图必须予以清楚的说明。上述信息的提供必须通过适用于远程订立合同特点的远程通讯方式，并以一种清晰、易于理解的形式进行；你尤其应该遵守有关商业交易中诚信的原则，并且要保护未成年人等无法进行独立意思表示的人群。

企业电子商务组织中信息技术人员伦理规范：

信息技术开发者道德劝告和指令。你应该在所开发产品的安全性与方便性关系上，应将安全性置于方便性之上；你不应该以加速开发或降低产品成本为由而牺性信息的安全性；在研制信息产品的过程中，你应该应尽力避免信息产品自身的安全性漏洞。

信息技术使用者道德劝告和指令。你不应该非法干扰他人信息系统的正常运转；你不应该利用信息技术非法获取他人商业机密、智力成果、窃取钱财；你不应该未经许可随意使用他人的信息资源。

信息系统管理者道德劝告和指令。你应该确保向授权用户准时无误地开放信息系统；你应该谨慎细致地管理和维护信息系统；你应该及时更新信息系统的安全软件。

三、电子商务企业品德伦理

基于辩证法内外因理论以"美德论"为伦理原则而研究电子商务企业品德伦理，提出了企业应该具有的伦理品质。探讨了在企业与利益相关者的关系中，电子商务企业(组织)应该首要具备诚信的伦理品质；在企业与其利用网络资源的关系中，电子商务企业组织应该具有维护和发展可持续的绿色网络生态资源的道德品格。

四、电子商务企业伦理的实施方案

良心和名誉是社会化道德规范的两种道德评价方法，而社会化的道德规范要转变为企业的道德品格必须通过企业的伦理教育和员工自身的道德修养的提高两种手段来实现。具体则通过实施电子商务企业组织的伦理计划，最终使社会化的道德规范变为企业的道德品质，进入美德自律阶段，从而使企业组织的伦理真正被遵从。

五、电子商务企业实证研究及其结论

电子商务企业本研究对电子商务企业组织经营活动中存在的突出问题之一——隐私伦理问题进行了个案分析(DoubleClick 公司网络隐私权事件；DoubleClick 兼并案件)。初步提出了电子商务企业组织伦理决策的理论模型，并对电子商务企业组织的伦理决策过程进行了实证研究；同时，从计量的角度，分析了道德强度对电子商务企业伦理决策过程中的伦理感知、伦理意图的影响作用，使电子商务企业伦理研究展示了数量分析的新视角。

第二节　研究展望

尽管本研究在电子商务企业组织伦理研究方面从理论和方法上都做了一定程度的工作，并取得了一些研究成果，但从总体上看，这些工作还处于探索阶段，其成果也是初步的。加之电子商务发展的历程并不是很长，对其研究的深度和广度都还是有限的，特别是企业伦理方面的研究。因此，有许多方面有待于进一步深入的研究，与本研究密切相关且需要进一步研究的问题如下：

一、对电子商务企业经营和管理活动中伦理问题的研究需要进一步拓展

本文所列举的关于企业组织电子商务经营和管理过程中的伦理问题只是在现阶段比较突出的伦理问题，没有也不可能穷尽一切在电子商务活动中的伦理问题。随着企业组织电子商务实践活动的深入和发展，还会有诸多新的伦理问题的出现，因此，关于电子商务企业组织伦理体系的研究也需要进一步的丰富和完善，这是一个无止境的动态研究过程。

二、电子商务企业组织伦理决策的实证研究尚处于初步的探索性阶段，在理论和研究方法上有待于进一步深入的研究

我们对电子商务企业组织在网络营销过程中的伦理决策进行了初步的研究，更进一步的研究则是衡量这些研究结果的普遍有效性。例如，样本选择的广泛性和普遍性的问题。我们不仅仅局限于学生样本（MBA 的学生）、电子商务从业者及非 MBA 的经济类学科的学生，还可以把广大的 IT 业从业人员作为样本进行研究。另外，关于道德强度在对传统企业与电子商务企业组织决策过程中伦理感知、伦理意图影响的研究需要进行进一步的比较分析，以探讨道德强度在不同性质的组织形态中其影响作用的差异性问题。

在研究方法上，对情景小剧本的选择可以进行拓展，选择其他一些典型的电子商务伦理问题作为小剧本。在方法上的另一思考是，实验方法。在一个实验场景下，被调查者被置于一个存在着道德强度或所有构成因素存在的环境之中，在这样的情况下，伦理判断、伦理意图等因变量的差异就会容易被观察到。如此等等。

三、电商伦理体系研究的动态化

中国电子商务发展的历史始于上世纪 1997 年，至今经历了：萌芽与起步期

(1997—1999 年)、冰冻与调整期(2000—2002 年)、复苏与回暖期(2003—2005 年)、崛起与高速发展期(2006—2007 年)、转型与升级期(2008 年至今)[244]。电子商务不同的发展阶段面临着不同的发展问题;同时,随着电子商务的深入发展,其引发的伦理问题会日趋增多。因此,伦理体系的研究也是一个动态的研发过程。只有这样,方可更好地为我国电子商务可持续健康的发展提供伦理的羽翼。例如,当今"微时代"下的移动电子商务与传统电子商务相比较而言,其安全问题更为复杂,主要涉及窃听、病毒、欺骗和木马、口令攻击与协议安全等问题。"道德劝告和指令"应该对移动电子商务具体的非伦理行为进行"应该"与"不应该的"的道德规劝,从而不断完善原有电子商务企业道德自律规范。

附　录

电子商务伦理情景小剧本之问卷

剧本一:误导新买主

在一个二手车网站,原车主告诉网站汽车推销人员,汽车的引擎系统存在着严重的问题。然而,由于销售者很想做成这笔生意,他没有告诉旧车评估者存在的这一问题。

行为:网站汽车推销人员终止此交易

1.您是否认同上述场景涉及伦理问题?

请用1—9打分,1表示十分不认同;9表示十分认同

1 2 3 4 5 6 7 8 9

2.如果其他网站推销员都采取场景中的行为,您是否认为这真的是伦理问题?

请用1—9打分,1表示十分不认同;9表示十分认同

1 2 3 4 5 6 7 8 9

3.您是否会采取场景中所描述的行为?

请用1—9打分,1表示完全可能;9表示完全不可能

1 2 3 4 5 6 7 8 9

4.您认为上述情景对消费者的伤害程度有多大?

请用1—9打分,1表示没有伤害;9表示严重伤害

1 2 3 4 5 6 7 8 9

5.您认为您周围人对以上场景所做的道德判断与您的看法一致吗?

请用1—9打分,1表示十分不一致;9表示十分一致

1 2 3 4 5 6 7 8 9

6.您认为场景中所描述行为实际发生的可能性有多大?

请用1—9打分,1表示完全不可能;9表示完全可能

1 2 3 4 5 6 7 8 9

7.如果消费者买车后很长一段时间才发现问题,您还认为是伦理问题的可能性有多大?

请用1—9打分,1表示完全可能;9表示完全不可能

1 2 3 4 5 6 7 8 9

8.如果消费者是您的朋友,您会在多大程度上认为他是受害者?

请用1—9打分,1表示完全不认同;9表示完全认同

1 2 3 4 5 6 7 8 9

9.您是否认同以上场景发生在少数人身上并产生较严重的不良后果?

请用1—9打分,1表示完全不认同;9表示完全认同

1 2 3 4 5 6 7 8 9

剧本二：利用 Cookie 技术跟踪网上用户购买行为

某些 WEB 站点会在用户的硬盘上用文本文件存储一些信息，这些文件被称为 Cookie。Cookies 包含的信息与用户和用户的偏好有关。例如：如果用户在某家航空公司的站点上查阅了航空时刻表，该站点可能就创建了包含用户的旅行计划的 Cookies。它也可能记录下了用户在该站点上曾经访问过的网页，由此帮助站点在用户下次访问时根据用户的情况对显示的内容进行调整。

行为：WEB 站点使用这些信息定制个性化广告并有可能销售给第三方

1. 您是否认同上述场景涉及伦理问题？

请用 1—9 打分，1 表示十分不认同；9 表示十分认同

1 2 3 4 5 6 7 8 9

2. 如果其他 web 站点都采取场景中的行为，您是否认为这真的是伦理问题？

请用 1—9 打分，1 表示十分不认同；9 表示十分认同

1 2 3 4 5 6 7 8 9

3. 您是否会采取场景中所描述的行为？

请用 1—9 打分，1 表示完全可能；9 表示完全不可能

1 2 3 4 5 6 7 8 9

4. 您认为上述情景对网络用户的伤害程度有多大？

请用 1—9 打分，1 表示没有伤害；9 表示严重伤害

1 2 3 4 5 6 7 8 9

5. 您认为您周围人对以上场景所做的道德判断与您的看法一致吗？

请用 1—9 打分，1 表示十分不一致；9 表示十分一致

1 2 3 4 5 6 7 8 9

6. 您认为场景中所描述行为实际发生的可能性有多大？

请用 1—9 打分，1 表示完全不可能；9 表示完全可能

1 2 3 4 5 6 7 8 9

7. 如果消费者信息很长一段时间后才被卖给第三方，您还认为是伦理问题的可能性有多大？

请用 1—9 打分，1 表示完全可能；9 表示完全不可能

1 2 3 4 5 6 7 8 9

8. 如果消费者是您的朋友，您会在多大程度上认为他是受害者？

请用 1—9 打分，1 表示完全不认同；9 表示完全认同

1 2 3 4 5 6 7 8 9

9. 您是否认同以上场景发生在少数人身上并产生较严重的不良后果？

请用 1—9 打分，1 表示完全不认同；9 表示完全认同

1 2 3 4 5 6 7 8 9

剧本三:Naster 公司的音乐网站业务

美国 Naster 公司发展了一个基于因特网的音乐网站,提供音乐文件交换业务。用户使用该公司免费提供的软件,可以在网上搜寻到拥有自己所喜欢乐曲的人,并可以从对方处免费得到它。而作为其代价,他本身也要向某个人提供那个人所喜欢的曲目。其音乐文件绝大多数是从著名艺术家的音乐 CD 上非法复制下来的。

行为:开办 Naster 这类的音乐网站

1. 您是否认同上述场景涉及伦理问题?
   请用 1—9 打分,1 表示十分不认同;9 表示十分认同
   1 2 3 4 5 6 7 8 9
2. 如果其他娱乐网站都采取场景中的行为,您是否认为这真的是伦理问题?
   请用 1—9 打分,1 表示十分不认同;9 表示十分认同
   1 2 3 4 5 6 7 8 9
3. 您是否会采取场景中所描述的行为?
   请用 1—9 打分,1 表示完全可能;9 表示完全不可能
   1 2 3 4 5 6 7 8 9
4. 您认为上述情景对 CD 版权所有者的伤害程度有多大?
   请用 1—9 打分,1 表示没有伤害;9 表示严重伤害
   1 2 3 4 5 6 7 8 9
5. 您认为您周围人对以上场景所做的道德判断与您的看法一致吗?
   请用 1—9 打分,1 表示十分不一致;9 表示十分一致
   1 2 3 4 5 6 7 8 9
6. 您认为场景中所描述行为实际发生的可能性有多大?
   请用 1—9 打分,1 表示完全不可能;9 表示完全可能
   1 2 3 4 5 6 7 8 9
7. 如果 CD 出版很长一段时间后才在网上免费复制,您还认为是伦理问题的可能性有多大?
   请用 1—9 打分,1 表示完全可能;9 表示完全不可能
   1 2 3 4 5 6 7 8 9
8. 如果 CD 版权所有者是您的朋友,您会在多大程度上认为他是受害者?
   请用 1—9 打分,1 表示完全不认同;9 表示完全认同
   1 2 3 4 5 6 7 8 9
9. 您是否认同以上场景发生在少数人身上并产生较严重的不良后果?
   请用 1—9 打分,1 表示完全不认同;9 表示完全认同
   1 2 3 4 5 6 7 8 9

剧本四：在网站购买的喷墨打印机

根据媒体报道，有一位上海的消费者通过网站的电子商店选购了一台喷墨打印机。两天后，这家电子商店派人将这台包装的十分精美的打印机送到用户家中，该先生收到打印机后即拆箱检验，发现型号、色泽正是自己选定的那种，就欣然付款，而对方仅仅给了他一张计算机打印的价格单。开始几天，打印机工作还算正常，但半个月后就出现了毛病，除了卡纸外，喷出的字迹也是深浅不一，该先生按照说明书上的电话号码与这家公司联系，却被告之为空号。他找到了消费者协会，却因为没有正规发票，消协表示爱莫能助。

行为：网站的电子商店继续以这种方式销售此类打印机

1. 您是否认同上述场景涉及伦理问题？

 请用1—9打分，1表示十分不认同；9表示十分认同

 1 2 3 4 5 6 7 8 9

2. 如果其他电子商店都采取场景中的行为，您是否认为这真的是伦理问题？

 请用1—9打分，1表示十分不认同；9表示十分认同

 1 2 3 4 5 6 7 8 9

3. 您是否会采取场景中所描述的行为？

 请用1—9打分，1表示完全可能；9表示完全不可能

 1 2 3 4 5 6 7 8 9

4. 您认为上述情景对网络消费者的伤害程度有多大？

 请用1—9打分，1表示没有伤害；9表示严重伤害

 1 2 3 4 5 6 7 8 9

5. 您认为您周围人对以上场景所做的道德判断与您的看法一致吗？

 请用1—9打分，1表示十分不一致；9表示十分一致

 1 2 3 4 5 6 7 8 9

6. 您认为场景中所描述行为实际发生的可能性有多大？

 请用1—9打分，1表示完全不可能；9表示完全可能

 1 2 3 4 5 6 7 8 9

7. 如果网络消费者很长一段时间后才发现打印机有问题，您还认为是伦理问题的可能性有多大？

 请用1—9打分，1表示完全可能；9表示完全不可能

 1 2 3 4 5 6 7 8 9

8. 如果网络消费者是您的朋友，您会在多大程度上认为他是受害者？

 请用1—9打分，1表示完全不认同；9表示完全认同

 1 2 3 4 5 6 7 8 9

9. 您是否认同以上场景发生在少数人身上并产生较严重的不良后果？

 请用1—9打分，1表示完全不认同；9表示完全认同

 1 2 3 4 5 6 7 8 9

参考文献

[1]董宝青.2013是中国电商发展史上最具里程碑年[EB/OL].http://finance.sina.com.cn/hy/20131219/094717685007.shtml.

[2]齐旻.815京东苏宁6小时乱战,消费者能得多少利[EB/OL].http://www.tianjinwe.com/tianjin/jsbb/201208/t20120815_57963_2.html.

[3]冯嘉雪.坚守伦理底线　商业才有明天[J].中国新时代,2011(7):27-28.

[4]谢祖墀.媒体在商业伦理构建中的作用[J].中国新时代,2011(7):37.

[5][6][7]查克·马丁.数字化经济[M].香港:中国建材工业出版社香港出版有限公司,1999:3-4,11,23.

[8][9]李伦.鼠标下的德性[M].南昌:江西人民出版社,2002:143,142.

[10][美]罗斯扎克.信息崇拜——计算机神话与真正的思维艺术[M].苗华健,陈体仁,译.北京:中国对外翻译出版社,1994:1.

[11][美]理查德·A·斯皮内洛.世纪道德——信息技术的伦理方面[M],北京:中央编译出版社,1999.

[12]十八大报告:"信息化成经济发展新引擎"[EB/OL].http://www.cww.net.cn/cwwMag/html/2012/11/19/201211191436428727.htm.

[13]Christian Fuchs. Dallas Smythe Today-The Audience Commodity,the Digital Labour Debate,Marxist Political Economy and Critical Theory. Prolegomena to a Digital Labour Theory of Value[J]. tripleC. 2012,10(2):692-740.

[14]福克斯.马克思回来了;国外马克思互联网研究综述文章.

[15]Time Magazine,2 February 2009.

[16]Beverly Kracher and Cynthina L. Corritor. Is There a Special E-commerce Ethics[J]. Business Ethics Quarterly 2004,14(1):71-94.

[17][18][19]王学东.企业电子商务管理[M].北京:高等教育出版社,2002:18,22,20.

[20]胡宇辰,程月明.经济学伦理思想及其对构建现代企业伦理的启示[J].江西财经大学学报.2012,3(81):18-25.

[21][美]斯蒂芬·P.罗斯宾.管理学[M].北京:中国人民大学出版社,1997:101.

[22][英]大卫·威勒等.利益相关者公司[M].北京:经济管理出版社,2002:2.

[23]余达淮.马克思经济伦理思想研究述析[J].高校理论战线,2003(4):57-60.

[24]张峰.关于企业伦理的哲学透视[J].商业时代,2011(9):142-143.

[25]李冬亮.马克思主义经典作家的经济伦理思想研究[D].西安工业大学,2009.
[26]王小锡.简论马恩的经济伦理观[J].伦理学研究,2002,9(1):39-45.
[27]余达淮.马克思经济伦理思想研究述析[J].高校理论战线,2003(4):57-60.
[28]魏英敏.功利论、道义论与马克思主义伦理学[J].东南学术,2002(1):140-145.
[29]王泽应.论马克思恩格斯义利学说的性质和基本特征[J].社会主义研究,2008(4):21-26.
[30]普拉利 P.商业伦理[M].洪成文,洪亮,仵冠,译.北京:中信出版社,1999:31.
[31]甘韶平.科技伦理:一个有争议的课题[J].哲学动态,2000(10):5-8.
[32]罗伯特·金·默顿.十七世纪英格兰的科学、技术与社会[M].范岱年,译.北京:商务印书馆,2000:206.
[33]李兆友.论经营伦理与科技伦理的互动[J].东北大学学报(社会科学版),2004,6(6):391-394.
[34]王海明.伦理学原理[M].北京:北京大学出版社,2004:41-42.
[35]龚天平,企业伦理学:国外的历史发展与主要问题[J].国外社会科学.2006(1):15-21.
[36][美]约翰·弗雷德里克,琳达·费雷尔.在商业伦理:伦理决策与案例[M].北京:清华大学出版社,2005:9.
[37]欧阳润平.企业伦理学[M].长沙:湖南人民出版社,2003.44.
[38]赵德志.现代西方企业伦理研究进展[J].哲学动态,2004(7):21-25.
[39]Bette Ann Stead and Jackie Gilbert. Ethical Issues in electronic commerce [J]. Journal of Business Ethics, Vol. 34, No. 2(Nov. 2001), 75-85.
[40]Mary D. Maury and Deborah S. Kleiner. E-Commerce, Ethical Commerce [J]. Journal of Business Ethics, 2002, 36: 21-31.
[41]Beverly Kracher and Cynthia L. Corritore. Is There a Special E Commerce Ethics[J]. Business Ethics Quarterly, Vol. 14, No. 1 (Jan. 2004): 71-94.
[42]Daryl koehn. The Nature of and Conditions for Online Trust[J]. Journal of Business Ethics, Vol. 43, No. 1/2, 2003: 3-19.
[43]Sonja Grabner-Kraeuter. The Role of Consumers' Trust in Online-Shopping [J]. Journal of Business Ethics, Vol. 39, No. 1/2, (Aug. 2002): 43-50.
[44]Eve M. Caudill and Patrick E. Murphy. Consumer Online Privacy: Legal and Ethical Issues[J]. Journal of Public Policy & MarketingVol. 19 (1) Spring 2000, 7-19.
[45]Mahmood H Shah, Ramanus Okeke and Rizwan Ahmed. Issues of Privacy and Trust in E-Commerce: Exploring Customers' Perspective[J]. Journal of

Basic and Applied Scientific Research,2013,3(3):571 - 577.

[46]Sinan Nardal and Ayse Sahin. Ethical Issues in E-Commerce on the Basis of Online Retailing. Journal of Social Sciences,2011,7(2): 190 - 198.

[47]Foroozan Kamari and Saeid Kamari1. A New Model for Building Online Trust in B2C[J]. European Journal of Business and ManagementVol 4, No. 10, 2012:125 - 135

[48]Kiku Jones and Lori N. K. Trust in consumer-to-consumer electronic commerce. LeonardInformation & Management 45 (2008):88 - 95.

[49]Jens Riegelsberger, M. Angela Sasse and John D. McCarthy. The mechanics of trust: A framework for researchand design. Int. J. Human-Computer Studies 62 (2005):381 - 422.

[50]Brian J. Corbitt,Theerasak Thanasankit,Han Yi. Trust and e-commerce:a study of consumer perceptions. Electronic Commerce Research and Applications 2 (2003):203 - 215.

[51]Rashad Yazdanifard, Mohammed A. S AbuTabik,and Arash Pour Seyedi. Security and Trust in EC-Finding a Safe Side. International Conference on Information Communication and Management,2011,(16):141 - 146.

[52]Venkatesh Shankar, Glen L. Urban and Fareena Sultan. Online trust: a stakeholder perspective, concepts,implications, and future directions. Journal of Strategic Information Systems 11 (2002):325 - 344.

[53] Peter O'Connor. Online Consumer Privacy: An Analysis of Hotel Company Behavior. Cornell Hotel and Restaurant Administration Quarterly 2007,48 (4):183 - 203.

[54]Sonja Grabner-Kr. auter, Ewald A. Kaluscha. Empirical research in on-line trust: a review and Critical assessment. Int. J. Human-Computer Studies 58 (2003):783 - 812.

[55] Ye Diana Wang, Henry H. Emurian. An overview of online trust: Concepts, elements, and implications . Computers in Human Behavior 21 (2005):105 - 125.

[56]Kathy Stewart Schwaig , Gerald C. Kane and Veda C. Storey. Compliance to the fair information practices: How are the Fortune 500 handling online privacy disclosures? Information & Management 43 (2006):805 - 820.

[57]Balasundram Maniam, Lily Naranjo and Geetha Subramaniam E-Commerce Best Practices: How to Achieve an Environment of Trust and Security. International Journal of Innovation, Management and Technology, Vol. 3,

No. 4, August 2012:396 - 402.

[58]Himani Grewal and Shivani. A Study of Ethical and Social Issues in E-Commerce. International Journal of Advanced Research in Computer Science and Software Engineering, Volume 2, Issue 7, July 2012.

[59]Beverly Kracher, Cynthia L. Corritore. A foundation for understanding online trust in electronic commerce. Info, Comm & Ethics in Society (2005) 3: 131 - 141.

[60]Chitrangda. E-commerce: Business & Legal Ethics. International Journal of scientific research and management (IJSRM), IJSRM volume 2 issue 2 feb 2014:550 - 559.

[61]Mark J. Taylor, Eddie Moynihan and Jennie Mcwilliam and David Gresty . Teaching Business IT Ethics: A Professional Approach. Active Learning in Higher Education 2004(5): 43 - 57.

[62]龚天平. 企业伦理学:国外的历史发展与主要问题[J]. 国外社会科学,2006(1):15 - 21.

[63]欧阳润平. 企业伦理学[M]. 长沙:湖南人民出版社,2003:46.

[64]苏勇. 中国电子商务运作中的伦理障碍及对策[J]. 复旦大学学报(自然科学版),2001,40(2):190 - 193.

[65]唐剑,任亚凡. 浅析电子商务面临的伦理挑战及对策[J]. 商业研究,2004(24):162 - 167.

[66]吕耀怀. 论电子商务活动中的道德调节[J]. 现代哲学,2001(3):65 - 70.

[67]吴春旭,等. 我国电子商务发展所面临的伦理障碍及其对策[J]. 价值工程,2005(2):75 - 78.

[68]李伦,郭建国. 鼠标下的德性:电子商务的伦理内涵[J]. 湖南师范大学社会科学学报,2000(5):27 - 30.

[69]李伦,郭建国. 网络信任危机与电子商务的伦理文化环境[J]. 湘潭大学社会科学学报,2002,26(4):7 - 9.

[70]赵有广. 电子商务环境下的商业伦理文化的特征[C]// 第二届中国中部商业经济论坛暨华东六省一市商经学会第 19 次协作研讨会论文集.

[71]吴伟光. 电子商务环境中的不正当竞争行为判析——商业伦理道德的目标与标准[J]. 中国工商管理研究,2012(2):35 - 42.

[72] 曹凤月. 企业道德责任研究论纲[J]. 伦理学,2005(4):63 - 68.

[73]王泽应. 论马克思恩格斯义利学说的性质和基本特征[J]. 社会主义研究,2008(4):21 - 26.

[74]Parent, W. Privace, Morality, and the Law, in J. Callahan (ed.), Ethical

Issue in Professional Life[M]. Oxford UP, Oxford U.K. 1983:215－225.

[75]Miller, S and J. Weckert. Privacy, the Workplace, and the Internet. Journal of Business Ethic[J]. 2000,(28): 255－263.

[76]Naval and Michelle. Keeping an Eye on Privacy. Computer Dealer News[J]. 2000, 16(1):18.

[77][美]埃弗雷姆·特伯恩.电子商务[M].北京:电子工业出版社,2003:433－434.

[78]Colin Bennett. Cookies, Web Bugs, Webcams, and Cue Cats: Patterns of Surveillance on the World Wild Web[J]. Ethics and Information Technology. 2001,3(3):197－210.

[79][80]微软将"禁止跟踪"设为默认 清除跟踪 Cookie[EB/OL].(2015－10－20) http://b2b.toocle.com/detail—6063120.html.

[81]崔西.专家热议隐私问题:Cookie 无罪 亟待法界定[EB/OL].(2013－03－29) http://tech.sina.com.cn/i/2013－03－29/04078192485.shtml,2015－10－27.

[82]垃圾邮件[EB/OL].(2015－10－20) http://baike.so.com/doc/6247487.html.

[83]黄琳惠.最新报告称美国是垃圾邮件第一大国 中国排第三[EB/OL].(2014－07－26)http://intl.ce.cn/qqss/201407/26/t20140726_3233001.shtml.

[84]Swartz, J. Senate Passes Anti-Spam Bill, But Many Obstacles Remain[N]. USA Today, 2003－10－23.

[85]周晶波.互联网企业的伦理困境[J].思想,2004(12):34－35.

[86]反垃圾信息中心.中国互联网协会电子邮件营销规范(V1.2)[EB/OL].(2013－08－13) http://www.12321.org.cn/fljyj/fljyjgzwyh/newsinfo－7179.html.

[87]如何架设一个简易的实时黑名单服务器[EB/OL].(2015－10－20)http://iscbl.anti-Spam.cn/login.php.

[88]Daniel E. Palmer. Pop-ups, Cookies, and Spam: Toward a Deeper Analysis of the Ethical Significance of Internet Marketing Practices. Journal of Business Ethics[J]. 2005, 58: 271－280.

[89]2013 年中国网民信息安全状况研究报告[EB/OL].(2015－10－20)http://www.docin.com/p－758270162.html.

[90]唐一之,李伦."网络生态危机"与网络生态伦理初探[J].湖南师范大学社会科学学报,2000(6):15－20.

[91]叶丹.电商物流配送遭诟病 赚了吆喝丢了信誉[N].南方日报,2013－06

-25.
[92]陈信详,“我国电子商务发展中的关键问题探讨”[EB/OL].(2007-3-11)http://www.yingxiaocn.com/html/tupianshangxi/20071003/126_4.html.
[93]尼葛洛庞帝.数字化生存[M].胡冰,范海燕,译.海口:海南出版社,1997.
[94]顾永才.企业电子商务实务[M].北京:中华联合工商出版社,2001.
[95]吴春旭,等.我国电子商务发展所面临的伦理障碍及其对策[J].价值工程,2005(2):75-78.
[96]Mary D. Maury and Deborah S. Kleiner. E-Commerce, Ethical Commerce [J]. *Journal of Business Ethics*. 2002, 36(1/2):22.
[97]W. D. Wash. Hasbro Inc. v. Internet Entertainment Group Ltd. 1996.
[98]Hasbro. Club Computering. No. 97. http://www.clue.com/legal/hasbro/d2.htm. 1999.
[99]Mary D. Maury and Deborah S. Kleine. E-Commerce, Ethical Commerce? [J]. Journal of Business Ethics . 2002, 36(1/2): 23.
[100]郑启福.论域名与商标的冲突及解决[J].成都行政学院学报,2005,13(2):40-42.
[101]中国电子商务研究中心.顺丰布局海外推“全球顺”域名咋被抢注[EB/OL].(2014-08-11)http://www.100ec.cn/detail--6190727.html.
[102]抢注风背后深藏商业利益中国15%企业商标境外被抢注[EB/OL].(2012-2-28)http://intl.ce.cn/sjjj/qy/201202/28/t20120228_23110597.shtml.
[103]周智娟.电子商务中的版权保护[J].商业研究,2003(3):149-151.
[104]Mary D. Maury and Deborah S. Kleiner. E-Commerce, Ethical Commerce? [J]. Journal of Business Ethics. 2002, 36(1/2): 25.
[105]Playboy Enterprises v. Calvin Designer Label. 1997.
[106]Beverly Kracher and Cynthia L. Corritore. Is There a Special EC Ethics? [J]. Business Ethics Quarterly. 2004, 14(1):79.
[107]安德鲁·斯伯罗.电子商务法律[M].林文平,陈耀权,译.北京:中国城市出版社,2001.
[108]陈方.电子商务中的知识产权问题的研究综述[J].图书情报知识,2003(2):61-63.
[109]王伟军,夏倩芳,徐锐.论电子商务与专利权[J].中国软科学,2001(3):78-82。
[110]王伟军.我国计算机软件的保护问题[J].科技管理研究,1994(5):27.
[111]David L. Hayes. What The Ceneral Intellectula Property Practitioner Should Know About Patentirg Business Methons [EB/OL].(2000-09-22)ht-

tp://www.fecwick com /index.hlm.

[112]Mary D. Maury and Deborah S. Kleiner. E-Commerce, Ethical Commerce? [J]. Journal of Business Ethics. 2002, 36(1/2): 26.

[113]专利之争必将伤及网络 [EB/OL].(2000－04－26)http://www tech sina. com. cn. news/internet/.

[114]Sabra Chartrand. Frederal Agency Rethinks Internet Pantens[J]. New York Times. 2000－03－30:12.

[115]汪涛,潘小靖,秦红.电子商务中的渠道行为探悉[J].管理评论,2004(5):41－47.

[116]基于微信传播找到“全民经纪人”,带客通想通过去中介化的房产营销来降低房价[EB/OL].(2014－08－04)http://tech. 163. com/14/0804/11/A2Q7510000094ODU. html.

[117]Mary D. Maury and Deborah S. Kleiner. E-Commerce, Ethical Commerce? [J]. Journal of Business Ethics. 2002, 36(1/2): 26.

[118]Kahn and Jeremy. Presto Chango! Sales are Huge! [J]. Fortune . 2000, 141(6): 95.

[119]Kahn and Jeremy. Presto Chango! Sales are Huge! [J]. Fortune . 2000, 141(6): 96.

[120]戴尔再陷美国证券交易委员会会计欺诈起诉[EB/OL].(2015－10－20)http://tech. 163. com/10/0828/09/6F5PA7PG000915BD. html.

[121]王海明.伦理学原理[M].北京:北京大学出版社,2004:115－147.

[122]周祖成.企业伦理学[M].北京:清华大学出版社,2005:74.

[123]周祖成.企业伦理学[M].北京:清华大学出版社,2005:83.

[124]程伟.“以人为本”的历史唯物主义解读[J].求索,2007(4):142－144.

[125]冯琳.西方企业管理伦理思想的发展及启示[J].吉首大学学报(社会科学版),2000(4):55－57.

[126]邓艳华.E-HR,电子商务时代人力资源管理新模式[J].特区经济,2005(9):219－223.

[127]王学东.企业电子商务管理[M].北京:高等教育出版社,2002:214.

[128]汪明艳,等.电子商务环境下的人力资源管理新模式[J].商业研究,2005(315):32－34.

[129]侯静.网上招聘的喜与忧[J].价格月刊,2001(6):16－17.

[130]唐潇霖.网络招聘的“钱”程[J].互联网周刊,2004(4):51－53.

[131]熊军.网络招聘中存在的问题与对策探讨[J].商场现代化,2006(2):179.

[132]万希等.跨越在线学习的局限性[J].商业时代·理论,2005(5):34.

[133]李秀林.网络会计安全问题探析[J].学术论坛,2007(17):158.
[134][135]胡俊.浅析网络会计存在的问题和对策[J].经营管理,2007(5):29-30.
[136]李秀林.网络会计安全问题探析[J].学术论坛,2007(17):158.
[137]曾政辉.浅析网络会计发展的弊端[J].市场论坛,2006(2):120-123.
[138]查慧园.对新经济时代网络会计利弊及对策的思考[J].江西金融职工大学学报,2004(2):65-68.
[139]孙奇志.会计诚信的伦理学思考[J].江淮论坛,2005(6):170-173.
[140]李亚辉.网络时代审计业的发展[J].西部财会,2007(8):49-51.
[141]陈孝.对审计师网站认证服务的再认识[J].财会月刊,2006(2):12-14.
[142]高秋玲,等.网誉认证新准则研究[J].商场现代化,2005(12):113-114.
[143]韦道菊.电子商务环境下物流配送的发展[J].商品储运与养护,2007(4):48-50
[144]贺江莲.电子商务时代物流发展趋势及其应对策略[J].企业家天地,2006(9):155-156
[145]袁红.从消费者信息成本看电子商务信息资源管理[J].情报杂志,2006(2):82-84.
[146]中国电子商务研究中心. 2013年度中国电子商务用户体验与投诉监测报告[EB/OL].(2015-10-22)http://www.100ec.cn/zt/upload_data/down/2014yhty.pdf.
[147]廖文彬,等.欧盟电子商务合同中消费者权益保护制度述评[C]//张平.网络法律评论.北京:法律出版社,2004(4):229-238.
[148]电子商务监督管理暂行办法.中国电子商务法律网络[EB/OL].(2002-08-20)http://www.chinaeclaw.com/readarticle.asp? id=447.
[149]张贵荣.电子商务的信息安全[J].情报科学,2002(6):633-635.
[150]李琪,等.电子商务图解[M].北京:高等教育出版社,2001:12.
[151]刘向晖.不道德网络营销活动及其治理[J].商业研究,2003(12):148-150.
[152]黄敏学.电子商务[M].北京:高等教育出版社,2001:25.
[153]欧阳润平.企业伦理学[M].长沙:湖南人民出版社,2003:22-26.
[154]欧阳润平.企业伦理学[M].长沙:湖南人民出版社,2003:27-31.
[155]欧阳润平.企业伦理学[M].长沙:湖南人民出版社,2003:32-39.
[156]詹世友.论美德的特征及其意义[J].道德与文明,2006(2):31-36.
[157]王海明.伦理学原理[M].北京:北京大学出版社,2004:287.
[158]王海明.伦理学原理[M].北京:北京大学出版社,2004:320.
[159]王海明.伦理学原理[M].北京:北京大学出版社,2004:272.

[160]王海明.伦理学原理[M].北京:北京大学出版社,2004:274.
[161]谭作平,郑少智. 现代市场经济管理[M]. 广州:广东高等教育出版社,2000.
[162]徐升华.诚信是电子商务的基本保障[J].江西财经大学学报,2004,2:5-9.
[163]张维迎.法律制度的信誉基础[J].经营管理,2002(1).
[164]金镇.电子商务与诚信[J].情报科学,2003,21(10):1042—1044.
[165]李伦,郭建国.网络信任危机与电子商务的伦理文化环境[J].湖南大学社会科学学报,.2002,26(4):7-9.
[166]来源:中国电子商务协会秘书处,2007-05-29.
[167]来源:搜狐 IT 消息,2007-06-15.
[168]尼葛洛庞帝.数字化生存[M].海口:海南出版社,1997.
[169]李伦,郭建国.鼠标下的德性:电子商务的伦理内涵[J].湖南师范大学社会科学学报,2000(5):27-30.
[170][171]兰军瑞,"网络绿色危机"与网络绿色伦河及网络法[J].洛阳师范学院学报,2003(4):27-31.
[172]梅英.论网络生态危机发生与德育实效性之内在联系[J].大理学院学报,2006,5(3):35-39.
[173]兰军瑞,"网络绿色危机"与网络绿色伦理及网络法[J].洛阳师范学院学报,2003(4):27-31.
[174][美]O. C. 费雷尔,等.商业伦理:伦理决策与案例[M].北京:清华大学出版社,2005:156.
[175][美]O. C. 费雷尔,等.商业伦理:伦理决策与案例[M].北京:清华大学出版社,2005:163.
[176][美]O. C. 费雷尔,等.商业伦理:伦理决策与案例[M].北京:清华大学出版社,2005:157.
[177]Jim Carlton and Pui-Wing Tam. Online Auctioneers Face Growing Fraud Problem[J]. Wall Street Journal. 2000, (5): B2.
[178][美]O. C. 费雷尔,等.商业伦理:伦理决策与案例[M].北京:清华大学出版社,2005:158.
[179]St. Paul, Minn. U. S Sentencing Commission, Federal Sentencing Guidelines Manual[M] . West Publishing, 1994.
[180]Courtesy of Lockheed Martion[EB/OL]. (2009-09-26)http://www. Im-co. com/exeth/html/code/warn/html.
[181]范利群,周祖成.国外企业道德审计研究综述[J].外国经济与管理,2003(11):25-32.
[182]Council on Economic Priorities Accreditation Agency, 1997, "Social Ac-

countability 8000", An InternationalStandard. NewYork. Oct 1997.

[183]Kaptein, Mue. l, 1998, Ethics management-auditing and developing the ethical content of organizations, (Kluwer academic publishers).

[184][美]林恩·夏普·佩因. 领导、伦理与组织信誉案例——战略的观点[M]. 韩经纶,王永贵,杨永恒,译. 大连:东北财经大学出版社,1999:8.

[185]周祖诚. 论道德管理[J]. 南开大学学报(哲学社会科学版),2003,6.

[186]范丽群,石金涛. 关于我国企业道德审计问题的探讨[J]. 南昌航空工业学院学报(社会科学版),2005,7(2):14-16.

[187]Sandra Waddock and Neil Smith. Corporate Responsibility Audits: Doing Well by Doing Good[J]. Sloan Management Review. Winter 2000, 79.

[188]The Gauge. Vol. 14, No. 3. http://www.valuebasedmanagement.net. May 14, 2001.

[189]刘可尘. 诚信,中国电子商务的前途[J]. 电子商务世界,2004(12):72.

[190]夏国红,等. 中国电子商务与诚信问题浅识[J]. 信息网络安全,2006(5):3-6.

[191]朱舸. 电子商务诚信当先,网站要分信用等级[J]. 互联网周刊,2002,10(28):20.

[192]段勇峰. 2005——中国电子商务诚信年[J]. 电子商务世界,2005(1):32-36.

[193]托马斯·彼德斯. 追求卓越[M]. 北京:中央编译出版社,2000:302.

[194]Boeing: Ethics and Business Conduct Program[EB/OL]. (2000-06-06)http://www.boeing.com/companyoffices/aboutus/ethics/index.htm.

[195]张锡勤. 中国道德名言选萃[M]. 哈尔滨:黑龙江人民出版社,1990.

[196]赵焕林. 慎独是道德修养的最高境界[J]. 辽宁工学院学报,2005,7(6):8-11.

[197]Linda K. Trevino and Stuart Youngblood. Bad Apples in Bad Barrels: Causal Analysis of Ethical Decision Making Behavior[J]. Journal of Applied Psychology. 1990, 75: 390.

[198]Junkbusters. www.junkbusters.com. April 20,2000.

[199]Junkbusters. www.junkbusters.com. April 20,2000.

[200]Marinaccio, W. Privacy Advocates Blast Double Click Merger. http://news.cnet.com/news/0-1005-200-343915.html1. June 21, 1999.

[201]Junkbusters. www.junkbusters.com. April 20,2000.

[202]Macavinta, C. Privacy Advocates Rally against Double Click - Abacus Merger. http://news.cnet.com/news/0-1005-2-1461826.html? tag=rltdnws.2. November 22,1999.

[203]Jacobus, P. "Cookies" targeted ad Congress advocates address Net privacy. http://news.cnet.com/news/0—1005—2———1547433.html? tag-rltdnws.3. Feb.11, 2000.

[204]Roselli, Mark J.; Singer, Joe. Resolving Ethical Dilemmas in Cross-Cultural Commerce[J]. Journal of Business and Entrepreneurship. 2010, 22(2).

[205]王学东.企业电子商务管理[M].北京:高等教育出版社,2002:18,22,20.

[206]Beverly Kracher and Cynthia L. Corritore. Is There a Special EC Ethics? [J]. Business Ethics Quarterly. 2004, 14(1): 71-94.

[207]周祖城.企业伦理学[M].北京:清华大学出版社,2005:88.

[208]Jones, T. M. Ethical Decision Making by Individual in Organizations: An Issue-Contingent Model[J]. Academy of Management Review. 1991, 16(2): 366-395.

[209]Rest, J. R. Moral Development: Advances in Research and Theory[M]. 1986.

[210]Trevino, L. K. Ethical Decision Making in Organizations: A Person-Situation Interactionist Model[J]. Academy of Management Review. 1986, 11(3): 601-617.

[211]Bass, K. T. Barnett and G. Brown. Individual Difference Variables, Ethical Judgment, and Ethical Behavioral Intentions[J]. Business Ethics Quarterly. 1999, 9(2): 183-205.

[212]Cohen, J. R., W. Pant, and D, J. Sharp. An Examination of Differences in Ethical-Decision Making Between Canadian Business Students and Accounting Professionals[J]. Journal of Business Ethics. 2001, 30(4): 319-336.

[213]Jones, T. M. Ethical Decision Making by Individual in Organizations: An Issue-Contingent Model[J]. Academy of Management Review. 1991, 16(2): 366-395.

[214]Singhapakdi, A. Perceived Importance of Ethics and Ethical Decisions in Marketing[J]. Journal of Business Research. 1999, 45: 89-99.

[215]Ford, R. C. and W. D. Richardson. Ethical Decision Making: A Review of the Empirical Literature[J]. Journal of Business Ethics. 1994, 13(3): 205-221.

[216]Loe, T, W., Ferrell and P. Mansfield. A Review of Empirical Studies Assessing Ethical Decision Making in Business[J]. Journal of Business Ethics. 2000, 25: 185-204.

[217]Michael J. O'Fallon and Kenneth D. Butterfield. A Review of The Empirical Ethical Decision-Making Literature: 1996 - 2003[J]. Journal of Business Ethics . 2005, 59(4): 375 - 413.

[218]Milliken F. G. Perceiving and Interpreting Environmental Change: An Examination of College Administrators' Interpretation of Changing Demographics[J]. Academy of Management Journal. 1990, 33: 42 - 63.

[219]Weick, K. A. The Society Psychology of Organizing[M]. MA: Addison-Wessley, Reading. 1979.

[220]Daft, R. L. and K. E. Weick. Toward a Model of Organizations an Interpretation Systems[J]. Academy of Management Review. 1984, 9: 284 - 295.

[221]Milliken F. G. Perceiving and Interpreting Environmental Change: An Examination of College Administrators' Interpretation of Changing Demographics[J]. Academy of Management Journal. 1990, 33: 42 - 63.

[222]Barnett, T., K. Bass and G. Brown. Religiosity, Ethical Ideology, and Intentions to Report a Peer's Wrongdoing[J]. Journal of Business Ethics. 1996, 15(11): 1161 - 1174.

[223]Rotter, J. B. Generalized Expectancies for Internal Versus External Control of Reinforcemen[J]. Psychological Monographs: General and Applied. 1966, 80: 1 - 28.

[224]Murk, D. A. and J. A. Addleman. Relations among Moral Reasoning, Locus of Control, and Demographic Variables among College Students[J]. Psychological Reports. 1992, 70: 467 - 476.

[225]Johnson, R. C., J. M. Ackerman, H. Frank and A. J. Fionda. Resistance to Temptation and Guilt Following Yielding and Psychotherapy[J]. Journal of Consulting and Clinical Psychology . 1968, 32: 169 - 175.

[226]Lefcourt, H. M. Locus of Control: Current Trends in Theory and Research (2nd ed.)[M]. 1982.

[227]Beams, J. D., R. M. Brown and L. N. Killough. An Experiment Testing the Determinants of Noncompliance With Insider Trading Laws[J]. Journal of Business Ethics. 2003, 45(4): 309 - 323.

[228]Jones, G. E. and M. J. Kavanagh. An Experimental Examination of the Effect of Individual and Situational Factors on Unethical Behavioral Intentions in the Workplace[J]. Journal of Business Ethics. 1996, 15(5): 511 - 523.

[229]Bandura, A. Social Learning Theory [M]. Englewood Cliffs, NJ: Holt, Rinehart, and Winston. 1997.

[230]Bandura, A. Social Learning Theory [M]. Englewood Cliffs, NJ: Holt, Rinehart, and Winston. 1997.

[231]Randall, D. M. and A. M. Gibson. Methodology in Business Ethics Research: Review and Critical Assessment[J]. Journal of Business Ethics. 1990, 9(6): 457-471.

[232]Weber, J. Scenarios in Business Ethics Research: Review, Critical Assessment, and Recommendations[J]. Business Ethics Quarterly . 1992, 2(2): 137-159.

[233]Weber, J. Scenarios in Business Ethics Research: Review, Critical Assessment, and Recommendations[J]. Business Ethics Quarterly . 1992, 2(2): 137-159.

[234]Alexander, C. S. and H. J. Becker. The Use of Vignettes in Survey Research[J]. Public Opinion Quarterly . 1978, 42: 93-104.

[235]Randall, D. M. and A. M. Gibson. Methodology in Business Ethics Research: Review and Critical Assessment[J]. Journal of Business Ethics. 1990, 9(6): 457-471.

[236]Marshall, B. and P. Dewe. An Investigation of the Components of Moral Intensity[J]. Journal of Business Ethics . 1997, 16(5): 521-530.

[237]Kim, S. Y. and S. Y Chun. A Study of Making Ethics in Korea: What do Koreans Care about? [J]International Journal of Management . 2003, 20(3): 377-383.

[238]McCabe, D. L. , L. K. Trevino and K. D. Butterfield. The Influence of Collegiate and Corporate Codes of Conduct on Ethics-related Behavior in the Workplace[J]. Business Ethics Quarterly. 1996, 6(4): 461-476.

[239]Brierley, J. A. and C. J. Cowton. Putting Meta-Analysis to Work: Accountants' Organizational Professional Conflict[J]. Journal of Business Ethics. 2002, 4(2): 343-353.

[240]Robertson, D. C. Empiricism in Business Ethics: Suggested Research Directions[J]. Journal of Business Ethics. 1993, 12(8): 585-599.

[241]Timothy Paul Cronan, Lori N. K. Leonard and Jennifer Kreie. An Empirical Validation of Perceived Importance and Behavior Intention in IT Ethics[J]. Journal of Business Ethics. 2005, 56: 231-238.

[242]Alexander, C. S. and H. J. Becker. The Use of Vignettes in Survey Re-

search[J]. Public Opinion Quarterly. 1978, 42: 93 - 104.
[243]林乐明.电子商务是信息时代的经济方式[J].技术经济与管理研究,2004(5):9.
[244]周静.网络经济下电子商务新模式研究[J].经济问题探索,2015(3):121 - 125.
[245]中国 B2B 研究中心.中国电子商务十二年发展史阶段划分及特征[EB/OL].(2015 - 10 - 25)http://www.100ec.cn/detail - 4792736.html.